여수 순천 사건

1948년 10월 19일

박 윤 식 지음

※「대한민국 근현대사 시리즈」(박윤식 著)에 사용된 '폭동' 및 '폭도'는 운평어문연구소 편역, 「뉴에이스 국어사전」(금성출판사, 1999)에 따라 아래와 같은 의미를 갖는다(2347쪽).

- **폭동**(暴動: 사나울 폭, 움직일 동)
"내란까지는 이르지 않았으나 집단적 폭력행위를 일으켜 사회의 안녕질서를 어지럽게 하는 일"

- **폭도**(暴徒: 사나울 폭, 무리 도)
"난폭한 행동을 일으켜 치안을 문란하게 하는 무리"

저자 서문

 구한말 이후 오늘날까지 고요한 아침의 나라 대한민국은 반만년의 유구한 역사 가운데 최대의 격동기를 뚫고 전진해 왔습니다. 오늘에 이르기까지 우리나라의 그 파란만장(波瀾萬丈)한 역사는, 감히 필설로 다 표현하기 어려울 정도로 고난의 가시밭길이었습니다. 세계열강의 각축과 일제의 수탈과 압제, 해방 이후 좌·우익 대결의 혼란, 6·25전쟁의 참화, 반복되는 정치적 혼란 속에서, 대한민국은 그야말로 한 치 앞도 내다볼 수 없는 칠흑 같은 흑암과 혼돈 속에 빠져 있었습니다. 그러나 이토록 불우했던 약소민족 대한민국은 그 어떤 나라보다도 평화를 사랑하며 본심이 선하고 착한 백의민족(白衣民族)이었습니다. 순박하고 순진하기 그지없는 우리 민족은, 오직 나라가 잘되어야 백성이 잘된다는 일념(一念)과 허리를 졸라매는 근검절약으로 마침내 부강한 나라를 이룩하였습니다. 대한민국은 하늘에서 비춰 주신 한 줄기 소망의 빛을 붙잡고 신통하게도 그 거친 역사의 격랑을 헤치고, 마침내 민족 본연의 기개를 드높여 전 세계 선망의 대상으로 우뚝 솟아올랐습니다. 이제 대한민국은 위대한 민족사적 대업을 완수하고, 세계를 선도하는 일류국가가 되어 새로운 시대적 정진을 이루어야 할 중차대한 역사적 분기점에 직면해 있습니다. 이러한 때에 우리 대한민국 국민들에게 가장 시급한 것이 있다면, 그것은 정확한 역사의 인식과 전수입니다.
 역사란, 지난날 오랜 세월을 거쳐 오늘에 이르기까지의 세계나 국가 민족 등이 겪어온 정치적·사회적·문화적 변천의 과정이나 중요한 사실과 사건의 자취를 말합니다. 분명 역사는 과거를 토대로 현

재를 거쳐 미래로 부단히 거대한 물결을 이루며 흘러 나아갑니다. 현재의 역사는 과거 모든 역사의 결과물이므로, 과거의 역사 없이는 현재의 모습이 구현될 수 없습니다. 그러므로 과거에 대한 정확한 인식은 현재를 정확히 보게 하고 동시에 정확한 미래의 건설을 가능케 합니다. 세계를 선도해 갈 대한민국의 찬란한 미래를 건설하고자 할 때, 가장 시급한 것은 바로 과거 역사를 바르게 인식하고 그것에 대해 공정(公正: 공평하고 올바름)을 기하는 것입니다.

역사 기록에 있어서 가장 중요한 것은, 과거의 역사적 사실을 실제 있었던 그대로 정확하게 기록하는 것입니다. 자신의 주장을 정당화하기 위해 역사적 사실을 왜곡하거나 날조하여 기록하는 것은 바른 역사관(歷史觀)이 아닙니다. 자기 견해와 입장을 너무 강조한 나머지 역사적 상황을 있는 그대로 기록하지 않고, 주관적으로 치우쳐서 어느 한 부분을 과장하거나 부풀려 기록하고 의도적으로 빼 버리는 것 또한 바른 역사관이 아닙니다. 우리는 역사를 기록할 때 양심을 속여서는 안 되며, 양심에 화인(火印) 맞아서 거짓말하는 자가 되어서도 안 됩니다. 옛 성인들의 말처럼 양심의 악을 깨닫지 못하거나 아예 양심이 없는 사람은 참된 사람이라 할 수 없습니다. 역사는 살아 있는 양심을 가지고 사실 그대로 기록해야 합니다. 대한민국의 후손들이 그 역사를 좌나 우로 치우침이 없이 객관적으로 읽고 또 기록해 나가도록 하는 것은, 너무도 중요한 일입니다.

과거의 역사를 올바르게 기억하는 민족은, 결단코 잘못된 역사를 되풀이하지 않으며 새로운 역사의 창조적인 주역이 되어 전 세계를 밝혀 나갈 수 있습니다. 이러한 사실을 뼈저리게 깨달은 민족이 바로 유대 민족입니다. 이스라엘 '야드 바셈 홀로코스트 박물관' 전시실 2층 동판에는 "Forgetfulness leads to exile, while remembrance is the secret of redemption."(망각은 포로 상태로 이어지나 기억은 구원의 비밀이다.)라는 문구가, 그리고 기념관 출입구에는 "Forgive, but remember."(용서하라, 그러나 잊지는 말라.)라는 문구가 새겨져 있습니다. 뼈아픈 역사를 기억하지 않으면 다시 비참한 멸망의 상황으로 떨어질 수밖에 없다는, 유대인의 깊은 민족적 참회와 깨달음, 그리고 미래에 대한 각오를 엿볼 수 있습니다.

옛날 이스라엘 민족의 위대한 지도자 모세는, 120세로 운명하기 직전에 가나안 입성을 앞둔 제 2세대들에게 "옛날을 기억하라 역대의 연대를 생각하라 네 아비에게 물으라 그가 네게 설명할 것이요 네 어른들에게 물으라 그들이 네게 이르리로다."라고 준엄하게 명령하였습니다. 이는 과거 역사를 회고함으로써 미래 역사를 전망하라는, 유언과도 같은 메시지입니다. 기억해야 할 '옛날(the days of old)'과 생각해야 하는 '역대의 연대(the years of all generations)'에 대한 언급은, 현존하는 역사에는 분명한 시작과 뿌리가 있음을 알려 줍니다. '기억하라(remember), 생각하라(consider), 물으라(ask)'라는 이 세 가지 명령은, 우리 후손들에게 역사에 대한 교육이 반드시 그리고 중단 없이 계승되어야만 한다는 것을, 강력하게 일깨우고 있습니다. 역사 교육을 통해 우리 후손들이 자신들의 뿌리를 찾고, 아비가 설명해 주고 어른들이 일러 주는 역사적 진실과 심원한 경륜을 배움으로써, 우리 민족은 비로소 나라가 나아갈 올바른 방향을 찾게 될 것입니다. 정직하고 성실한 역사 교육이야말로, 만세에 빛나는 대한민국을 만드는 참된 원동력과 생명줄이며, 향후 나라의 운명을 좌우하는 중차대한 과제인 것입니다.

우리나라의 일제 강점기와 6·25전쟁은, 대한민국 백성이라면 반드시 그 실상을 바로 알아야 하고 영원히 기억해야 할 역사적 이정표입니다. 그런데 일제 강점기의 암울하고 처량했던 식민통치와 수

백만의 목숨이 희생된 6·25전쟁의 참상을 생생하게 기억하고 있는 사람은 이미 80세가 넘었고, 그 후 세대는 대부분 그때의 비극을 알지 못하거나 옛날이야기 정도로 가볍게 여기고 무관심합니다. 지금 우리나라의 현대사는 지나치게 왜곡되어 차마 눈을 뜨고 읽을 수 없을 정도로 편향되고 좌경화되어 버렸습니다. 심하게 편향되고 좌경화된 물결이 홍수처럼 밀려오고 있는데, 이것은 대한민국을 한 순간에 무너뜨릴 수도 있는 무서운 것임을 온 국민이 깨어 직시해야 합니다. 역사를 왜곡시켜 놓은 채 이기적이고 단편적인 주장들로 국론이 분열된다면, 모래 위에 지은 집이 풍랑에 쉽게 무너지듯이, 아무리 최고로 발전한 물질문명을 가진 나라라도 순식간에 무너질 수밖에 없는 것입니다.

저는 대한민국 격동기의 현장을 직접 체험한 산 증인 중의 한 사람입니다. 해방 이후 고향 이북에서 공산당에게 공산주의 교육을 받았고, 그 실상 또한 낱낱이 목격했고 실제로 경험했습니다. 월남(越南)전에 이미 레닌(Vladimir Lenin)의 「국가와 혁명」, 「유물론과 경험비판론」, 마르크스(Karl Heinrich Marx)의 「자본론」, 「공산당 선언」등을 교재로 공산주의 사상교육을 철저하게 받았었고, 이러한 교육과 체험을 통해 공산주의의 허구성과 치명적인 한계를 누구보다도 정확히 파악하게 되었습니다. 1917년 11월 7일, 레닌의 주도로 볼셰비키 러시아 혁명을 승리로 이끈 공산주의는 1991년 12월 31일 완전 붕괴되어, 약 75년 만에 역사의 무대에서 완전히 사라져 버렸습니다. 이것은 공산주의가 이론은 그럴싸하게 보이지만 실제로는 이론대로 실현되지 않는 허구임을 보여 준 것입니다. 공산주의가 자유와 번영, 행복을 보장해 주는 것이 사실이라면 어떻게 이렇게 허무하게 붕괴될 수 있단 말입니까? 공산주의는 당 간부를 비롯한 특권층만 잘살고 교육적 혜택을 누리는 독재체제요, 공산주의가 들어간 나라마다 무자비한 살상으로 피바다를 이룬 참혹상이 적나라하게 드러났습니다. 이미 역사의 심판을 받았고 온 세계가 내다버린 쓰레기같이 된 이론을 아직도 붙잡고 있는 이들이 많은 것을 보면, 참으로 통탄을 금할 길이 없습니다.

그래서 저는 이 소책자를 통해 현 세대가 전혀 체험하지 못한 을미사변, 을사늑약, 한일합병, 대구10월사건, 제주 4·3사건, 여수 순천 사건 등을 상세하게 밝히고, 무엇보다 공산주의가 개인과 민족에게 미치는 심각한 파괴력과 그에 따른 폐해를 분명하게 보여 주기를 원합니다. 한걸음 더 나아가 우리나라의 가장 암울했던 현대사를 통해, 나라 없는 설움이 어떤 것인지, 또 나라를 빼앗긴 비참함이 어느 정도인지를 모두에게 일깨워 주고 싶습니다. 저로서는 최선을 다해 현장을 방문하여 눈으로 확인하면서 마지막까지 증언자들을 만나 많은 도움을 받고, 그들의 증언을 정성껏 녹취하고 재차 확인하였습니다. 나름대로 공을 들였으나 아직 미흡하고 불완전하기만 합니다. 하지만 더 늦기 전에 역사적 진실을 후대에 왜곡 없이 전달해야 한다는 소박한 뜻으로 책을 출판하게 되었습니다. 그 동안 섬기는 교회에서 국가의 국경일이나 절기, 목요일마다 꾸준히 해 온 구국(救國) 강연 원고들과 우리나라 근현대사에 대하여 45년간 꾸준히 연구하며 정리해왔던 조각들을 한 곳에 모아 조그만 결실을 보게 된 것입니다.

저는 이북에서 공산주의의 허구성을 깨닫고 1947년 월남하였습니다. 그리고 춥고 배고프던 차에 1948년 통위부 후방사령부 국방경비대에 입대하여, 당시 군대의 상황을 누구보다 피부로 체험할 수 있었습니다. 저는 국방경비대에서 먼저 입대한 군인들이나 하사관들에게 기회가 있을 때마다 북한의 실상과 공산주의의 허구성을 설명하곤 하였습니다. 그때의 국방경비대 사령관은 송호성 준장이었는데, 그는 여수 순천 사건 20여 일 전인 1948년 9월 말에 저를 선도하겠다고 불렀습니다. 그는 두 시간 가까이 북한 공산주의에 대해서 자세히 물어보고 대화하는 가운데 저를 위하는 척하면서 "지금은 공기가 좋지 못하니 당분간 말조심하라"라고 말한 적이 있었습니다. 그때 저는 송호성 사령관의 태도를 보면서 이상하다고 생각했었습니다. 그런데 놀라운 것은 그가 6·25때 인민군에 의해 서울이 점령당하자, 남하하지 않고 인민군 여단장이 되어 국군에게 총부리를 겨누었다는 사실입니다. 그는 1950년 7월 4일 대남방송을 통하여, 국군병사들과 장교와 삼천만 동포들에게 자기를 본받아 인민군과 빨치산이 되어 "총부리를 돌려 인민의 원수 미제와 매국노 이승만 괴뢰도당을 타도하라"라고 부르짖기까지 했습니다. 또한 1948년 12월 보안법이 발표된 후 갑자기 부대의 많은 군인들이 탈영하였으며 그 대다수가 지휘관들이었습니다. 알고 보니 남로당에 가입하였던 빨갱이들이었습니다.

이러한 상황 속에서 6·25가 발발했고, 저는 인민군과의 치열한 전투를 계속하면서 밀리고 밀려 남하하게 되었습니다. 곳곳마다 공산당의 만행으로 처참하게 학살당해 나뒹구는 시체들은 차마 눈뜨고 볼 수 없을 정도로 참혹하였습니다. 전쟁이 얼마나 무서우며 공산당이 얼마나 잔악한지를 깨달을 수 있었으며, 다시는 이 땅에 전쟁이 일어나서는 안 되고 이 지구상에서 공산주의는 없어져야만 한다는 것을 온 몸으로 체험하게 되었습니다. 저는 남하하던 중 지리산 전투에서 인민군의 총격으로 다리에 부상을 당하였습니다. 지금까지 계속되는 저리고 아픈 총상의 통증은, 일평생 저에게 나라가 얼마나 귀중한지를 일깨워 주고 있습니다.

저는 이미 오래 전에 목회 일선(一線)에서 은퇴하고 어느덧 85세가 다 되어 인생의 황혼기를 살고 있습니다. 그러나 지금이라도 나라가 또 부른다면 다시 전장에 나가리라 하는 마음의 충정은 변함이 없습니다. 나라를 사랑하고 자기 민족을 사랑하는 것이, 국민의 가장 기본적인 의무이고 참된 구국(救國)입니다. 조국을 위해 목숨 바쳐 일하는 군인, 경찰, 공무원들, 노동자들, 남이 알아주지 않는 자리에서 대한민국의 안위를 노심초사하는 이름 없는 진실한 애국자들이 많이 있기에, 우리나라 대한민국은 든든하고 후손들의 미래는 희망찹니다.

나라 없는 개인은 존재하지 않으며, 역사 없는 나라도 존재하지 않습니다. 대한민국의 역사는 곧 우리 각 사람의 역사이기도 합니다. 제 나라의 역사를 모른다면 누구도 자기 정체성을 올바로 세울 수 없고, 그 개인의 앞날은 물론 나라의 밝은 미래를 기대할 수 없습니다. 역사에 대한 정확하고 올바른 인식이 곧 애국심의 참된 발현이며, 앞으로도 대한민국이 세계를 선도하는 가장 부강한 나라가 되는 첩경(捷徑)입니다. 저는 자라나는 세대에게 대한민국 국민으로서 마땅히 알아야 할 역사를 사실대로 전해 주어야만 한다는 사명감으로 이 책을 집필하였습니다. 부디 온 국민이 올바른 역사관을 가지고 나라 사랑의 뜨거운 애국심으로 불타올라, 대한민국을 세계에서 가장 존경받는 위대한 나라로 만들어가는 찬란한 횃불들로 쓰임 받게 되기를 간절히 소망합니다.

2011년 11월 5일

박윤식

 들어가면서

    1945년 8월 15일 해방 이후 대한민국 정부가 수립(1948.8.15)되는 과정에서 끊임없이 참혹하고 비극적인 사건이 일어났습니다. 1946년에는 1월 찬탁투쟁, 9월 총파업투쟁, 대구10월사건이 일어났고, 1947년에는 3·1절 기념 사건이 일어났습니다. 1948년에는 2.7사건, 제주 4·3사건, 5·10단선단정 반대, 여수 순천 사건 등이 계속적으로 일어났습니다. 그리고 급기야는 1950년에 한반도 역사상 최대 비극인 6·25전쟁이 발발하고 말았습니다.

    1948년 남한의 단독선거를 반대하는 제주 4·3사건이 일어났을 때, 정부에서는 대규모의 경비대와 경찰대의 병력을 투입하여 단시일 내에 공산세력들의 만행을 모조리 진압하려 하였으나, 남로당 세력이 군 내부에 뿌리깊이 잠입하여 있었으므로 진압은 장기화되었습니다. 4·3사건은 수많은 인명 피해와 재산 손실을 내었을 뿐 아니라, 김익렬의 뒤를 이어 제주 9연대장으로 파견되었던 박진경 대령이 남로당 중앙당의 지령을 받은 제주 9연대 내의 남로당원에 의해 암살되었습니다. 육군본부(이하 육본)에서는 제주 4·3사건을 진압할 목적으로 여수 14연대에 제주도 출동명령을 우편으로 하달하였습니다. 그런데 이러한 극비 명령이 여수 우체국에 근무하던 남로당원에 의해 누설되어, 여수 14연대장 박승훈 중령보다 이재복(남로당 군사부 총책)과 이중업(남로당 중앙조직부 총책)이 먼저 알게 되었습니다. 이에 남로당은 여수 14연대 내의 인사계 지창수 상사와 김지회 중위, 홍순석 중위를 중심으로 한 50여 명의 남로당원들이 출동 당일에 사건을 일으킬 준비를 치밀하게 하고 있었던 것입니다.

이들은 동(東)으로는 순천과 하동, 서(西)로는 벌교와 보성, 북(北)으로는 구례 일대를 휩쓸어, 시내의 관공서마다 인민공화국 포스터가 나붙고 붉은 인공기가 휘날렸습니다. 하룻밤 사이에 세상이 바뀐 듯했습니다. 여수와 순천 시내에서는 우익 단체와 경찰 그리고 그 가족들에 대한 살육과 난동이 약 7-10일간 남녀노소 가릴 것 없이 무자비하게 자행되었습니다. 거리마다 집집마다, 우물이며 하수구, 논둑, 경찰서 등에 처참하게 죽은 시체가 나뒹굴고, 가는 곳마다 차마 눈뜨고 볼 수 없는 지경이었습니다. 뿐만 아니라 14연대 반란 진압 차 출동하려던 광주 4연대 반란, 대구 6연대 반란, 마산 15연대 반란 등이 연쇄적으로 이어졌고, 대한민국은 건국 2개월 만에 나라가 전복될 큰 위기에 직면하였습니다. 그러자 이승만 대통령은 국가보안법을 제정(1948년 12월 1일 법령 통과)하였는데, 이때 군 내부에 거미줄처럼 침투해 있던 좌익 세력을 10,317명(숙청 4,749명, 탈영 5,568명)이나 정리할 수 있었습니다.

여수 순천 사건을 가리켜 14연대 하사관 세력이 독자적으로 일으킨 '봉기'라고 주장하는 자들도 있는데, 그것은 전혀 사실이 아닙니다. 여수 순천 사건은 남로당 중앙당의 지령을 받은 여수 14연대 안의 남로당원들이 계획적으로 일으킨 군 반란이었습니다. 여수 인민위원회 소속 23명은 1948년 10월 19일 20시경에 14연대 정문 앞 식품점에서 기다렸다가, 성공했다는 연락을 받자 인민공화국 만세를 부르고 즉시 부대 안으로 들어가 함께 무장하고 가담했습니다. 이는 여수 남로당에서 지령을 내렸다는 확실한 증거입니다.

14연대 반란군이 여수를 점령하면서 가장 많은 피해를 입은 사람들은 경찰과 우익의 인사들과 그 가족들과 친척들이었습니다. 반란군 초기 사령관 지창수 상사가 "제주 출동에 앞서 악질 반동 경찰부터 타도하자. 지금 인민군이 38선을 넘어 남진 중에 있으니 모두 나를 따르라"고 연설한 내용에서 확인되듯, 경찰이 인민을 착취하고 통일을 저해하는 반동분자라는 이름하에 너무나 비참하게 처형되었고 그 시체들은 아무렇게나 버려졌습니다.[1] 당시 여수(양민 1,200명 사망)와 순천(양민 1,134명 사망)에서 단시일 내에 수많은 생명이 저들 손에 들려진 신식 무기에 의해 무참히 살상되었는데도, 그것을 봉기라고 한다면 이는 역사를 완전히 왜곡하는 것입니다.

대한민국 백성이라면 피비린내 나는 6·25동란과 그에 버금가는 공포의 여수 순천 사건을, 그 근본까지 자세히 살펴야 합니다. 해방 이후 김일성의 남한 적화 야욕과 박헌영의 지령대로 움직이는 남로당 세력 때문에 나라가 극한 혼돈 속에 빠진 것과, 양심의 가책도 없이 살인을 밥 먹듯 자행했던 공산당의 소름끼치는 학살과 만행을 생생하게 기억해야 합니다. 실로 너무나 엄청난 대가와 희생이 지불된 역사적 진실과 그 교훈을 등한히 여겨서는 안 됩니다.

통계조사 결과, 6·25가 언제 일어났는지도 모르는 사람이 13-19세에서 62.9%, 20대에서 58.2%였고, 제대로 알고 있는 사람은 37.1%와 41.8%였습니다(조선일보 2010년 3월 26일자). 또한 초중고 학생의 40%가 3·1절이 무엇을 기념하는 날인지 제대로 알지 못하는 것으로 나타났습니다(경향신문 2010년 3월 1일자). 우리나라 현대사에 대한 청소년들의 심각한 무지와 무관심, 그 때문에 모든 분야에서 쉽게 좌경화해 가는 것을 보면서, 부모 세대로서 어느 때보다 그 책임을 무겁게 통감하게 됩니다.

역사적 사실은 결코 시대 흐름에 따라 변하는 것이 아닙니다. 그 해석에 있어 여러 의견이 나올 수는 있으나 실체적 진실까지 왜곡

---

[1] MBC방송 「이제는 말할 수 있다」 제5회(1999.10.17), "여수 14연대 반란"

되어서는 안 될 것입니다. 시간이 지났다고 해서 강자(승자)편에서 역사적 진실 자체를 가감하거나 왜곡해서는 절대로 안 됩니다. 역사는 더해서도 안 되고 빼서도 안 되며 정확한 사실이 그대로 밝혀져야 합니다. 그 순간에 역사는 현재 속에서 놀라운 생명력을 발휘하고, 현재를 곧게 비추어 주는 선명한 거울이 되며, 미래를 향해 올바른 방향을 힘차게 외치는 나팔수가 되는 것입니다. 그러나 왜곡·날조된 역사는 필연코 우리와 후손들을 나약하고 병들게 하여 나라의 장래를 암담하게 만듭니다. 과거 역사를 사실대로 진단하지 못한다면 앞을 못 보는 장님이나 다를 바가 없습니다.

남과 북으로 분단된 국토, 내부적으로 보이지 않는 이념적 갈등이 끊이지 않는 것이 현재 우리나라의 현실입니다. 그러므로 더더욱 거짓 없는 역사의 보존을 위해 사실을 왜곡 없이 기록하는 일과 젊은 세대들을 위한 올바른 역사 교육이 강력히 요청되는 것입니다.

국가(國家)란 민족의 커다란 집입니다. 나라 국(國)에 집 가(家), 국가는 실로 민족 대식구가 모여 사는 영원하고 광대한 집입니다. 이 나라에 사는 백성들은 저마다 대한민국의 한 가족 한 식구인 것입니다. 그래서 '나라'라고 하는 것은 상황과 필요에 따라 입었다 벗었다 하는 옷가지 같은 것이 아니고, 절대로 떼어 내버릴 수 없는 내 살과 같은 것입니다. 그런 의미에서 백성과 국가는 일체라고 말할 수 있습니다. 부디 이 책을 읽는 대한민국 백성 모두가 뜨거운 민족혼으로 조국의 앞날을 늘 생각하고 염려하며, 나아가 일사각오(一死覺悟)의 일념으로 나라를 지키는 진실된 애국자 되시기를 간절히 소원합니다.

차례

▨ 저자 서문 **3**
▨ 들어가면서 **10**

[별지 1] 여수 순천 사건의 주동자 김지회·홍순석 사살 장소(1949년 4월 9일)
[별지 2] 빨치산 총사령관 이현상의 아지트와 그의 최후(1953년 9월 17일)

1. 1948년 10월 19일, 여수 순천 사건　**17**

　　(1) 남로당의 국방경비대 침투 공작
　　(2) 영암 군경 충돌 사건(1947년 6월 1일)
　　(3) 국방경비대 여수 14연대 창설과 음모
　　(4) 우체국 일반전보를 통해 하달된 제주도 출동 명령
　　(5) 인사계 지창수 상사의 선동
　　(6) 무기고 점령
　　(7) 14연대 핵심 장교들의 죽음
　　(8) 여수 인민위원회 소속 23명의 가담
　　(9) 5시간 만에 여수 시내 점령
[별지 3] 1948년 10월 19일 여수 14연대 반란과 진압
　　(10) 여수 경찰서장 고인수의 처형
　　(11) 순천 경찰서 장악
　　(12) 순천 경찰서장 양계원 총경의 처형
　　(13) 여수와 순천의 탈환
　　(14) 애양원의 한센 환자들을 돌보며 나라의 독립을 위해 기도한 손양원 목사와
　　　　그의 두 아들(동인, 동신)
　　(15) 지령을 내린 이중업·이재복

2. 여수 14연대 반란, 진압부대의 연속된 반란　**73**

　　(1) 1948년 10월 21일, 전투사령부 설치
　　(2) 1948년 10월 23일, 여수·순천 지구에 계엄령 선포
　　(3) 광주 4연대 2대대 1개 중대의 반란
　　(4) 마산 15연대 최남근 연대장, 반란 부대에 자진 투항
　　(5) 나주 주둔의 중대 반란(11월 2일)
　　(6) 군산 12연대 5중대장 김응록 중위 음모
　　(7) 대구 6연대 반란

3. 지리산으로 들어간 반란군 93
   (1) 지리산에 들어간 김지회 부대의 12연대 공격
   (2) 12연대장 백인기 중령의 자결
   (3) 반란군의 구례 기습

4. 국가보안법 제정과 군 내부 좌익 숙군 99
   (1) 국가보안법 제정 배경
   (2) 국가보안법의 대상 및 개정
   (3) 군 내부 좌익 세력 10,317명(숙군 4,749명 + 탈영 5,568명)
   (4) 국가보안법 발표 후 강태무·표무원 소령의 월북 사건
   (5) 국가보안법 존치(存置)의 당위성

5. 서울시당 홍민표와 그에 의한 33만 명 자수 119

6. 국회 내 프락치에 의한 미군 철수 123
   (1) 김일성 직계 북로당 성시백과 남로당의 국회공작
   (2) 노일환·이문원을 중심한 국회프락치 주동자 13명
   (3) 국회프락치 62명의 미군 철수 강력 요청
   (4) 여성공작원 정재한(鄭載漢)과 암호문서
   (5) 국회프락치 사건 수사 담당 김호익 총경의 암살(1949.8.12)
   (6) 국회프락치 사건의 공판(국회장악 음모 발각)
   (7) 납북된 국회프락치 사건 관계자들의 비참한 최후

7. 빨치산 토벌 작전 139
   (1) 호남·지리산 지구 전투사령부의 빨치산 토벌 작전(1949년 3월1일-1949년 4월4일)
   (2) 군경 합동 지리산 지구 토벌 작전(1949년 9월-1950년 2월)
   (3) 빨치산 소탕을 위한 국군 11사단 창설(1950년 10월-1951년 4월 6일)
   (4) 빨치산 토벌 작전을 위한 3개 사령부 신설(1951년 5월)
   (5) 백야전사령부(백선엽 야전전투사령부, Task Force Paik)(1951년 11월 26일)

8. 14연대 반란 주동자들의 최후(김지회·홍순석·지창수) 153
   (1) 14연대 반란 주동자 김지회 중위(육사 3기, 군번 10505)
   (2) 14연대 반란 주동자 홍순석 중위(육사 3기, 군번 10583)
   (3) 14연대 반란 주동자 인사계 지창수 상사

9. 남북 노동당 대남공작 최고책임자들의 최후　167
　　(1) 이재복(남로당 군사부 총책)
　　(2) 이중업(남로당 중앙조직부 총책)
　　(3) 이강국(남로당 민족전선 사무국장)
　　(4) 국제 여간첩 김수임(이강국의 애인)
　　(5) 정태식(남로당 민족전선 중앙위원)
　　(6) 성시백(김일성 직속 북로당 남반부 정치위원회 총책, 공화국 영웅 1호)
　　(7) 이주하(남로당 무장분야 총책)
　　(8) 김삼룡(남로당 총책)
　　(9) 박헌영(남로당 최고 총수)
　　(10) 최고 지식층을 비롯한 남로당 대다수(약 5만) 숙청

10. 남부군 총사령관 이현상과 부사령관 이영회　201
　　(1) 빨치산 총사령관 이현상의 최후(1953년 9월 17일)
　　(2) 부사령관 이영회의 최후(1953년 11월 27일)
　　(3) 허망하게 죽어 간 빨치산 간부들
　　(4) 마지막 빨치산 최후 2인, 정순덕(여)과 이홍이(남)

[부록] 민족 중흥의 지도자 박정희 대통령　219

▨ 찾아보기　235

1. 1948년 10월 19일, 여수 순천 사건

Yeosu-Suncheon Incident on
October 19, 1948

1948년 10월 19일 발생한 여수 순천 사건은, 제주 4·3사건과 맞물려 일어났으며 짧은 기간 엄청난 피를 부른 사건이었습니다. 이것은 제주 4·3사건 진압을 위해 출동 준비 중이던 여수 14연대 내의 인사계 **지창수** 상사와 대전차포 중대장 **김지회** 중위, 순천 파견 2개 중대 선임중대장 **홍순석** 중위의 주도로, 좌익 남로당원 50여 명이 일으킨 사건입니다. 이 사건은 그 성격상 국가 전복의 위기를 초래할 수 있는, 전쟁과 방불한 사건이었습니다.

(1) 남로당의 국방경비대 침투 공작

남로당 부위원장 박헌영은 국방경비대가 점차 군대의 면모를 갖추어 가자, 군에 대한 침투 공작을 시도하였습니다. 특히 1948년 5·10선거 과정에서 좌익 세력의 피검자가 많아지자, 그 일을 서둘러 본격화했습니다. 국방경비대는 신병을 모집할 때 미군정의 방침에 따라 신상 조사나 사상 검토를 하지 않고 신체검사와 구두시험만으로 모집했기 때문에 좌익 세력들이 경찰의 수배를 피해 마음껏 입대할 수 있었습니다. 공산주의자들에게 군부대는 '정치적 피난처'로 생각하게 되었습니다.

남로당의 국방경비대 침투 공작 가운데 특기할 점은, 장교와 사병을 구분하여 침투방법을 달리하였다는 것입니다. 장교는 중앙 군사부가 관리하고, 하사관과 사병은 각 지방 도당에서 관리하는 이원적 체제로 운영되었습니다. 장교는 근무지 이동이 심하고, 사병은 각 도(道)가 모병 단위여서 부대 이동이 별로 없었기 때문입니다.

남로당 장교의 군내 침투 공작은, 첫째, 개인적인 실력으로 입교하는 방법, 둘째, 정부군·정계의 유력 인사를 이용하여 추천을 받아 입교하는 방법, 셋째, 남로당 수뇌부가 군내 당 조직에 추천하여 입교하는 방법, 넷째, 사관학교 직원으로 있는 당 세포를 이용하거나 또는 그들을 매수하여 입교하는 방법, 다섯째, 기성 장교의 신원과 인적 사항을 조사하여 접근할 소지나 잠재 성분을 가지고 있는 자를 포섭하는 방법, 여섯째, 장교들의 대인 관계, 지연, 혈연, 인연, 동기동창 관계 등 다양한 인적 관계를 이용하여 포섭하는 방법 등을 이용하였습니다.

남로당 사병의 침투 공작은 부락에서 당성이 강하고 성분이 좋은 분자를 적극적으로 추천하여 입대시키는 것이었습니다. 창설된 국방경비대 내부에는 이렇게 남로당원이 대거 침투하였고, 밤마다 공개적으로 공산주의 사상을 학습하며 토론을 벌였습니다. 1연대의 경우, 주말이면 남산공원에서 개최되는 공산당 집회에 사병을 인솔하고 참석하여 공산주의 사상 교육을 받을 정도였습니다. 이러한 사실을 감추기 위해 당시 1연대는 연대 표어를 **불편부당**(不偏不黨: 공평해서 어느 편으로도 치우치지 않는다)이라고 하여 좌도 아니고 우도 아니라는 인상을 부각시킨 것입니다. 이처럼 당시 국방경비대에는 경찰의 추적을 피해 들어온 사상적 불순분자들이 많았는데, 특히 여수 14연대는 김지회, 홍순석 등이 세포 확장에 전력을 다해 부대 안에는 공산주의자들이 들끓었습니다. 이 같은 남로당의 군내 침투 공작은 후일 군 내부 반란의 화근이 되어, 급기야 14연대 반란을 일으켰습니다.

(2) 영암 군경 충돌 사건(1947년 6월 1일)

미주둔군사령관 하지 중장은 남한에 진주한 이래 남한의 치안을 유지하는 데 미군의 경비력이 부족할 뿐 아니라 당시의 경찰력이 미미했기 때문에 경비대를 창설하였는바, 초기에는 **'경찰예비대'** 혹은 **'경찰보조기관'** 성격이 강했습니다. 그래서 당시 경찰들은 국방경비대를 무시하는 경향이 강했습니다. 그 예로서는 경찰 복장은 미군 복장과 같게 하고 무기도 미제 M1 소총으로 무장하게 하였으나, 국방경비대는 일본 군복을 입히고 무기는 일제 38식이나 99식 소총으로 무장하게 하였습니다. 게다가 국방경비대의 계급장은 경찰 계급장을 뒤집어서 사용하게 하였고, 경찰들의 가정환경이나 교육 수준도 국방경비대 병사들에 비해 다소 우위에 있었기 때문에, 경찰들이 무시하였습니다. 반면에 국방경비대는, 당시 경찰들의 80% 정도가 친일 출신이므로 '매국노'로 취급하여 무시하였습니다. 이로 인해 경찰과 경비대간의 갈등이 크고 적이 아닌 적으로서 그 대립이 심각하여, 경찰에게 맞았다 하면 경비대측은 이유여하를 막론하고 철저하게 보복하였습니다. 대표적으로 광주 4연대 제 1대대와 영암 경찰 간에 충돌 사건이 발생하게 되었는데, 이 사건은 광주 4연대 제 1대대로부터 창설된 여수 14연대에도 영향을 미쳐, 1948년 10월 19일 여수 순천 사건을 일으키게 된 큰 불씨가 되었습니다.

영암 군경 충돌 사건은, 1947년 6월 1일 일요일 전남 영암에서 국방경비대 광주 4연대 제 1대대와 영암 경찰 간에 발생한 무력 충돌 사건입니다. 일요일이라 대부분의 장병이 외박 외출을 나간 상태였습니다. 이 사건의 결정적인 불씨는, 제 4연대 소속 김형남 하사와 지서장(경위) 사이의 충돌이었습니다. 경비대의 김형남 하사가 외박 후 부대 복귀를 위해 신북지서 앞에서 차량편을 기다리고 있는데, 무궁화 모양인 경비대의 계급장을 사쿠라 같다고 비아냥거린 데서 사건이 비롯되었습니다. 지서장이 김 하사에게 "모표(帽標)가 무엇이요?" 하니, 김 하사 대답이 "여보시요, 모표가 모표이지 무어요." "아니 모표를 몰라서 묻는 것이 아니라 도안(圖案)이 무엇이냐 말이요." 이에 김 하사가 "지서장쯤 되고서 경비대의 모표가 무엇인지도 모른단 말이요!"라고 하며 김 하사와 신북지서장 간에 싸움이 벌어지자 쌍방에서 욕설이 나오고 폭행까지 이르렀습니다. 지서 순경들이 영암 본서에 '지금 군인이 와서 행패를 부리고 있다.'라고 보고하자, 본서에서 출동하여 김 하사를 폭행 등의 죄목으로 수갑을 채워 갔습니다.

김희준 중위와 군기대장 정지웅 중위는 군기병(헌병) 4명을 대동하고 신북지서로 향했습니다. 김 중위와 정 중위가 지서 안으로 들어갔고, 군기병들은 지서 밖에 있는 동안 외출 사병들로부터 이 이야기를 듣다가 흥분하여, 보초를 서고 있던 순경을 골목으로 끌고 가 집단 구타를 하였습니다. 당시 이러한 사실을 전혀 모르고 영암 본서까지 찾아간 김 중위와 정 중위 일행은, 사태를 수습하기 위해 경찰서장 면담을 요구했으나 거절당하고 경찰 간부들과 언쟁을 벌였으며, 경찰측은 경비대가 경찰의 보조기관이라는 점을 강조하면서 김 하사를 구속한 것이 법적으로 정당하므로 석방할 수 없다고 주장하였습니다.

해결의 실마리가 보이지 않자 김희준 중위와 정지웅 중위는 귀대 길에 올랐고, 신북지서 앞을 통과할 즈음, 갑자기 300m 가량 앞서 달리던 차량에서 경찰 10여 명이 공포를 쏘면서 김 중위 일행의 차를 강제로 정지시키고 군기병들에게 폭행을 가했습니다. 3명의 군기병은 구속되었고 김 중위와 정 중위는 6월 2일 새벽 본부로 돌아왔습니다. 한편 군기대 선임 하사관이 죽는 시늉을 하며 광주도립병원에 입원, 그는 직접 연대본부에 이 사건의 진상을 보고하였습니다. 이 날 주번사령 이관식 중위에게 전달된 소식은 대내에 순식간에 퍼졌습니다. 6월 3일 새벽 3시 50분, 경찰에 보복하려고 **김은배 중사**(조선경비대 2기)의 지휘하에 300여 명의 대원들이 흥분하여 무기고를 열어 총과 실탄을 휴대하고 차량 7대를 이용해 광주를 떠나 영암으로 출동하였습니다. 이들은 첫 번째로 신보면에 멈추어 두 명의 경찰관을 구타하였습니다. 그리고 새벽 5시, 영암에 도착하여 경찰서를 둘러싸고 경찰과 총격전을 벌였습니다.

제 1대대장 **최창언** 대위가 급보를 받고 부대에 들어와 장교들을 불러 심하게 꾸짖고 사태 수습을 위해 장교들도 출동할 것을 지시했습니다. 연대 장교들이 허겁지겁 뒤쫓아갔을 때는 이미 때가 늦어서 경찰과 총격전이 벌어지고 있었습니다. 경찰측은 아예 망대에다 기관총까지 걸어놓고 쏘아대고, 또 수류탄 8개 내지 10개를 사용하였고, 경비대원들은 총검을 사용하였습니다.[2] 경비대가 몹시 불리한 상황에서 희생자가 속출하였습니다.

이때 연대장 이한림 소령이 경비대에 사격중지 명령을 내렸으며, 영암군수와 함께 경찰서에 들어가 경찰서장을 만나 유혈 방지 원칙에 합의함으로써 총격전은 6월 3일 06시에 종결되었습니다. 이 사건으로 제 4연대는 6명이 사망하고 10여 명이 부상을 당한 반면, 경찰측은 피해가 적었습니다. 게다가 군기대원 3명이 경찰관 폭행죄로 군정재판에 회부되었고, 경찰은 경비대를 더욱 우습게 생각하였습니다.

※영암사건은 「한국전쟁사(1)」(국방부, 1967)와 「미군정청보고서」(통일원, 1994), 「대비정규전사(1945-1950)」를 참고하였습니다.

주번사령 **이관식** 중위가 파면되었고, 대대 선임하사관 **김은배** 중사가 병력 지휘책임으로 최고 12년형, **최철기** 상사가 수송부 선임하사관으로서 차량을 동원한 책임으로 10년형, 그 밖에 **김정길** 징역 단기 3년(장기 5년), **문창로** 징역 2년(집행유예 5년), **백영교** 징역 2년(집행유예 5년)을 선고받았습니다(동광신문 1947년 9월 9일자).

이로써 사건은 일단락되었으나, 약 35-40명의 무장한 경비대원들이 여전히 무단이탈해서 이 지역에 있었고, 이러한 위협을 저지하기 위해 광주와 해남 경찰이 영암으로 증원군을 보냈습니다. 광주 경찰에 따르면, 영암으로 증원군을 보내어 광주경찰력이 축소되었기 때

---

2) 「미군정청보고서」(통일원, 1994), 667.

문에 경비대원이 다시 광주경찰을 공격할지도 모른다고 여겨, 보병 제 20연대 소총부대 두 소대들이 광주에서 비상경계하였고, 보병 제 20연대 본부중대의 첩보 정찰소대가 영암-광주 지역을 순찰하도록 파견되었습니다.[3] 이 사건을 계기로 전라남도에서는 군과 경찰 간의 갈등이 더욱 심화하였습니다. 광주 4연대에서 차출된 자들로 구성된 전남 여수 14연대의 좌익 세력들은 바로 이 점을 악용하여 제 4연대 내에서 경찰에 대한 반감을 부추기며 자신들의 영역을 확대해 나갔습니다. 당시 지창수 상사가 반란을 선동할 때, 바로 이 점을 집요하게 부추겨 14연대를 자극하였던 것입니다.

(3) 국방경비대 여수 14연대 창설과 음모

여수 14연대는 여수읍 신월리(현 여수시 신월동)라는 바닷가 지역에 위치하였습니다. 신월리는 여수읍에서 가파른 구봉산 허리와 바다를 끼고 동쪽으로 약 4km 지점에 버선코처럼 툭 튀어나온 여수반도 남단에 있으며, 구 일본 해군 비행장 기지였습니다.

여수 14연대는 1948년 5월 4일, 광주 4연대(1946.2.15. 창설)에서 차출된 1개 대대를 근간으로 신편(新編)되었습니다. 반란 당시에는 박승훈(朴勝薰) 중령(일군대좌, 일본육사 제 27기생)이 연대장으로, 이희권(李喜權) 소령이 부연대장으로 있었습니다. 제 14연대 기간요원은 하사관 출신 50여 명이 근간이 되었습니다. 지창수 상사도 그 중의 한 사람이었고, 그 역시 광주 제 4연대 모병 때 입대했던 자입니다. 그는 당시 군 내부 남로당 조직 책임자로, 남로당 출신 사병들의 구심점이었습니다. 광주 4연대 1대대에 남로당원 홍순석 중위(육사 3기, 군번 10583), 김지회 중위(육사 3기, 군번 10505) 등이

---

[3] 「미군정청보고서」, 668.

있었는데, 이들은 밤마다 내무반에서 공산주의 사상을 가르쳤습니다.

한편 당시 여수를 중심으로 여천 일대 도서(島嶼-크고 작은 섬들) 지방에는, 지주계급에 반발하여 생겨난 좌익 세력이 상당한 규모로 확대되어 가고 있었고, 여천 지방 역시 대대로 이어온 지주세력에 대한 반감 때문에 많은 서민층이 은밀하게 좌익에 가담하고 있었습니다. 게다가 **홍순석** 중위는 순천 파견대장이란 요직을 맡고 있었고, 지창수 상사는 인사과 선임하사로, 정낙현 상사는 정보과 선임하사로 있었기 때문에 이들의 반란음모는 암암리에 무르익어 가고 있었습니다.[4] 1948년 10월 초 평양에 있는 북괴 외무성에서는 이미 이중업(남로당 빨치산 군사책)의 보고를 통해, 여수 14연대 내 남로당 조직책 지창수 상사가 반란을 일으킬 만반의 준비를 갖추고 있다는 사실을 알고 있었습니다.[5]

(4) 우체국 일반전보를 통해 하달된 제주도 출동 명령

1948년 10월 11일, 육본에서는 제주 4·3사건 진압을 위해 제주도 경비사령부를 신설하였습니다. 그리하여 대구 6연대와 부산 5연대에서 각각 1개 대대를 여기에 배속하도록 하였습니다.

그리고 이어서 10월 15일에는, 여수 14연대 1개 대대를 제주 9연대에 증파할 계획을 세우고, 연대장 박승훈 중령에게 여수우체국 일반전보를 통해 "14연대 1개 대대는 1948년 10월 19일(화) 20시에 여수항을 출발하여 제주도 폭동을 진압하라."는 출동명령을 내렸습니다. 국방경비대는 창설된 지 얼마 되지 않아 시설 면에서 경찰보다

---

4) 김석학, 임종명, 「광복 30년 2(여순반란 편)」(전남일보사, 1975), 19-20.
5) 송효순, 「붉은 대학살」(갑자문화사, 1979), 94.

뒤떨어진 열악한 환경이어서 자체 통신시설이 갖추어 있지 않았으므로 불가피하게 우체국을 통해 명령을 하달하게 되었습니다. 박승훈 중령은 출항 전문지시가 여수우체국을 통하여 일반전보로 하달되어 기밀이 누설되었을 가능성이 있다고 판단, 출항시간 변경을 논의한 끝에 4시간을 늦춘 24:00로 변경하였습니다.[6]

예상한 대로 육본의 하달한 명령은 박승훈 연대장이 보기도 전에, 우체국에서 일하는 남로당원에 의해 **여수 인민위원장**이 먼저 알게 되었습니다. 여수 인민위원장은 **김백동**(전남 도당 책임자)에게 보고하였고, 김백동은 **이재복**(남로당 군사부장)에게 보고하였으며, 이재복은 다시 **이중업**(남로당 빨치산 군사책)에게 보고하였습니다.

이에 이중업은 이 같은 절호의 기회를 놓칠세라 이재복에게 여수 주둔 제14연대에 침투해 있는 프락치들로 하여금 반란을 일으키도록 지령하였고, 이재복은 지창수 상사에게 지령을 내렸습니다.[7] 반란의 총책임자는 지창수 상사로 임명되어 있었으나, 일단 거사에 성공하면 지휘계통이 서야 하기 때문에 전투 지휘는 **김지회 중위**(대전차포 중대장)[8], **홍순석 중위**(순천 주둔부대 선임중대장)가 맡도록 하였습니다.[9] 또 "이미 여수, 여천 일대의 민청, 민애청, 인민위원회 간부들과도 내통이 되어 있으니, 반란 직후 이들을 무장시켜 주는 동시에 장교는 이용가치가 있으면 가두고 나머지는 모두 사살해 버리

---

6) 「한국전쟁사(1)」(국방부, 1967), 452., 이병주의 실록대하소설 「지리산」 122쪽에는 "왜 하필 그날 1948년 10월 19일에 거사하기로 한건가요? 바로 그날 20시에 제주도로 가기 위해 여수항을 출발할 예정이란 기밀을 탐지했기 때문이오."라고 적고 있다.
7) 「붉은 대학살」, 104.
8) 1948년 당시는 미군정청하의 조선경비대이기 때문에 미 편제상에는 대전차포가 있었으나, 실제로는 대전차포가 없었으며 김지회는 3중대장을 맡고 있었다(반란 당시 인사관 김형운 소위 증언).
9) 「대비정규전사(1945-1950)」(국방부전사편찬위원회, 1988), 31.

라"고 하였습니다. 그리고 반란을 선동할 때 먼저 경찰이 습격해 온 것처럼 가장하여 세력을 규합하고, 민간인들에게는 북조선 인민군이 지금 38선을 넘어오고 있는 것처럼 선전할 것을 지령하였습니다. 14연대에서 반란이 터지면 전군이 들고 일어나 순식간에 호응하도록 계획한 것입니다.[10]

(5) 인사계 지창수 상사의 선동

드디어 제주 4·3사건 진압을 거부하는 여수 순천 사건의 거사일이 되었습니다. 제주 4·3사건 진압에 필요한 모든 무기를 비롯한 준비물을 선박에 이동해서 이미 실어 놓고, 이제 보리주먹밥만 실으면 되는 상태였습니다. 10월 19일 화요일 저녁, 제 1대대가 제주도 출동 대대의 환송을 위한 송별회, 그리고 박승훈 신임연대장이 부임한 지 1주일밖에 되지 않았을 때라 저녁에 1대대의 출발 직전 장교 식당에서 회식을 갖기로 하였습니다.

김지회 중위도 그 자리에 참석하고 있었습니다. 당시 회식 자리에는 장교들이 약 30명 이상 모여 식사를 했고 박승훈 연대장도 참석하고 있었습니다(김형운 예비역 대령[11]증언). 대전차포 중대장 김지

---

10) 「광복 30년 2(여순반란 편)」, 33-36.
11) **김형운 예비역 대령(육사 6기)** : 1948년 10월 19일 반란 당시 연대 본부 인사관이었다(1927년생, 전남 고흥 출신). 당시 연대 내의 장교와 사병들의 인사 기록을 가장 정확하게 알고 있는 분으로, 특히 반란 총 사령관 지창수와 김지회, 홍순석, 그리고 그 주변 인물까지 상세히 기억하고 있었다. 본 서의 여수 순천 사건과 관련 인물들은 김형운 소위의 증언을 통해 정확한 사실로서 재확인된 것이다. 김형운 예비역 대령은 1948년 7월 28일 임관 후 여수 14연대에 부임, 11중대장으로 발탁되었다(동기생 17명은 소대장). 반란 직전 김형운 소위는 중대장(제 11, 12중대) 근무를 마치고 연대 본부 인사관으로 발령받은 지 1주일 정도 되었는데, 이때 반란 총사령관 지창수와 한 사무실에서 근무하다가 1주일 만에 반란을 맞았다. 지창수(조선경비대 1기)와는 사병 때

회 중위와 연대인사계 지창수 상사는 모의 끝에 장교회식 때를 이용하여 장교들을 공격하여 반란을 시도하려 했습니다.

회식을 잘 마친 후 전 장교가 그 자리에 남아 제주도로 떠나는 1대대

부터 이미 알던 사이로, 사병 때는 그가 후배였으나(조선경비대 2기), 이후 김형운 소위는 연대 인사과 인사관으로, 지창수는 인사관 밑에 인사계상사를 맡았다. 반란이 터진 이튿날 김형운 소위는 14연대의 중요서류를 정리해 두고 연대장을 찾아 나서던 중 며칠 후에 반란군에 의해 여수 경찰서 유치장에 잡혀 있었다. 지창수가 여수 유치장에 들렀을 때 김형운 소위를 보더니 "조금 기다리면 처리해 드릴 겁니다. 곧 풀릴 겁니다."라는 말만 남기고 나가 버렸는데, 그것이 마지막이었다고 한다. 한편 10월 24일 24:00시 총살 직전에 목숨을 구한 것은, 같은 고향 친구 **정병호**(14연대 경리과 선임하사)에 의해서였다. 정병호는 14연대 연대장과 장교들을 살리기 위해 지창수를 속여 여수지구 인민군 총사령부 군수국장을 맡아(위장한 것) 연대장을 탈주시키고 총살 직전의 김형운 소위도 구출하였다(정병호: 예비역 중령). 당시 여수 경찰서에 들어온 여수 인민위원장과 정병호가 총살할 우익인사들에게 최종훈시를 마친 이후, 정병호가 김형운 소위는 군인 출신이므로 자기가 처리하겠다며 빼돌려 10월 24일 자정 넘어 함께 배를 타고 고흥으로 탈주하였다. 마침 고흥은 대구 6연대(연대장 김종갑 중령)가 진압 중이었고 이때 김형운 소위와 정병호 상사는 진압작전에 합류하였다.

김형운 예비역 대령은 여수 14연대 설립 초기에 적극적인 모병 활동으로(3대대 11중대, 12중대) 제주도 파견 1개 대대 편성을 훌륭하게 수행하여 지휘검열 결과 표창까지 받았으며, 1948년 10월 19일 반란 진압 공적을 인정받아 3개월 만에 동기생 10명과 함께 중위로 특진하는 영예를 얻기도 하였다. 조선경비대 초창기에는 법령에 의해 징집한 것이 아니고 모병을 통해 군인들을 모았다. 또한 당시 육사 1-4기생은 시험 없이 연대장 추천으로 사관학교에 입학하였으나, 5기생부터는 시험제도를 두어 입학 자격을 부여하였다. 바로 이 육사 입학시험을 김형운 장교가 주도하여 제도화하였고, 본인이 직접 이 시험을 통과하여 6기생으로 입대하였다. 이때부터 국방경비대는 대한민국 정부의 정식 국군으로 인정을 받기에 이른다. 또한 김형운 장교는 군 내부의 모든 영문 서류를 국문으로 바꾸는 획기적인 개혁을 단행하는 큰 업적을 세운 바 있다. 2009년부터 2012년 현재까지 김형운 氏는 대한민국무공수훈자회 전라남도지부 지부장을 맡고 있다. 군에 몸을 담은 이후 초지일관 나라를 지키려고 빛도 없이 이름도 없이 충성한 애국애족의 혼이 우리 민족 후손들에게 영원히 기억되기를 소원한다.

장교들에게 진압을 잘 하라고 용기를 주며 여러 이야기를 나누고 있었습니다. 14연대 영내에서 장교 식당은 도로가 둘러싸인 곳에 있었는데, 주변 도로는 높고 장교 식당은 낮은 지대였습니다. 갑자기 높은 도로 쪽에서 장교 식당 정문을 향해 따다닥 따다닥 장교식당 쪽으로 요란한 총소리와 함께 "개들(장교)을 소탕하고 여수로 진격이다!"라고 외치는 소리가 들렸습니다. 갑작스러운 총소리에 놀라 인사관 김형운 소위가 확인해 보니 10여 명이 훨씬 넘는 반란군들이 높은 도로 위에 바짝 엎드려서 장교식당을 향해 총을 쏘고 있는 것이 보였습니다. 김형운 소위는 반란이 틀림없다고 판단하고 장교들의 인명 피해를 줄이기 위해 즉시 식당 내 전기를 차단시켰으며, 얼른 연대장에게 가서 "저놈들이 반란을 일으켰습니다. 어서 중대 인원부터 파악해야 할 것 같습니다."라고 보고를 하였습니다. 이에 연대장이 거기 모여 있던 장교들에게 "이대로 방치하지 말고 각 중대로 가서 각기 부대 인원수를 파악하고 책임지고 잘 지키라! 반란이 더 커져서는 안 된다"라고 다급하게 명령하였습니다. 이때 김형운 소위는 흩어지는 장교들에게 "지금 식당 정문 쪽은 완전히 포위되었으니 창문으로 빨리 도망치라."라고 지시해 주어 장교들이 식당 창문을 통해 쏜살같이 흩어졌습니다. 장교들의 일사불란한 행동으로 총을 쏘던 반란군들도 순간 흩어져 버렸습니다.

지창수와 반란 세력들은, 장교들은 장교 식당에서 한꺼번에 사살하고 또 사병들은 연병장에 모아 반란군으로 합류시키려 했던 치밀한 음모를 착착 진행시키고 있었던 것입니다. 당시 장교 식당에서 중대로 흩어진 장교들은 반란군들에게 대부분 사살되었습니다.

10월 19일 오후 8시, 지 상사는 연대 내 핵심세포 50여 명에게 사전 계획대로 무기고와 탄약고를 점령케 하고 비상나팔을 불게 하였습니다. 비상나팔이 울리자, 출동대대의 사병들은 출발신호인 줄 알고 지체 없이 연병장에 집합하여 줄을 지어 실탄 지급을 기다렸습니다.

장병들이 모두 집결한 연병장에서 지창수 상사는 병사들의 반(反)경찰 감정을 교묘히 자극하면서 허위사실을 유포하고 반란을 선동하기 시작하였습니다.

"인사계 선임하사관 지 상사이다. 지금 긴급 정보에 의하면 여수 경찰이 평소 우리와의 사소한 충돌로 반감을 품고 전 일본 해군을 동원하여 여수에 상륙하여 14연대를 포위하고 공격하려고 하고 있다. 이승만 일당이 우리 군대를 믿지 않기 때문에 경찰을 시켜 우리를 도살하려는 것이다. 이러한 횡포를 우리는 용인할 수 없다. 우리는 제주도 출동에 앞서 이들 악질반동 경찰과 일본군을 타도해야 한다. 뿐만 아니라 우리는 제주도에 가서 동족상잔을 할 이유가 없으니 제주도 출동을 반대해야 한다. 지금 제주도에선 인민들이 미 제국주의와 그 앞잡이 이승만 일당에게 항거하여 용감하게 싸우고 있다. 민족의 청년으로서 인민의 아들로서 어찌 우리가 그들과 맞서 싸울 수 있겠는가. 우리는 결단코 그 동족상잔의 싸움에 끼어들 수는 없다. 우리는 온 겨레의 염원인 남북통일을 원한다. 지금 북조선의 인민군도 남조선 해방과 일본군 격퇴를 위해 38선을 넘어 남진 중에 있다는 소식이다. 우리는 인민해방군으로서 북상한다. 미국의 앞잡이 이승만 대통령은 우리 인민을 버리고 비행기로 일본으로 도망갔다. 북상하는 우리와 남진하고 있는 북조선 인민군은 대전 근처에서 만날 수 있을 것이다. 그 때 남조선의 해방은 성공하고 조국의 통일은 달성된다. 탄약고와 무기고는 우리 손에 있다. 모두들 무기와 실탄을 각자 가질 수 있는 최대한을 가져라. 미 제국주의의 앞잡이 장교들을 모조리 죽여라! 모두 나의 뒤를 따르라!"고 하였습니다.[12]

이때 좌익들이 일제히 "옳소!" 하면서 박수를 쳤습니다.

북한 인민군이 38선을 넘어 남진한다[13]는 말에 갈피를 잡지 못한 데다 여수 14연대 장병들이 인민해방군이 된다는 소리에 놀란 **하사관 2명과 사병 1명**이 "경찰을 타도하고 제주도에는 안 간다 해도 인민해방군은 안 된다"라고 고함치자, 좌익 하사관들이 그 세 명을 끌어내어 병사들 보는 앞에서 총살하였습니다. 어리둥절해 있던 장병들은 공포 분위기에 휩싸여 겁에 질렸고, 아무도 이의를 제기하지 못한 채 어쩔 수 없이 지창수와 함께 반란군에 가담, 맹종하지 않을 수 없었습니다.

당시 여수 14연대 내부에 있던 남로당원들은 미리 '제주도에 출동하면 비행기들이 우리가 탄 배를 폭파시킬 예정'이라는 유언비어를 퍼뜨려 놓았던 상태라, 이러한 살벌한 분위기 때문에 14연대 장병들은 겉으로 말은 안 했지만 제주도 가기를 꺼려하는 분위기여서, 저들의 반란에 쉽게 동조하고 말았던 것입니다.[14]

(6) 무기고 점령

비상나팔과 총성에 놀란 제 2, 3대대 대원들도 무슨 일인가 하여 연병장 쪽으로 나오고 있었는데 지창수 상사와 그의 일당들이 "빨리 나와! 무기고에 가서 총과 실탄을 가질 수 있는 데까지 가지고 집합하라"라고 하였습니다. 연대 내 무기고에는 제주도 토벌 부대에

---

12) 박윤민 예비역 대령(당시 소위)은 평소 지창수가 조직선동을 위한 말솜씨가 아주 능란했다고 증언했다.

13) 이병주의 실록대하소설「지리산」124쪽에는 "북조선 인민군이 38선을 넘었다는 건 거짓말이었지요?" "그걸 우리가 어떻게 알아. 지상사는 당의 지시대로 말한 것일꺼요."라고 적고 있다.

14) **서형수 氏 증언**: 1948년 10월 19일 14연대 반란 당시, 여수 14연대 1대대 1중대 2소대 소속 사병

공급할 목적으로 미군의 신식무기(미제 M1소총과 60mm박격포)와 풍부한 탄약과 포탄이 지급되어 있었으며, 반납해야 할 3,000여 정의 구식무기가 그대로 남아 있었습니다. 무기가 평소보다 두 배 가량 더 있었던 것입니다. 당시 무기고와 탄약고는 일본 해군이 산허리를 터널같이 뚫어놓은 것을 콘크리트칠을 해 사용하고 있었는데, 그 입구에 철조망을 치고 보초를 세웠습니다. 14연대 하사 차경석[15]이 보초를 서던 하사를 무참하게 쏘아 죽이고 문에 달려있는 자물쇠를 총으로 터뜨려 그곳을 점령한 후, 힘에 겨울 정도로 탄약을 휴대하였습니다. 이미 탄약고는 점령되었고, 지창수 상사는 실탄을 최대한 휴대하라고 하면서 "미 제국주의의 앞잡이 장교들을 모조리 죽여라."라고 외쳤습니다. 반란군으로 변해 버린 1대대뿐 아니라, 2대대와 3대대 장병들까지 영문도 모른 채 실탄을 지급받아 반란군이 되었습니다. 순식간에 반란군으로 뭉친 병력 3,000여 명은 지 상사 지휘하에 모든 군량을 동원하여 재빨리 여수 시내로 진격하였습니다. 당시 1대대 병력을 제주로 실어 나르기 위해 정박 중인 LST(전차상륙함, landing ship tank) 선박을, 반란이 일어난 직후 바로 기관총 사정권을 벗어난 해상으로 옮긴 게 다행이었습니다. 그곳에는 이미 승선한 사병 43명과 7만 4천여 발의 실탄 등이 실려 있었기 때문입니다.[16]

(7) 14연대 핵심 장교들의 죽음

반란군이 각 대대 병사(兵舍)를 돌아다니며 "안 나오는 놈들은 다

---

15) 이병주, 「지리산」(기린원, 1985), 122-123. ["나(차경석)도 그 핵심세포의 한 사람으로서 무기고를 점령하는 역할을 맡았소. 무기고와 탄약고는 간단하게 점령할 수 있었지."]
16) 백선엽, 「내가 물러서면 나를 쏴라 2」(중앙일보, 2011), 232.

쏴아 죽인다."라고 위협을 하자, 도처에 숨어 있던 이들도 공포에 떨면서 하는 수 없이 나와 무장을 하고 집합하였습니다. 사병들은 희생자가 별로 없었지만 장교들은 발견하는 대로 무조건 사살하였습니다.

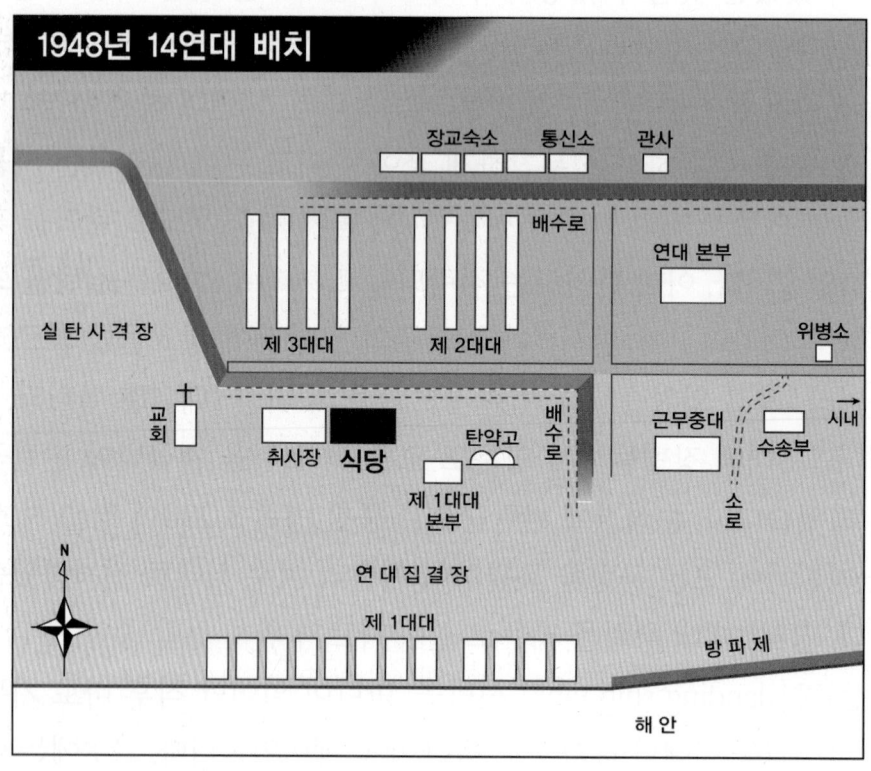

1948년 여수 순천 사건 당시 14연대 2대대 5중대장 **박윤민 소위**(육사 6기)는 반란 당시 대대 **주번사령**[대대장 퇴근 후 야간 및 휴일 대리근무, 당시 제 2대대장은 김봉철(金鳳喆) 대위]이었는데, 바로 직전에 김지회와 교대한 것입니다. 반란 당일 박 소위는 비상나팔 소리를 이상스럽게 생각하고, 주번 총사령의 비상명령 수령 차 연대 본부로 향하던 중 탄약고에 다다르자, 캄캄한 중에 누가 갑자기 총을 겨누면서 "누구야? 암호!" 하기에 "주번사령이다!"라고 외쳤습니다. 이에 "쏴라!" 하는 소리와 동시에 곳곳에서 일제히 사격이 시작됐고 그 자리에서 여러 장교들이 총에 맞아 쓰러졌습니다. 유재환 소위가 즉사하였으며, 박윤민 소위는 우측 방광 쪽에서부터 대퇴부까지 관통상을 입었으나 간신히 죽음을 면했습니다.[17)]

또한 1대대 부관 김정덕 소위(육사 5기)가 캄캄한 중에 반란군 사병들에게 집단구타 당하고 있을 때, 김 소위의 어깨에 번뜩이는 장교 계급장을 확인한 조병모 소위(육사 6기)가, "이놈들아, 어째서 장교를 구타하느냐?"라고 외쳤습니다. 이에 반란군 사병들이 "야, 뒤에 한 마리 또 왔다"라고 하면서 총검으로 조병모 소위를 찔렀는데, 칼날이 복부에서 등 뒤까지 관통하였습니다(생존하여 낙동강 전투에서 전사). 이 틈에 달아나던 김정덕 소위도 총탄을 맞고 탄약고 앞

---

17) **박윤민 예비역 대령(육사 6기)**: 1923년 평북 의주에서 출생, 해방 후 월남하여 조선경비대에 입대, 1연대 정보과 과장 김창룡 소위 밑에서 근무하다 육사 6기로 입교, 졸업 후 여수 14연대 소위로 임관하였다. 여순 사건 시 1948년 10월 19일 반란 당시 14연대 2대대 5중대장을 맡았으며, 7사단 5연대 2대대장(영천과 덕천 작전 참여), 육군 본부 감찰 장교, 국가재건 최고회의 기획원 경제분과 위원장(1961), 논산 2훈련소 28연대장, 건국대학 ROTC단장, 국가 안전보장 회의 비상계획 위원회 연구관으로 군 내부의 주요 직책을 줄곧 역임하면서 한평생 국토방위와 경제발전에 크게 기여한 국가 유공자이다[「현대사의 주역들」 (국가상훈편찬위원회, 2008)]. 본 서의 여수 순천 사건은 당시 14연대 대대 주번사령 박윤민 소위의 증언을 토대로 재확인되었다. 무기고 앞에서 총을 맞고 쓰러졌던 박 소위는 반란군의 확인사살도 무사히 넘겼고, 부상병으로 순천병원에 후송되었을 때에도 순시를 나온 김지회가 좋은 사람이라고 하면서 그냥 지나쳐버렸으며, 6·25때 격전지에서도 죽음의 고비를 수없이 넘겼다. 그렇게 일평생 나라를 위해 온 몸으로 헌신했던 그는 90세의 고령에도 국가를 위한 충혼이 초지일관하여 청년 못지않았다. 반란 당시의 상황과 동료들과 선후배의 이름, 날짜와 시간, 지리적 이동, 각종 에피소드를 증언해 주었는데, 그 내용은 모두 각종 자료와 정확하게 일치할 뿐 아니라 사실적으로 뛰어났고 생동감이 넘쳤다. 총상으로 방광이 손상된 이후 줄곧 깊은 수면을 취하지 못해 수척한 모습이었으나, 어릴 적부터 남달랐다는 그의 총명은 조금도 흐리지 않았다. 그의 증언을 토대로 왜곡된 역사가 바로잡히고, 그의 살아 있는 애국혼이 대한민국 전 국민 가슴에 오래도록 큰 귀감이 되기를 소원한다(2013년 1월 타계).

에서 쓰러졌습니다. 그 후 제 1대대장 김왈영 대위(육사 2기)도 반란군이 중대장실에 들이닥쳐 총을 난사하자 그 자리에서 즉사하였습니다.

부연대장 이희권 소령(학병 출신, 군사영어학교)은, 정보주임 김래수 중위(육사 4기)를 대동하고 여수항에서 연대로 향했는데, 정문을 무사히 통과하여 탄약고 부근에 이르렀을 때 무심코 "부연대장이다."라고 말하자, 곧 집중사격을 받아 옆에 있던 김래수 중위가 현장에서 즉사하였습니다. 한편 14연대 반란군이 여수로 진격한 이후, 경리과 장교 김남수(육사 6기) 소위는 평소 애인 사이처럼 친하게 지내던 한 여자에 의해 죽임을 당했습니다.

반란군의 집중사격으로 이희권 소령은 포복하여 겨우 연대본부로 들어가 스피커로 방송하기를 "나는 부연대장이다. 불순분자의 선동에 넘어가지 말고 마음을 돌려라. 대한민국에 충성할 군인들은 연병장에 모여라. 지금도 시간은 늦지 않았다."라고 호소하였으나, 반란군들이 움직일 리 없었고 계속되는 총성으로 신변에 위협을 느껴, 할 수 없이 다시 차를 타고 여수읍 헌병 파견대로 가서, 순천에 전화할 것을 독촉했습니다.

순천에는 14연대의 2개 중대가 철도보호 임무를 띠고 파견 나가 있었는데, 바로 그 2개 중대의 선임중대장이 반란 주동자 홍순석 중위였습니다. 이 사실을 몰랐던 부연대장은 반란이 일어났으니 빨리 2개 중대를 인솔해서 여수로 출동하라고 명령했으나, 그는 "부연대장님, 저는 아파서 못 가겠습니다."라며 이를 거부했습니다.[18] 홍순석은 끝내 이 소령의 명령을 듣지 않고 순천 경찰서를 습격하기 위해 은밀한 계획 하에 병력을 지휘하고 있었습니다. 부연대장은 나중

---
18) 「한국전쟁사(1)」, 455.

에야 홍순석 중위가 순천 지구의 반란 주모자임을 알았습니다.

지창수를 비롯한 14연대 내부의 남로당원은 저항하는 하사관과 사병 40여 명을 그 자리에서 사살했습니다. 장교들은 발견하는 대로 무조건 사살하였으니, 참으로 어처구니없는 참변이었습니다.

이때 살해된 장교들의 이름은 다음과 같습니다.

육사 2기	1대대장 김왈영 대위, 3대대장 이봉규 대위, 연대 작전주임 강성윤 대위
육사 3기	진도연 중위, 이강우 중위
육사 4기	정보주임 김래수 중위, 길원찬 중위
육사 5기	1중대장 차지영 소위, 김록영 소위, 맹택호 소위, 박경술 소위, 민병흥 소위, 김진용 소위, 이상술 소위
육사 6기	장세종 소위, 이병순 소위, 김남수 소위, 유재환 소위, 김일득 소위, 어영우 소위, 이상기 소위

[참고] 「한국전쟁사(1)」(국방부, 1967), 「육군사관학교 제 3기사」(육군사관학교 제 3기 동기회 발행, 2005), 「육사 교훈탑 졸업생 명부」
1948년 여수 순천 사건 당시 2대대 5중대장 박윤민 소위(육사 6기) 증언
1948년 여수 순천 사건 당시 연대 본부 인사관 김형운 소위(육사 6기) 증언

이 중 육사 6기생의 희생이 많은 것은 신임장교로서 영내 거주 기간이었기 때문입니다. 지휘자(관)가 사라지자 여수 14연대 내의 사병 3,000여 명은 자동적으로 지창수의 선동에 따라 일시에 반란군이 되고 말았습니다.

한편 반란 상황에 대하여 「육군사관학교 제 5기사」, 136쪽에는 당시 제 1대대 작전교육관 전용인 소위 증언을 토대로 다음과 같이 자세한 내용이 기록되어 있습니다.

「제 1대대는 출동 하루 전인 10월 19일 오후 1시에 새로 부임한 박승훈 연대장의 군 장비검사 및 사열식이 있었다. 박승훈 연대장은 새로 공급된 미식 무기에 관심이 많았다. 따라서 군 장비검사는 의외로 시간이 많이 걸려 오후 4시경에야 끝이 났다.

제주도로 갈 제 1대대의 보급품들이 연대의 GMC트럭에 의해 여수시 신항에 정박중인 LST에 운반되고 있을 때, 갑자기 비상나팔이 울려서 대대본부 앞 마당으로 나가 약 500m 떨어진 근무중대 쪽을 쳐다보고 있는데, 누군가 달려오며 "나 김정덕 소위(육사 5기)야. 저 새끼들이 나를 쏘았어." 하면서 내 가슴에 안겨 기절한 후 축 늘어져 버렸다. 김정덕 소위의 왼팔은 총을 맞아 건들거리고 있었으며, 선혈이 낭자하여 내 가슴과 손은 피투성이가 되어버렸다. 나는 순간적으로 대대본부로 뛰어들어가 4.5구경 기관단총을 가지고 나왔는데, 쏠 수 있는 탄창이 없는 상태였다.

잠시 후에는 7-8명의 사병들이 제 1대대 본부 옆에 있는 탄약고로 달려가, 자물쇠를 소총으로 발사하여 파괴하고 탄약을 닥치는 대로 끄집어내고 있었다. 나는 200m 가량을 달려가, 제 1중대장실에 있던 제 1대대장 김왈영 대위에게 상황을 보고하자, 대대장은 "여기는 내가 수습할테니 전 소위는 연대본부에 가서 연대장에게 보고하고, 이것이 여의치 않으면 무선통신으로 제 5여단에 보고하라!" 고 지시하였다.

이에 나는 연대본부 쪽으로 달려가는데, 탄약을 입수한 주동분자 20여 명은 언덕 저쪽에 있는 제 2대대와 3대대의 중대장실과 대대장실을 기습하여, 맹렬한 총성이 들려오고, 소총의 난사, 외침, 비명 등이 뒤범벅이 되어 소란한 가운데 대부분의 장교와 반항하는 하사관들은 모두 사살되고 말았다.

연대본부로 올라가는 단일로에서는 제 2대대 사병집단이 내려오고 있었기에, 나는 할수없이 배수로를 통해 연대본부까지 왔으나, 반군들이 벌써 와 있었으므로 부득이 무선 통신소로 황급히 달려갔다.

무선통신소에서는 내가 알던 사병이 있었기에 광주의 5여단과 교신하기 위해 무전기를 조작하였으나, 교신을 할 수 없었고, 다만 긴급시 발신하는 SOS신호를 계속 보냈지만, 아무 응답도 받지 못하였다. 후에 안 일이지만 그

SOS신호는 다만 제주도의 제 9연대에서 수신하였다는 이야기를 들었다.
그리고 '한국 전쟁사'를 보면, 당시 제 14연대장 박승훈 중령은 사태 수습이 가망 없음을 판단하자 자력으로 연대를 빠져나와, 여수항에서 제 5여단 참모장 오덕준 중령과 함께 해군 경비정을 타고 목포에 상륙한 듯이 기록되어 있다. 그러나 사실, 박승훈 연대장은 맹덕호 소위(육사 5기)의 도움으로 여수 금강여관 지하실에 숨어 있었으며, 맹소위는 배편을 마련하러 갔다가 여관으로 돌아오던 중 전사했으므로, 내가 몇 명의 사병들과 함께 박승훈 연대장을 민간인으로 가장시켜 여관에서 탈출시켰으며, 해군 경비정이 아니라 민간어선을 타고 우리들은 목포에 상륙하였다.」

19일 밤 반란이 터진 그 이튿날(20일), 전 장병들이 여수와 순천으로 빠져나간 이후 연대는 텅텅 비어 있었습니다. 이날 아침 일찍이 연대인사관 김형운 소위(육사 6기)가 텅 빈 장교 식당 주변을 살피고 있는데, 지프차 한 대가 들어오더니 중대장을 같이 했던 김지회가 식당 앞에서 내리는 것이었습니다. 당시 14연대 내에서 중대장은 거의 사살되었는데, 광주 4연대 시절부터 잘 알고 지내던 김지회가 생존한 것을 보고 너무나 놀란 김형운 소위는 "아이고, 어떻게 살았습니까!"하고 반갑게 인사를 건넸습니다. 한참 대화를 나누다가 김지회가 "연대가 어떻게 됐는지 궁금하여 잠깐 살피러 들어왔다. 중대원들이 여수 시내에 나가 있으니, 나가서 돌아보고 오겠다"라고 하며 곧 사라졌습니다. 그때만 해도 김지회는 반란군 주동자로 전면에 나서지 않은 때라, 이러한 사실을 꿈에도 몰랐던 김형운 소위는 나중에 반란 주동자인 것을 알고, 그가 왜 텅 빈 14연대에 들렀는지 기억하며 충격을 금치 못했습니다.

연대 병력을 반란군으로 조성시키는 데 성공한 지 상사는, 자신이 해방군의 연대장임을 선언하고 그들이 계획한 대로 대대장, 중대장, 소대장 등을 다시 임명하여 반군지휘체계를 편성하였습니다. 반란 초기 총 사령관은 연대인사계 상사 지창수였고, 부 사령관은 인사과 선임하사 임만평(林萬平)이었습니다(인사관 김형운 소위 증언). 임만평은 평소부터 지창수와 절친했던 남로당 앞잡이였습니다. 대부분 편성이 끝나자 그들은 다시 부대 내에 숨어 있는 장교들을 색출하여 사살하고, 군의관이나 통신장교 등 이용가치가 있는 자들은 창고 안에 구금하였습니다.

(8) 여수 인민위원회 소속 23명의 가담

여수 인민위원장은 여수 남로당원을 동원하여 부대 앞 식품점 근처에 모여 있을테니 식품점 주인에게 물건을 사는 척하면서 반란이 성공하면 "개는 잘 짖고 있다."라고 하면 즉시 부대에 들어가서 합세하겠다고 하면서 암호는 "처녀, 총각"이라고 알려 주었습니다.[19]

여수 인민위원회 소속 23명은, 1948년 10월 19일 20시경에 14연대 정문 앞 식품점에서 반란이 성공하기를 초조하게 기다렸다가, "개는 잘 짖고 있습니다."라는 연락을 받고, 영내(營內)로 들어와 합세하고, 인민공화국 만세를 부르면서 이들도 함께 무장하고 반란에 가담했습니다.[20]

여수 인민위원회 소속 23명이 14연대 정문 앞에서 기다렸던 사실은 여수 남로당에서 반란 지령을 내렸다는 확실한 증거이기도 합니다. 여수 순천 사건은 남로당 중앙당의 지령을 받은 군 내부의 남로당원들에 의한 조직적인 '군 반란'이 분명했습니다.

지창수가 14연대 전 대원들 대부분을 장악한데다 이에 호응한 여수 민애청원과 좌익 학생 등 공산 좌익 민간세력까지 규합하여, 그날 밤 11시 30분경에는 그 여세를 몰아 여수 읍내로 쳐들어갔습니

---

19) 이선교, 「6·25한국전쟁 막을 수 있었다(상)」(빛된삶, 2007), 112.
20) 「한국전쟁사(1)」, 455.

다. 제일 먼저 여수 경찰서를 습격한 반도들은 계속해서 우체국, 지서 등 관공서와 공공건물을 접수, 방화하고 경찰관과 관리, 우익 인사, 우익 청년단 간부들을 무차별로 학살하였습니다. 시체가 산더미같이 길에 쌓였고 집집마다 살해된 사람이 없는 집이 없었습니다. 그때는 어두운 밤이었고, 예기치 않은 반란이었으며, 그곳 지리와 당시 실정에 밝은 좌익 학생들과 민애청원이 가담했었기 때문에, 그들의 학살은 무자비하였습니다. 특히 경찰관 및 경찰관 가족을 모조리 찾아냈고 관리와 우익 인사, 이에 반항하던 일부 우익 청년들, 그 가족들도 모두 그들의 총탄에 쓰러졌습니다.[21]

(9) 5시간 만에 여수 시내 점령

아비규환 속에 피와 총성과 불꽃으로 생지옥을 이루었으니, 지창수와 반란군이 반란에 성공한 시간은 **새벽 1시로, 반란 시작 약 5시간 만**이었습니다.

10월 20일 01:00 해군 함장은 해군 총사령부로 무전을 쳤습니다.
「현재 여수읍은 불바다. 반도들은 약 400여 명, 경찰서는 방화로 연소 중이고 수십 명의 연대 장교 및 하사관이 피살됨.」[22]

14연대 반란군은 경찰과 심야 총격전을 벌여 여수 시내는 떠나갈 듯했고, 여수 시민들은 영문도 모른 채 불안과 공포 속에 떨었습니다. 소수의 경찰 병력으로는 반란군을 도저히 저지할 수 없었기 때문에, 경찰들은 자연히 밀리고 밀려 경찰서로 집결하게 되었고, 사복으로 갈아입고 피신하는 이들도 있었습니다.

반란군이 시내로 들어오자마자 좌익 단체 및 학생 단체 600여 명

---

21) 박성환, 「파도는 내일도 친다(上)」 (동아출판사, 1965), 119.
22) 「붉은 대학살」, 115-116.

이 합세하여 '인민공화국 만세'와 '인민해방군 만세'를 외쳤습니다. 좌익계의 여수 시민과 학생들에게도 14연대에서 실고 나온 구식무기와 탄약을 지급했습니다.[23]

좌익 단체원들이 선도하여 반란군은 각 관공서 은행 등 주요기관을 향해 전진하였습니다.

20일 03:30경, 여수 경찰서가 반란군에게 점령당했습니다.

20일 05:00경, 여수 시내 관공서 및 은행, 신문사 등이 점령되었습니다. 여수 시내에 인공기를 내건 것이 5시 30분이었습니다.

20일 09:00경, 여수시는 완전히 반란군의 수중에 들어갔습니다.

20일 10:00경, 읍사무소 자리에 보안서(保安署)를 설치, 피신한 경찰관 가족, 우익 인사, 공무원 등을 색출하기 위해 가가호호 수색하며 기분대로 사람을 죽였습니다. 또한 조선은행 여수 지점을 장악하여 '조선 인민공화국 중앙은행'으로 바꾸어 부르고 3,550만 원의 현금을 강탈하였으며, 각 은행 지점 및 금융조합에서도 거액의 현금을 강탈하였습니다.

포고문을 통해 일체의 방송을 청취하는 자는 총살에 처한다고 경고하였으므로, 순진한 여수 시민들은 공포와 불안에 떨며 시시각각으로 변모하는 반군들과 좌익분자들의 난동 속에서 금족령에 묶여 피신조차 할 수 없었습니다. 시민들은 23일이 되어서야, 반도들이 제14연대에 침투한 일부 공산세포들과 이에 동조하는 지방 공산당원이라는 것을, 서울 중앙방송국 방송을 듣고 처음으로 알았습니다.[24]

인민위원회가 조직되고 인민공화국의 적기(赤旗)가 나부끼고, 여수 온 시내와 관공서에 인민공화국 포스터가 나붙었습니다. 불과 하

---

23) 「대비정규전사(1945-1950)」, 33.
24) 「붉은 대학살」, 116.

루도 못 되어 여수 시내가 인민공화국 천지가 된 것을 볼 때, 저들이 이 반란을 사전에 얼마나 치밀하게 준비했는가를 알 수 있습니다.

그때부터 남로당 중앙당 이현상의 지령으로, 김지회 중위가 반란군 사령관이 되고 지창수는 1개 대대로 여수에 남아 치안을 담당하였습니다. 시민들은 인공기를 들고 중앙동 광장에 모였으며, 시가지에는 '제주도 출동거부 병사위원회'의 이름으로 '이승만, 이범석 등 반동분자들이 민족상잔을 벌이려고 자기들을 제주도로 파견하려 했기 때문에 이를 반대하여 궐기했고 남북통일을 위해 매진하겠다'라는 취지로 다음과 같은 성명서를 붙였습니다.
- 제주도 출동 절대 반대
- 미군도 소련군을 본받아 즉시 철퇴하라
- 인민공화국 수립 만세

반란군은 그 지방 공산주의 청년들과 합세하여 무기로 시민들을 위협하고 선동하는 한편, 응하지 않는 양민을 허다하게 학살하였고, 또 그 일부세력은 철도를 점령하였습니다. 어제까지의 친구가 원수가 되고 이웃이 적이 되어 고발하고 보복하는 인민재판이 열리는가 하면, 계속해서 인민대회를 열어 공포 분위기를 고조시켜 나갔습니다.

인민대회는 20일 15:00경에 열렸습니다.

여수에 '인민공화국'을 만든 좌익 세력은 중앙동 광장에서 약 4만여 군중이 모인 가운데, '추도가', '해방의 노래' 등으로 '인민대회'를 시작하였습니다. 이들 중에는 '한 집에 한 사람씩은 꼭 나와야지, 안 나오면 큰일난다'라고 하면서 붉은 완장을 차고 위협하는 좌익계 청년들의 강요에 못 이겨 따라온 사람들이 1,000여 명이었으며, 지창수 상사가 사회를 맡아 진행하였습니다.

① 남로당 여수지구당 위원장 이용기의 개회사를 시작으로 ② 보안서장으로 내정된 유목윤의 격려사 ③ 지창수의 인사말 ④ 민주청년동맹과 여성동맹 등 단체 대표들의 축사 등이 이어졌습니다.

다음은 여수시 남로당 위원장 '이용기[25]'의 연설 내용입니다.

"지난밤부터 여수에는 인민해방군이 상륙하여 우리를 해방시키고 순천으로 북상하여 이를 점령하고 북으로 북상 중에 있다. 또한 이북의 인민군대가 38선을 돌파하여 서울을 점령하고 남진 중에 있으며, 남조선의 전체 해방은 목전에 도달하고 있다. 이북의 인민군대가 38선을 돌파하였기 때문에 이승만 대통령도 오늘 아침에 일본으로 도망쳤다. 따라서 우리 인민은 총궐기하여 남조선을 완전히 해방시키는 데 앞장을 서야 한다."

[인민위원회의 6개 항목의 결정서]
① 인민위원의 여수 행정기구 접수를 인정한다.
② 조선민주주의 인민공화국에 대한 수호와 충성을 맹세한다.
③ 대한민국의 분쇄를 맹세한다.
④ 남한 정부의 모든 법령은 무효로 선언한다.
⑤ 친일파, 민족반역자, 경찰관 등을 철저히 소탕한다.
⑥ 무상몰수, 무상분배를 위해 토지계획을 실시한다.

그리고 유목윤의 격려사를 마친 후 지창수의 인사말이 있었습니다. 반란 첫 지휘관으로 활약한 지창수는 오늘의 주인공이라 할 만큼 군중들은 열띤 박수로 그를 맞이했고, 지창수 또한 여유롭게 손

---

25) 이용기는 자신의 죄과를 뉘우쳤음인지 석천사 뒷산에서 목매어 자살하였다「광복 30년 2(여순반란 편)」, 86.].

을 흔들어 보이고는 능숙한 말솜씨로 장내를 사로잡았습니다.

"존경하는 여수 인민 여러분! 저는 14연대 인민해방군 사령관 지창수입니다…어젯밤 우리는 북조선 인민군과 미리 짜놓은 계획대로 동족상잔의 제주파병을 거부하고 우리 인민의 적인 경찰을 쳐부수고 여수 인민을 해방시켰습니다…인민군도 이 순간 38선을 뚫고 노도와 같이 밀고 내려오고 있습니다…우리가 남쪽에서 밀고 올라가고 북쪽에서 인민군이 밀고 내려오다가 마주치는 그 순간이 바로 조국이 통일되는 순간입니다…무엇보다도 이승만 일당의 주구 노릇을 하던 경찰과 친일파 그리고 모리간상배 등 반동분자들을 철저히 소탕해야 합니다…땅을 파는 농군이 땅 임자가 되고 천대받는 머슴들이 주인이 될 수 있는 올바른 세상이 올 것입니다."[26]

순박한 여수 시민들은 지창수의 유창한 말솜씨에 그 내용을 정말 그대로 믿는 분위기였다고 합니다.[27] 14연대 반란이 시작되면서 계속된 이와 같은 [선전 선동 구호와 주장]을 전반적으로 살펴볼 때, 가장 주목할 만한 것은 '인민군이 38선을 돌파하여 서울 점령을 목표로 남진 중에 있다.'는 허위 선전입니다. 인민군이 38선을 넘었다는 내용은 거짓말이었을 뿐 아니라 지창수 상사의 개인적 상상이 아니라 남로당 중앙당의 지시를 받은 흔적입니다. 반란 주동자들은 주로 이런 내용을 가지고 선동연설을 했고, 선전문을 만들어 돌리고 벽보까지 붙였습니다.

그리고 대한민국을 부정하고 인민공화국을 찬양하는 반란 구호를 외쳤습니다. 여수 인민대회 6개 항목의 결정서에는 '대한민국의 분쇄맹세, 남한 정부의 모든 법령 무효선포'라는 내용이 있습니다. 게

---
26) 김학유, 「1948년 여순봉기」 (역사비평사, 1991), 259.
27) MBC방송 「이제는 말할 수 있다」 제5회(1999.10.17), "여수 14연대 반란"

다가 여수 전 시내와 관공서에는 인민공화국의 붉은 기(赤旗)가 나부꼈고, 인민공화국 포스터가 나붙었습니다. 이 사실은 여수 순천 사건이 명백하게 남로당 중앙당의 지령에 의한 그리고 대한민국 정부의 체제 전복(體制顚覆)[28]을 위한 반란이었음을 입증해 줍니다.

이날 인민대회에서는 이용기, 유목윤, 박채영, 문성휘, 김귀영, 송욱 등 6인이 의장단에 선출되었고, 혁명과업 6개 항의 결의문이 채택되었습니다. 이 대회를 계기로 지금까지 지하에 숨어 있던 민애청, 민청, 학생동맹, 여성동맹, 합동노조, 교원노조, 철도노조 등 좌익 단체 청년들 600여 명이 자발적으로 '인민의용군'을 조직하여, 무기를 들고 경찰과 우익 인사들의 체포와 재산몰수에 나섰습니다. 이에 따라 시내에는 긴장과 공포 분위기가 확산되었습니다.

6개 항목의 결의문을 채택한 인민대회를 마치자, 모였던 시민들은 곧이어 군중시위에 들어갔습니다. 이렇게 여수 시내는 순식간에 좌익 세력에 의한 인공 치하(人共治下)가 되고 차마 눈뜨고 볼 수 없는 피의 살상극이 그치지 않았습니다.

한 경찰관이 반도들에게 끌려가고 있었는데, 아이들과 놀고 있던 경찰관의 아들(8세)이 이를 보고 "아저씨, 우리 아버지 살려 주세요." 하고 울부짖었습니다. 반도들은 계속 바짓가랑이를 붙잡고 애원하는 여덟 살 난 아이에게 기관단총을 난사해 죽였습니다. 아들의 죽음을 본 아버지가 걷지 못하고 땅바닥에 쓰러지자 그에게 기관단총을 퍼부었습니다. 처음 5-6발을 맞고 비틀거리는 경찰관에게 다시 7-8발의 총탄을 쏘았습니다.

처음에는 잡아온 인사들을 모두 유치장에 감금하였으나 나중에

---

28) 체제 전복(體制顚覆) - 현존 국가 등을 포함하는 권력 구조(체제)를 뒤집거나 뿌리 뽑는 것을 일컫는다. 이는 일반적으로 법의 테두리를 벗어나는 반란 행위를 통하여 발현된다.

경찰관만은 지하실로 옮겨 격리시켰습니다. 경찰서 안에서의 인민재판이란 총살이 아니고 집단구타여서 사방에서 피를 토하고 흘리며 이미 반죽음을 당했습니다. 모든 경찰관들이 실신하여 시멘트 바닥에 쓰러지자 구둣발로 걸어차 일으키며 운동장으로 집합하라고 하였습니다. 겨우 기어서 운동장에 모인 그들을 99식 장총으로 집단 학살하였습니다. [29]

경찰서 뒤에는 방공호가 있었는데 반도들이 이 속에다 경찰관 30여 명을 몰아넣고 집중사격을 가했습니다. 그리고 한 사람도 살아나오지 못하도록 삽으로 방공호의 입구를 흙으로 덮어 버렸으며, 그것도 모자라 무너진 방공호 위를 트럭으로 짓뭉개 놓기도 했습니다. 경찰서 지하실에는 아직 처형되지 않은 경찰관 가족 30여 명이 있었는데, 휘발유를 뿌려 전원 태워 죽였습니다. 한 경찰관 부인을 강제로 옷을 벗겨 국부를 총검으로 찔러 학살한 채 길바닥에 버렸습니다.

21일, 여수 인민위원회의 기능이 시작되어, 은행예금 동결령, 재산몰수령을 내리고, 인구와 적산가옥(敵産家屋)[30]을 조사하였습니다.

하루도 쉬지 않고 인민재판이 열려 해당자들은 즉석에서 처형당하는 경우가 많았는데, 죽창이나 총검, 몽둥이로 그 자리에서 때려죽이는 등 상상하기 힘들 정도로 참혹했습니다.

22일, 군청 등 행정기관을 접수하고 군수 이하 11명을 해임(파직)했습니다.

23일 오후 3시, 반란군은 여수읍 대판통 사거리(현 중앙동 로터리)에서 소위 인민대회를 통한 인민재판을 열어 사형이 결정되면

---

29) 「붉은 대학살」, 120-121.
30) 적산(敵産)은 본래 '자기 나라의 영토나 점령지 안에 있는 적국의 재산 또는 적국인의 재산'을 뜻하나, 우리나라에서는 해방 후 일본인들이 물러간 뒤 남겨놓고 간 집이나 건물을 지칭합니다.

그 자리에서 즉결처분했습니다. 처벌 대상은 '반동'으로 분류된 약 800여 명의 경찰과 그 가족, 그리고 우익 인사들이었습니다. 이들은 붙잡혀 여수 경찰서 뒷마당과 여수읍 대판통 사거리에서 처형되었습니다. 천일 고무공장 사장 김영준, 대한노총 여수지구위원장 박귀환, 사찰계 형사 박찬길, 박기남, 경찰서 후원회장 연창희, 한민당 간부 차활언 등 주요 우익 인사가 처형되었습니다. 경찰은 군중들에게 잡히면 마구 밟히거나 구타를 당해 살해되었고, 반란병사에게 잡히면 그 자리에서 총살당하기 일쑤였습니다. 그 가운데 여순경들은 신체의 일부를 절단 당하거나 크게 훼손당한 채 살해되어, 수습을 위해 현장에 나간 사람들은 한동안 넋을 잃을 정도였습니다.

　이날 노총 여수지구 위원장이자 전국 항만노조 조직위원인 **김창업**에게도 총살형이 내려졌는데, 사형장에 선 그가 마지막으로 노래 하나만 부르게 해 달라고 부탁하여 부른 노래가 「울 밑에 선 봉선화」였습니다. 그가 3절까지 부르는 동안 장내는 울음바다로 변하였고, 그 순간 총살을 중지하라는 손짓을 했는데 사수가 그것을 쏘라는 신호로 착각하여 쏜 네 발의 총알에 죽고 말았습니다. 이 이야기가 퍼져 나가 여순 사건 기간 동안 「울 밑에 선 봉선화」는 일제 강점기보다 더 유행하게 되었습니다.[31]

　23일 오후 3시, 남면 지서 앞 갯가에서 남면과 화정면 지서 경찰관 9명을 총살하였는데 그 중 강복암 순경은 기적적으로 살아났습니다. 같은 날 지방 시위자들의 밀고로 삼일면 지서 경찰관 허종 경사를 비롯한 이정호, 박종규 등 5명을 감금하여, '유달산 호랑이'로 알려진 서종현이 일본도로 사정없이 후려갈겨 검붉은 피가 바닥에

---

31) 「광복 30년 2(여순반란 편)」, 63-67.

고였고, 5명의 경찰관들은 의식을 잃었습니다. 죽지 않을 만큼 전신을 구타당해 얼굴을 도저히 알아볼 수 없는 지경이었습니다.[32]

(10) 여수 경찰서장 고인수의 처형

고인수 여수 경찰서장은 경찰서를 사수하라는 상부의 지시를 지키기 위해 200여 명으로 방어 준비를 하고 4시간을 겨우 버텼지만, 새벽 3시 30분 여수 경찰서는 반란군의 손아귀에 들어갔습니다. 5명의 경찰관이 순직했고, 반란군이 50여 명의 죄수를 풀어 주고 반란군에 가담하게 했습니다. 고인수 서장은 피신을 거부하였지만, 정보과장 박명규에게 팔목을 잡혀 뒷문으로 억지 탈출하게 되었습니다.

반란군은 20일 오전 10시경 경찰서를 불 지르고 이때부터 지방 좌익들과 합동으로, 경찰관과 우익진영 인사의 검거 작업에 착수했습니다. 특히 가담자 중에는 여수수산고등학교와 여수여자중학교 학생들이 눈에 띄게 많았는데, 세일러복을 입은 16, 17세의 여중생들에게까지 권총과 칼빈소총이 지급되어 이들의 철없는 만행이야말로 반란군보다 더 잔인했습니다.[33] 여학생들은 치마 속에 총기나 수류탄 등을 숨겨서 국군을 유혹한 후 현장에서 살상하는 수법을 쓰기도 했습니다. 학생들이 99식 소총을 조작할 줄 안다는 것은 도무지 이해가 가지 않는 일이었는데, 나중에서야 좌익 선생에게 조작법을 배웠다는 사실을 알게 되었습니다.[34]

학교들은 휴교 조치를 하였는데, 민애청 소속의 좌익 학생들은 인

---

32) 「광복 30년 2(여순반란 편)」, 76-77.
33) 「광복 30년 2(여순반란 편)」, 50.
34) 「붉은 대학살」, 136.

민공화국 만세를 불렀고, 좌익 선생들도 **직장조직위원회**를 조직하기에 바빴습니다. 반란군은 좌익 학생들에게 무기를 지급했고, 학생복 차림으로 무장한 이들은 제 세상이나 만난 듯 읍내로 나가 반란군과 합세하여 경찰관 또는 우익 인사들을 체포하는 데 앞장섰으며, 심지어 자기 은사들을 끌어다가 반란군에 인계하는 일도 서슴지 않았습니다. 시간이 흐를수록 이들의 행동은 거칠어졌고, 사형장에서는 총살을 서로 하겠다고 다투기까지 했습니다.[35]

20일, 풍덕천 제방에서 또 하나의 만행이 저질러졌는데, 반란군과 지방 시위대들이 경찰을 숨겨 줬다는 혐의로 각각 30세, 25세 정도의 남녀를 끌어다 옷을 벗겼습니다. 이들은 지방 시위자들이 평소 자신들의 사적 감정을 보복하기 위해 거짓말로 모략하여 반란군에 잡히게 한 사람들입니다. 반란군은 총검으로 이들의 옷을 찢었는데 살결까지 찢겨 피투성이가 되었습니다. 대낮에 군중들이 보는 가운데 속옷까지 찢겨 알몸이 되었고, 자꾸 쓰러지는 그들을 총검으로 일으켜 세워 남녀를 서로 마주보게 하고 등을 찔러 죽였습니다.[36]

20일 오전 11시경, 고인수 서장은 경찰서를 사수해야 한다는 책임감 때문에 경찰관 정복차림으로 다시 본서로 향하다가 읍사무소 앞 공터에서 총으로 무장한 남학생 2명의 검문에 걸려 끌려갔습니다.

암살대장 서종현(유달산 호랑이, 후에 빨치산으로 활동하다가 국군토벌대에게 사살됨)의 표적이 되었던 고인수 경찰서장은 첫 발에 오른팔, 두 번째 발에 왼팔을 맞은 후, 피투성이가 된 두 팔을 들고 대한민국 만세를 부르다가, 연이은 3발의 총탄을 맞고 두개골에서 붉은

---

35) 「광복 30년 2(여순반란 편)」, 101.
36) 「광복 30년 2(여순반란 편)」, 115-116.

선혈과 함께 하얀 뇌수가 쏟아져 그 자리에서 순직했습니다.

이때 아직까지 살아 있던 경찰관들이 상관의 죽음에 격분하여 반도들에게 대들었습니다. 이에 반도들은 8명의 경찰관을 여수 경찰서 담에 묶어서 세운 후 차례로 한 명씩 트럭으로 들이받아 경찰관들의 뼈가 부서지는 소리가 났습니다.[37]

특히 여수 경찰서 소속 여(女)경 국막래(24세)를 붙잡아, 대낮에 군중 앞에서 발가벗긴 채 차마 눈뜨고 볼 수 없는 부분에 총 두 발을 쏘아 죽였습니다. 같은 여수 경찰서 소속 여(女)경 정현자(鄭玄子)는 폭도들이 옷을 갈기갈기 찢고는 목에 쇠사슬을 매어 가지고 시내를 1시간 동안 일주하고, 다시 경찰서로 돌아와 총탄 2발을 쏘아 죽였습니다. 이렇게 폭도들은 야수처럼 천인공노(天人共怒)할 만행을 저질렀습니다.[38]

노란 코트에 빵모자를 쓴 서종현은 M1소총을 든 세 명의 학생을 대동하고 나타나, 경찰서 유치장 6개의 감방에 빽빽이 갇혀있던 우익 인사들을 향해 창살 틈으로 총격을 가했습니다. 유치장 안은 총탄을 피하려는 사람들로 아수라장이 되었지만, 결국은 신음하며 모두 죽어갔습니다. 이 같은 무차별 학살은 2, 3, 4, 5 감방의 순으로 진행됐습니다.[39]

반란군은 여수 일대의 해안선도 일체 봉쇄하여, 20일 오전 부산에서 도착한 여객선 승객 중 정형 형사의 신분을 확인하고 경찰서 뒷마당으로 끌고 가 총살했습니다. **정보과 반찬호 순경도 한복으로 갈아입고 시내를 지나다가 붙잡혀 파출소 앞까지 끌려가 몽둥이에**

---

[37] 「붉은 대학살」, 123.
[38] 「붉은 대학살」, 123-124.
[39] 「광복 30년 2(여순반란 편)」, 86.

맞아죽었는데, 얼마나 두들겼는지 마지막에는 혀까지 튀어나오고 말았습니다. 피를 본 시위자들의 만행은 갈수록 잔인해졌습니다.[40]

10월 20일까지 이틀 동안 여수 경찰서에서 희생당한 인원은 경찰관 59명, 의용경찰 20명, 의용소방대원 5명, 우익계 인사 10명, 기독교인 7명, 경찰관 가족 40명이었습니다.[41]

10월 26일, 진압부대가 드디어 여수의 외곽에 다다랐고, 27일 새벽부터 소탕작전을 시작했습니다. 그런데 무엇보다도 이 소탕작전에 어려움을 준 것은 여학생들의 저항이었습니다. 17세 전후의 소녀들이 99식 소총을 들고 반격하였는데, 이들의 저항은 순천의 경우와 비교도 할 수 없을 만큼 거세었습니다. 특히 여수여중생들은 교장 송욱이 여수 순천 사건의 민간인 총지휘자로 활약했기 때문에 이미 많은 학생들이 붉게 물들어 있었습니다.[42]

군·경 당국의 발표에 의하면, 순천사범 학생 40%, 순천농중 학생 30%를 필두로 여수수산중학교 학생은 거의 전부가 좌익이었습니다. 순천농중의 자체 조사 발표를 보면 전교생 중에서, 출석생이 289명, 결석생이 308명, 신병자 28명, 가족보호 중인 자 109명, 혐의 피의자 25명, 행방불명자 3명, 반도에 피살된 자 1명, 처형자 8명, 시가전 유탄에 의한 사망자 5명, 미조사자 72명, 반도 가담자 34명이었습니다.[43]

가냘픈 여학생들의 반격은 진압군에게 가소로우면서도 무서운 존재였습니다. 마치 게릴라처럼 숨거나 위장해서 기습을 해 와서 이

---

40) 「광복 30년 2(여순반란 편)」, 56-57.
41) 「붉은 대학살」, 125.
42) 「한국전쟁사(1)」, 470.
43) 「붉은 대학살」, 137-138.

별지 3 1948년 10월 19일 여수 14연대 반란과 진압

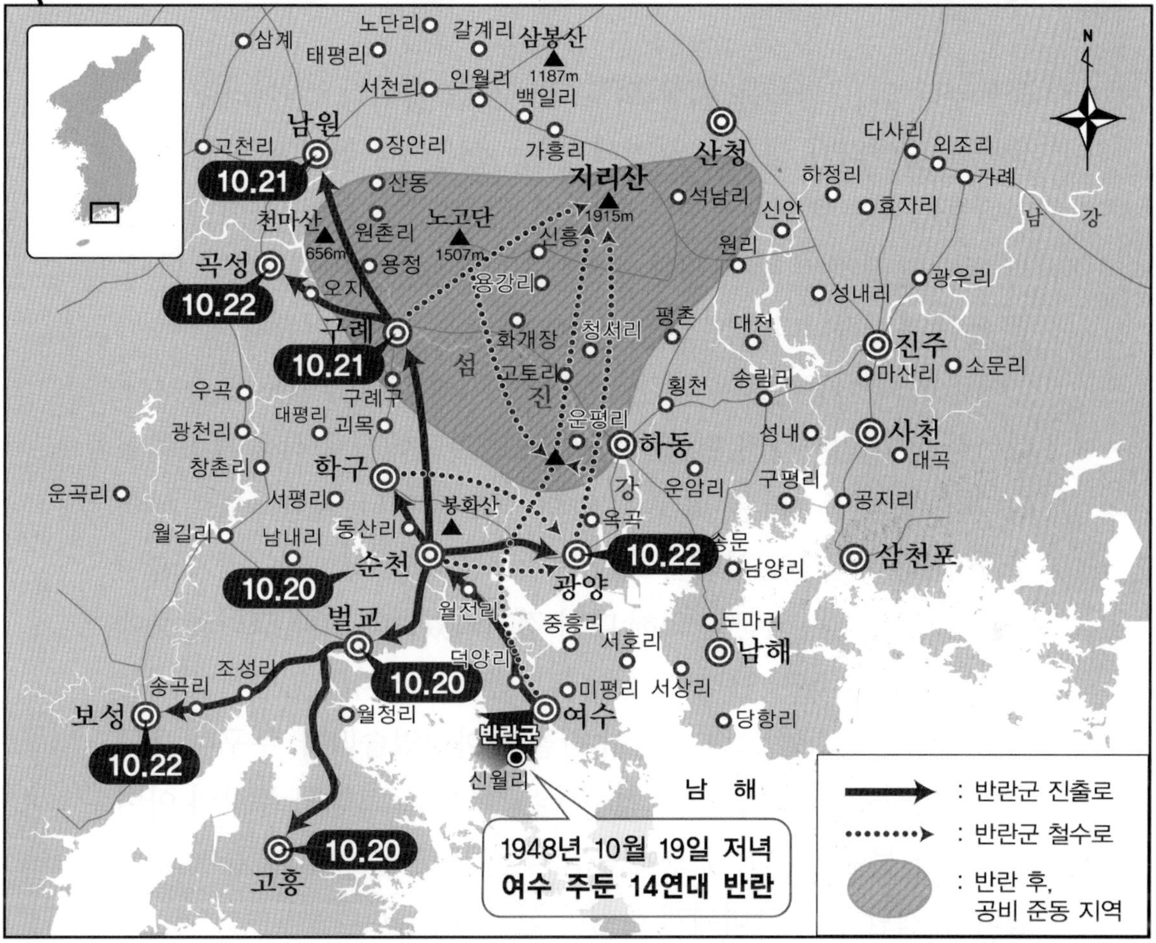

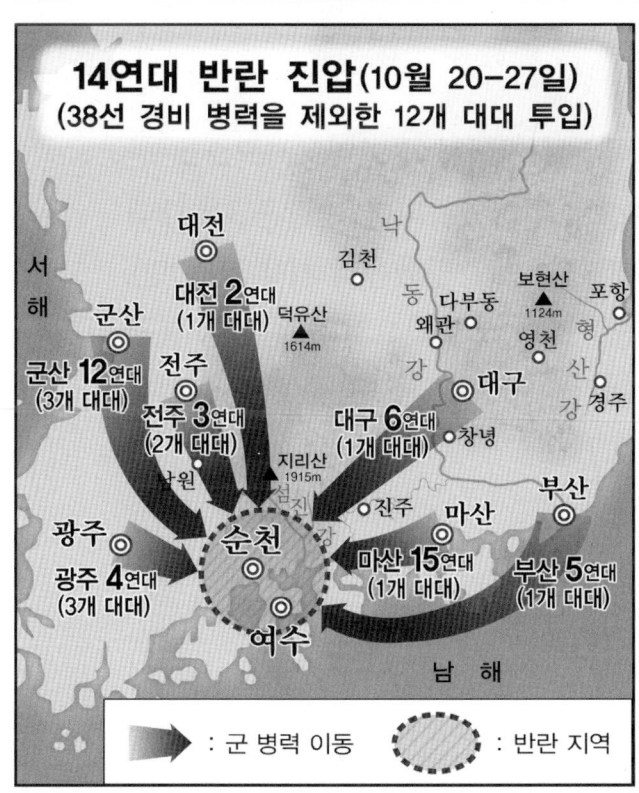

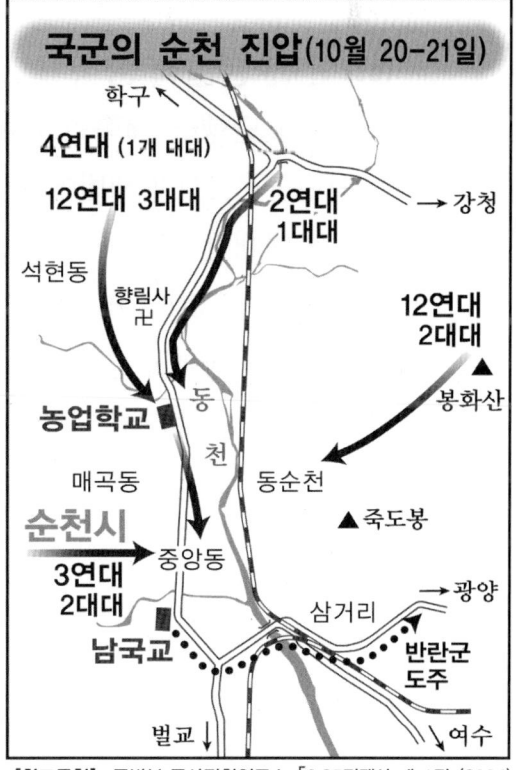

[참고문헌] 국방부 군사편찬연구소, 「6·25전쟁사 제 1집」(2004)

들로부터 입은 피해는 예상 외로 큰 것이었습니다.[44] 이러한 여학생들을 잡아다가 심문을 하면서 '너는 총살이다'라고 위협을 하였더니 처음에는 혐의를 부인하며 엉엉 울다가 '하나, 둘' 구령을 하면서 정말 총살하는 듯 자세를 취하였더니 이들은 '인민공화국 만세'를 높이 불렀습니다. 참으로 기막힌 일이 아닐 수 없었습니다.[45]

　이런 좌익 여중생들은 반란군에게 밥을 해 주며 부역도 했습니다. 피신한 우익 인사들의 빈 집에 들어가 반란군에게 숙식을 제공하였습니다. 모 여중 5학년 18살 손 양의 경우 얼마나 열성적으로 부역을 했던지, 국군 진압부대가 오자 반란군을 따라 입산해야만 했습니다. 1년 후 그녀는 국군에 의해 다시 검거되었는데 그때 그녀의 품에는 어린 핏덩어리가 안겨 있었습니다. 반란군을 따라 입산한 그녀는 몸까지 제공했으며 그런 학생이 한둘이 아니었습니다. 누구나 요구하면 몸을 허락하지 않을 수 없는 상황이었고, 그래서 누구의 아이인지조차 몰랐습니다. 순천에 붙잡혀 온 손 양은 고개를 들지 못했습니다. 재판 결과 그녀에게 사형이 선고되었습니다.[46]

(11) 순천 경찰서 장악

　학살과 만행을 계속함으로 여수를 장악하여 인민공화국으로 만든 반란군은, 20일 새벽에 순천으로 향하였습니다. 반란군 3개 대대 중 1개 대대만 여수에 남고 2개 대대가 출발했습니다(약 2,000명). 반란군 중에 700여 명은 오전 9시 30분경 12칸으로 된 순천행 통근열차 6개 차량에 분승하고, 나머지 1,300여 명은 각종 차량을 이용하여 순천으로 향했습니다.

---

44) 「광복 30년 2(여순반란 편)」, 248.
45) 「붉은 대학살」, 151.
46) 「광복 30년 2(여순반란 편)」, 122.

순천 경찰서는 이미 여자 교환수로부터 14연대 반란 사실을 연락 받고도, 사태의 심각성을 정확히 판단하지 못하여 대비하지 못했기 때문에 결국 20일 오전 10시 30분경 순천 경찰서가 반란군에게 점령되었고, 10여 명의 경찰이 그 자리에서 총살당했습니다.

장성 경찰서 응원부대가 순천에 도착한 것은 10월 20일 오전 9시였는데, 총무과장(현 경무과장) 임해휴 경위를 비롯 10명의 경찰이 시위자들과 싸우다가 박태환, 정삼화, 김진용, 김규환 등 4명이 총에 맞아 죽었고, 총상을 입은 임 경위는 경찰서 뒷마당으로 끌려갔습니다. 거기에는 이미 수십 명의 경찰관 시체가 산더미같이 쌓여 있었고, 그 역시 결국 총에 맞아 죽었는데 숨져 가면서도 너무나 억울해 양손으로 땅을 얼마나 후볐는지 손톱이 하나도 남지 않고 떨어져 나갔습니다.[47]

14연대 반란군이 순천에 도착하였을 때, 이미 순천시의 좌익 세력들과 중·고등학생이 소총으로 무장하고 있었습니다. 반란군은 순천의 중·고등학교 여학생들에게 깃발을 흔들고 퍼레이드를 하게 하였으며, 또한 학생들을 동원하여 만든 소위 「반동수색대」를 앞세워서, 우익 인사들과 우익 청년들과 그 가족들 500여 명을 인민재판으로 학살하는 만행에 참여케 하였습니다.[48]

20일 오후 3시, 반란군의 신속한 움직임에 순천은 점령되어 순천 경찰서 꼭대기에는 인공기가 달렸고, 반란군은 그곳을 본부로 정하여 인민위원회 간판을 걸고 각 기관을 차례로 점령한 후 경찰관과 우익 인사 검거에 나섰습니다. 이 후에 반란군은 순천을 불과 24시간 안에 장악, 그날 처형된 숫자는 수백 명이었습니다.

---

47) 「광복 30년 2(여순반란 편)」, 119-120.
48) 「붉은 대학살」, 137.

21일 새벽, 호남은행 지점(현 조흥은행) 앞에서 반란군과 지방폭도들이 경찰관과 우익 인사들을 10명씩 줄지어 끌고 와서 은행 벽에 세우고 사살하였습니다. 끌려온 경찰관들의 가슴에는 태극기가, 우익 인사들의 가슴에는 대동청년단기가 동여져 있었습니다. 그들은 이미 반항할 힘이 없을 만큼 구타를 당해, 맥없이 끌려와 그대로 총살당했습니다.[49]

21일 오후, 700-800명이나 되는 우익 애국인사가 반도들의 손에 잡혀 경찰서와 소방서 기타 기관에 분산 감금되었습니다. 이들은 형식상 취조라는 것을 했는데, 취조를 맡은 자 중에는 각 기관의 급사, 음식점 잡부들이 있는가 하면 며칠 전까지 순천 경찰서에서 형사 정보원으로 근무하던 사람도 있었습니다. 이 밖에도 민주학련에 적을 둔 좌익 학생들의 질문공세도 무서웠습니다. 이들은 잡혀 온 학생의 친구들 이름까지 훤히 알고 일일이 대면서 학생들을 문초했습니다. 죽이는 방법은 총살, 타살, 교살(絞殺: 목을 졸라 죽임), 소살(燒殺: 불태워 죽임) 등으로, 살해방법이 결정되면 그 자리에서 처형했습니다.

좌익 학생들은 또한 학교 선배와 자신을 가르쳐 준 스승 등을 찾아 다녔습니다. 스승이 없으면 스승의 부인과 가족들을 경찰서로 끌고 갔습니다. 심지어는 50대 어느 교장 부인을 자식들이 보는 데서 거꾸로 매달아 몽둥이로 때려 죽였습니다.

이보다 더욱 날뛰는 자들은 유치장에 잡혀 있던 잡범과 혐의자들이었습니다. 이들은 반도에 의해 풀려나자마자 자기가 원한이 있는 집부터 찾아가서 귀중품 약탈, 부녀자 강간, 기물 파손, 방화 등을 자행하고, 그 후에는 반도들에 가담하여 제 세상을 만난 것처럼 날

---

49) 「광복 30년 2(여순반란 편)」, 102.

뛰었습니다.50)

　무고한 양민들을 경찰서 상무관으로 끌어들여, 우익계 인사 이동작(주조업), 김주수(철도병원장), 김홍조(동인의원장) 등을 차례로 학살하였습니다. 순천 도립병원 앞뜰에서는 당시 순천 경찰서 표갑신 순경과 우익계 인사 성대포 등을 인민재판에 부치고, 사형이 확정되기도 전에 지방폭도들이 일어나 돌과 몽둥이로 때려 현장에서 숨지게 하는 만행을 저질렀습니다.51)
　순천 지역 일대에서는 무려 **경찰관 400여 명**이 반란군 진압 작전을 펼치던 중에 전사하거나 반란군에 의해 학살되었습니다. 일단 우익 세력으로 낙인찍힌 사람은 점령한 첫날 은행 앞 광장에서 처형되었습니다. 뿐만 아니라 폭도들은 피신했던 경찰관을 체포하여 산 채로 모래구덩이에 파묻어 죽이기도 했습니다. 모래구덩이에 묻힌 뒤 미처 죽지 않고 꿈틀거리는 경찰관을 위에서 죽창으로 푹푹 찔러 죽였습니다. 이 같은 폭도들의 만행으로 읍내는 가는 곳마다 시체 더미뿐이었고, 경찰서 앞뒤는 물론 호남은행 담벼락과 장대다리 일대는 코를 막지 않고는 지날 수 없을 정도로 악취가 풍겼습니다.52)
　이렇게 반란군의 횡포가 극에 달하자 민심은 동요했고, 순진한 주민들은 실제로 공산정권이 출현한 것으로 착각하여 반란군의 선동과 강압에 의해 이들에게 가담하는 자가 속출하였습니다. 이로 인해 무장폭도들 편에 속한 자의 수가 수천 명에 달하였습니다. 이렇게 많은 노동자들이 하룻밤 사이에 폭도로 돌변하여 반란군의 선동

---

50) 「붉은 대학살」, 127-128.
51) 「순천승주 향토지」 (순천문화원, 1975), 108.
52) 「광복 30년 2(여순반란 편)」, 124.

에 따라 제 세상을 만난 듯이 날뛰었습니다. 그들에게도 무기가 지급되자, 평소 사적인 감정이 있었던 사람만 걸리면 남녀노소 가리지 않고 무차별로 사살했습니다.

진압군 4연대 2대대(대위 유정석)가 소대급 특공부대를 조직해 순천 경찰서를 탈환했을 때, 사무실과 후문에는 두 손을 뒤로 결박당하고 다시 굵은 철사로 묶인 채 총살당한 시체가 층층이 쌓여 있었는데, 모두 경찰관들과 그 가족들이었습니다.

반란군이 학살한 시체들은 시가지 곳곳에 널려 있었습니다. 집단 학살 당한 시체들은 주로 순천 경찰서 안과, 순천 중심가에서 약간 벗어난 동쪽 지점의 옥천 냇가에 무더기로 널려 있었습니다. 마침 10월 24일에는 비가 내려 경찰서 마당은 피바다를 이루었고, 피비린내와 시체 썩는 악취가 뒤섞여서, 차마 눈뜨고 볼 수 없는 비참한 광경이었습니다. 아무리 사나운 맹수도 사람을 이렇게 잔인하게 학살할 수는 없을 것입니다.

1948년 10월 25일, 조선일보(본사특파원 유건호)는 당시 순천 거리와 순천 경찰서에서의 참담한 광경을 이렇게 전했습니다.

"…길거리엔 이곳저곳 시체가 산란한데, 어느 것은 썩고 어느 것은 불에 타고 어느 것은 개가 덤벼 뜯어먹고 있다. 경찰서 문 안에 들어서니 피비린내가 코를 찌른다. 팔을 묶이어 총살을 당한 외에 다시 가해를 당한 70여 구의 시체가 뒤엉켜 있고, 불탄 버스 속에는 백골이 우수수하다."

(12) 순천 경찰서장 양계원 총경의 처형

당시 순천 경찰서장 양계원 총경의 처형은 가장 처참하여 반란군들의 악독함과 잔인성을 여지없이 보여 주었습니다.

양 서장은 처음에 잡히지 않으려고 경찰복을 벗고 농부 차림의 한

복으로 갈아입었습니다. 이때가 정확히 21일 오전 10시였습니다. 그러나 길거리에서 마주친 서너 명의 학생들이 양 서장의 특징인 선글라스를 알아보고는, 지방 폭도들에게 신고해 버렸습니다. 나주가 고향인 그는 어려서부터 승마를 즐기다가 말에서 떨어져 오른쪽 눈을 실명하는 바람에 의안을 했기 때문에 이를 가리기 위해 언제나 검은색 선글라스를 쓰고 다녔습니다.

양 서장이 끌려갈 때는 이미 400여 명의 우익 인사들이 체포되어 경찰서 유치장은 마치 콩나물시루 같았다고 합니다. 폭도들은 양 서장을 경찰서 뒤뜰 느티나무에 거꾸로 매달아 놓고 물을 먹이더니 참나무 몽둥이로 후려치기 시작하였습니다. 그리고 폭도들은 사형집행 전, 양 서장을 시내에 끌고 다니며 '나는 순천 군민의 고혈을 빨아먹은 서장이요, 그동안 잘 먹고 잘 살았습니다'라고 사과의 말을 연속으로 외치게 하고, 외치지 않으면 죽을 지경까지 구타하였습니다. 평소 서장이 검정 선글라스를 끼고 다니던 것이 거슬렸던 그들은 서장의 눈알을 뽑고, 이정렬 청년단장과 함께 군용차 뒤꽁무니에 매단 채 의식을 잃을 때까지 서서히 읍내 비포장도로를 돌았습니다. 폭도들은 돌로 양 서장의 머리와 다리를 마구 내리쳤습니다. 양 서장은 이정렬 청년단장과 함께 현대 중앙극장 앞 전신주에 나란히 매달려 총살되었고, 폭도들은 그 시체에 휘발유를 뿌려 불을 지르는 만행을 저질렀습니다.

순천 감찰서장 한운경 감찰관도 반란군에 의해 체포되어 경찰서로 끌려갔습니다. 그는 무기고 앞 벽에 세워져 무참히 총살당했고, 반란군은 그의 시체에 콜타르를 칠해 불태웠습니다.

국군 진압부대가 진격하였을 때 시내에는 도처에 시체가 널려 있었는데, 더욱 처절한 것은 집집마다 시체 하나 둘씩 없는 집이 거의 없었다는 사실입니다.53) 어떤 이는 눈을 도려내고, 껍질을 벗기고, 꼬챙이로 찌르고, 칼로 살을 천 갈래 만 갈래로 찢어, 전신에 총을 난사해 놓고도 또한 오히려 부족하여 얼굴이나 전신에 기름을 뿌려서 불을 질러 태워버리는 등의 이러한 반란군의 잔학무도한 살육은 천인공노라거나 귀축(鬼畜)의 소행이라는 표현만으로는 부족합니다(전국문화단체총연합회편 1949.1.25.발행「반란과 민족의 각오」70-71, 85-87면 인용).54)

여수를 거쳐 순천까지 점령한 반란군은, 순천 경찰서 관내 별양 지서와 벌교서 관내 조성 지서를 점령하였고, 창성 지서에서는 경찰관 30명을 발가벗기고 학살하는 만행을 저질렀습니다. 이렇게 20일에서 21일 사이에 광양, 남원, 구례, 보성의 경찰서들이 하나 둘씩 반란군의 수중에 들어가고 말았습니다. 이 여파가 타 지역으로 급속히 확산되면서 아예 반란군이 도착하기 전에 경찰관 및 우익 인사들이 미리 도주해 버리는 사태가 벌어졌고, 이런 혼란을 틈타 지방 토착 좌익 세력들은 군중을 선동하여 경찰서를 무혈점령하기도 하였습니다.

구체적으로는 20일 저녁과 21일 사이, **남원**에서는 반란군의 일부가 도착하자마자 반란이 일어났고, **구례** 경찰서는 토착 좌익들에 의해 이미 수명의 경찰이 피살되었고, **보성**은 경찰 및 우익 인사들이 피신해 버리자 지방 토착 좌익들이 경찰서를 공격하여 무혈점령하였습니다. **고흥**에서는 순천에서 들어온 반란군과 그에 동조한 지방민들이 행동을 같이하여 고흥읍을 점령하고, 그에 저항하는 경찰관 7명과 주민 6명을 총살 혹은 살해하였습니다(광주신보 1948년 10월 31일자).

---

53) 「붉은 대학살」, 131.
54) 「붉은 대학살」, 134.

(13) 여수와 순천의 탈환
① 순천 탈환(10월 22일)

  10월 21일, 제 12연대 3대대 9중대(중대장 송호림 중위)는 동천강을 끼고 전진하여 순천농업학교까지 돌입하였다가 포위를 당하였는데, 중대원 대부분이 전투 경험이 없던 신병들이라 모두 숨어 버렸습니다. 이를 보고 있던 김백일 대령이 송 중위에게 5명씩 10개 조를 편성하여 적진의 중앙을 돌파하라고 지시하였습니다. 송 중위는 즉각 대원들을 재편성하고 선두에서 돌격을 지휘하여 도리어 반란군 1개 소대를 역포위하였는데, 또다시 그 일대의 반란군 1개 중대 이상의 병력이 하천을 방어하고 있어 불리한 상황이 되었습니다. 송 중위는 상호거리 30m 간격을 두고 협상을 제의하였습니다. 그러자 이 말을 진압군이 반란군에 합류하겠다는 뜻으로 알고, 반란군 대표가 "나와 속히 합류하라"라고 하였습니다. 그러나 송 중위가 중대원들에게 "돌격하라!"라고 명령하자 합류를 기대하며 방심하던 반란군은 당황해 하였습니다. 송 중위는 명령대로 반란군을 향해 뛰었는데 한 사람도 뒤따라오지 않자 순간 등골이 오싹해져, 자기도 모르게 반란군에게 큰 소리로 "차렷!" 하면서 "너희는 완전히 포위되었다, 총을 버려라" 하고 고함쳤습니다. 이런 뜻밖의 상황에서 반란군도 얼떨떨하여 1개 중대 187명이 총을 버리고 손을 들었습니다. 송호림 중대장은 참으로 투철한 군인 정신으로써 기적적인 성과를 이룩해 낸 것입니다. 그리고 포위된 187명 대부분은, 좌익들에 의해 할 수 없이 반란군에 가입한 자들이었으므로, 자수할 좋은 기회를 얻을 수 있었던 것입니다.

  제 3연대와 제 12연대는 외곽지를 확보하고 22일 여명을 기하여 일제히 시가지 소탕전에 들어갔습니다. 밤중에 반란군이 대부분 도주하였기 때문에 오전 안에 순천은 완전히 진압되었습니다. 제 12연대의 순천 탈환 성공으로 제 5여단장 김백일 대령이 표창을 받았고,

이틀간 정비하면서 순천 시내의 질서회복에 임하였습니다.[55]

한편 반란군의 주력이 이미 퇴각하였음에도 지방 폭도들과 학생들의 무모한 저항은 계속되었습니다.

② 보성·고흥·광양 탈환

정부는 순천을 진압한 후, 보성·고흥·광양 등 전남 동부지역 나머지 군들에 대해서도 진압작전을 전개했습니다. 순천의 서쪽 보성은 10월 21일부터 진압군 4연대가 공격을 시작, 10월 24일 4연대(오덕준 중령 지휘)와 수도경찰부대가 보성을 탈환했습니다. 순천과 보성의 중간 지대인 벌교는, 순천 탈환 후 진압군 6연대(김종갑 중령 지휘), 2중대, 3연대 3중대 수색대대가 10월 24일 12시에 탈환했습니다. 진압군은 이어 남쪽인 고흥반도로 반란군을 몰아넣고 봉쇄한 후, 6연대와 3연대 병력이 고흥으로 남진, 10월 25일 오전 8시 공격을 개시해 오전 10시 고흥을 탈환했습니다.

순천의 동쪽인 광양으로 진격한 진압군 15연대는 10월 21일 반란군의 공격을 받고 최남근 연대장이 그들에게 생포됐지만, 10월 23-24일에 걸쳐 제 4연대 2개 중대, 12연대 2대대(김희준 대위)가 지원 병력으로 투입되어 10월 24일 17시 20분경 광양을 탈환했습니다.

③ 여수 탈환(10월 27일)

10월 21일 밤, 진압군 사령관 송호성 준장과 참모장 백선엽, 연대장들이 모였습니다. 이때 백선엽 참모장은 광양과 백운산, 지리산 입구를 봉쇄하여 반란군이 빠져나가는 것을 막아 진압해야 한다고 주장했고, 송호성 사령관은 순천과 여수를 빨리 탈환해야 한다고 주장하였습니다. 작전은 송 사령관의 주장대로 진행되었습니다.

---

55) 「한국전쟁사(1)」, 462-463.

그러나 백선엽 참모장이 지적한 대로 반란군 김지회가 10월 21일 밤 10시를 기해 순천을 빠져나와 광양과 백운산, 구례를 거쳐 지리산으로 들어갈 계획으로 무기와 식량을 갖추고 출발을 서둘렀습니다. 전투사령부에서는 반란군이 광양 방면으로 퇴각한 것을 포착하고, 22일에는 제 4연대의 일부 병력으로 하여금 광양에 우선 진격하여 적의 상태를 파악한 후에 적절한 대책을 수립키로 하였습니다.

순천을 단숨에 탈환했던 국군은 10월 24일, 여수 탈환을 위해 진격했으나 반란군의 공격과 좌익 단체들의 기습이 만만치 않았습니다. 이에 따라 진압군의 희생이 계속 늘고 부상자가 속출하여 전열은 흩어지고 말았습니다. 이날 송호성 사령관은 장갑부대의 선발부대로 나서 지휘하다가, 여수 미평리 근처에서 무장 폭도들의 박격포와 기관총 사격을 받아 고막이 찢어지고 차에서 떨어져 허리를 다치고 순천의 병원으로 후송되었습니다.

결국 진압군 제 12연대는 순천으로 후퇴하였습니다.

한편, 반란 근거지인 여수가 반란 발생 이래 6일간이나 진압되지 않아 나라 안이 온통 떠들썩하고 민심은 동요했습니다. 이에 전투사령부는 여수에 총력을 집중하기로 하고 해군의 충무공호를 위시한 7호의 경비정과 부산(釜山) 제 5여단의 1개 대대 병력을 여수에 상륙시켜 해륙 양면에서 공격하기로 하였습니다.

육군 부대는 순천 방면에서 남하하여 여수 미평리 인근에 집결하였습니다. 국군 진입과 더불어 지하에 숨어 있던 생존 경찰관, 청년단원, 관공서원 등이 나와서 진압군을 환영하고 반도들을 적발해 냈습니다. 이때 14연대 부연대장 이희권 소령도 배수구에 숨어 있다가 국군들에 의하여 구출되었습니다.

여수 미평리 근처에서의 전투를 끝낸 반란 주동자 지창수는 바로 그날 밤(10월 24일) 여수를 탈출했습니다. 여수의 잔류병력 대부분과 무장폭도들을 이끌고 백운산으로 들어간 것입니다. 이렇게 반란군이 여수에서 서둘러 빠져나갔고, 남로당 무장세력 1천여 명과 동조세력 1,200여 명이 여수를 지키고 있었습니다.

시내에는 폭도들과 남녀학생들이 날뛰고 있었는데, 이들 중 가장 악질적이라고 알려진 것이 여수여중 학생들이었습니다. 여학생 중에는 국군을 환영하는 척 하며 물을 준다고 유도하여 권총으로 사살한 예가 몇 건 있었습니다. 함병선 소령이 1개 소대병력을 지휘하여 여수여중을 수색하였을 때, 여수 반란의 민간 총지휘자가 그 학교 교장 송욱임을 알게 되었습니다.[56] 현지에서 함병선 대령은 여중생이 쏜 총에 맞을 뻔하기도 했는데, 그 여학생은 전혀 두려워하는 기색 없이 '북에서 인민군이 내려와서 우리를 해방시킬 것이다.'라고 하면서 도리어 큰소리를 쳤습니다. 그 여중생을 데리고 여수 시내로 갔을 때 그런 학생 200여 명이 모여 있었다고 합니다. 그렇게 반란군은 방송청취를 금지시켜 사태 파악을 하지 못하고 있다는 점을 이용하여, 선량한 시민들과 철없는 여중생들까지 선동, 진압하는 군경들은 동족 살상자이고, 반란군은 인민 해방을 위해 봉기한 군대라고 선전했습니다.

진압군은 장갑부대가 선발부대가 되어 전진하고, 12연대가 동쪽, 3연대는 200고지와 종고산, 2연대는 여수 서부를 공격하는데 반란군이 한 명도 없었습니다. 오후 3시, 구봉산, 종고산, 장군산 등 야산 고지를 공격하였으나 반란군은 그림자도 보이지 않았습니다. 이미 상당수의 반란군이 백운산으로 도피했기 때문이었습니다.

27일 오후 3시 30분, 진압군이 하루 종일 시가전을 해서 여수를 완전히 탈환하는 동안, 반란군은 백운산에서 지리산 화엄사 옆 문수골로 진압군의 저항 없이 들어갔습니다.

---

56) 「한국전쟁사(1)」, 470.

제 4연대의 경우, 박기병 소령이 여수 지구 계엄사령관에 임명되었으나 광주의 사태가 험악해진다는 정보에 의하여 4연대는 복귀하고, 제 3연대 부연대장 송석하 소령이 여수 지구 후방사령관이 되었습니다. 한편 중앙초등학교에 헌병대와 수도경찰대가 자리 잡고 반도들을 적발하여 처단하였는데, 제 5연대 1대대장 김종원 대위는 일본도를 가지고 직접 참수처분을 단행하기도 하였습니다. 반도들의 처단은 상당한 기간을 두고 계속되었는데, 이때 혼란과 무질서 속에서 양민들이 군경 부대에 의하여 무고하게 희생당하기도 하였습니다.

④ 여수와 순천에서의 피해

백선엽 참모장은 지리산으로 들어가는 반란군을 막고 있던 12연대, 2연대 1개 대대, 5연대 1개 대대를 10월 26일 오전 6시 여수에 모두 투입하여 10월 27일 오후 3시 30분, 여수를 완전히 탈환하였습니다. 1948년 11월 6일 호남지구 전투사령부가 해체되었고, 국방부는 10월 21일부터 10월 31일까지의 종합전과를 11월 10일에 다음과 같이 발표하였습니다.[57]

- 사살 363명
- 포로 2,116명
  (장교 1, 사병 1,465, 선동자 650)
- 칼빈소총 142정
- 99식소총 863정
- 자동소총 28정
- 81mm 박격포 14문
- 다이나마이트 4상자
- 자동차 30대
- M1소총 911정
- 38식 소총 679정
- 기관단총 1정
- 포 8문
- 대검 523개
- 무전기 6대
- 피복(被服)적재 트럭 10대
- 기타, 연료, 식량, 실탄 다수

---

57) 육군본부정보참모, 「공비연혁」 (육군본부정보참모부, 1971), 214.

· 전 사   61명(장교 9, 하사관 29, 사병 23)
· 부 상   119명(장교 7, 하사관 33, 사병 79)
· 실 종   4명

　여수에서의 **민간 희생**은 반란군에게 학살당한 **양민** 1,200여 명, 반란군에 **부상**한 양민 1,150여 명, 소실 및 파괴된 가옥 1,538동, **행방불명자** 3,500여 명, 이재민 9,800여 명이었습니다.[58]

　반란군과 좌익 세력들이 순천에서 저지른 만행은 여수에서보다 더욱 잔인했습니다. 반란에 가장 선봉적으로 가담했던 것은 민주학련의 남녀학생들이었습니다. 특히 순천중학교의 학생들은 소위 인민재판에서 형이 결정되면 서슴지 않고 나서서 총살, 타살(打殺: 때려서 죽임), 소살(燒殺: 불태워 죽임)을 하였습니다. 어제까지 제자, 점원, 하인, 고용인들이었던 자들이 오늘은 적이 되어 처절한 살상극으로 피바다를 이룬 것입니다.

　당시 순천에서 반란군에 의해 학살당한 **양민**이 1,134명, **행방불명자**가 818명이었으며, 사살된 **반란군**이 392명, **포로**가 1,512명이었습니다. 기타 지방에서 학살된 인명 피해는 광양 57명, 보성 80명, 구례 30명, 고흥 26명, 곡성 6명 등이었습니다.[59]

　전라남도 보건후생부에서 이재민의 구호자료로 발표된 피해 상황은 다음과 같습니다.[60]

지역	인명 피해				가옥·재산 피해			
	사망	중상	경상	행방불명	소실	전파	반파	피해 예상액
여수	1,300	900	350	3,500	1,538		198	37억 3천만원

---

58) 「한국전쟁사(1)」, 452.
59) 여수지역사회연구소, 「여순사건」실태조사 보고서 제1집(1998), 404.
60) 「여순사건」실태조사 보고서 제1집, 405.

순천	1,135	103		818	13			1,350 만원
보성	80	31	30	7		3	2	200만원
고흥	26	42	8					
광양	57							
구례	30	50	100			38		1,460 만원
곡성	6	2				4	6	450 만원
계	2,634	1,128	488	4,325	1,500	45	206	37억6,460만원

여수, 순천 양 지방을 비롯한 도내 각지의 반란 사건에 직접 가담한 일반 시위자들에 대한 고등군법회의(당시 담당법무관 김완용 대령 주심)가 11월 13, 14일 양일간에 걸쳐 순천에서 열렸습니다. 여기에서 12일 현재 검거된 458명의 피의자에 대하여 심리가 진행되었는데 양민으로 판명되어 석방된 자가 190명이고, 나머지 268명 중 사형이 102명에 달했고 20년 징역 79명, 5년 징역 79명, 무죄석방 11명이었습니다.[61]

한편 전라남도 당국에서는 여순 사건에 관련된 불순 교원 숙청을 단행, 11월 17일 제 1차로 초등학교 교사 61명을 파면하였습니다. 또 제 8관구 경찰청에서는 반란 사건을 계기로 11월 3일부터 11일까지 활동을 개시한 후 반란 혐의자 3,539명을 검거하였는데, 그 중 순천 여수 등지의 반란 관계자가 3,293명에 달하였습니다.[62]

1949년 1월 10일, 육군사령부에서는 여수 순천 사건과 관련하여 군사재판에 회부된 반란군 혐의자의 재판 결과를 발표했는데, 총 2,817명의 반란 가담자가 재판에 회부되어 410명이 사형, 568명이 종신형, 나머지는 유죄판결 혹은 석방을 받았습니다.[63] 그리고 여수 14연대는 1948년 10월 28일부로 영구히 해체되었습니다.

순천은 20일부터 23일까지 4일간, 여수는 27일까지 8일간 공산

---

61) 「순천승주향토지」, 109.
62) 「순천승주향토지」, 109.
63) 박현채 외, 「해방전후사의 인식」 (한길사, 1976), 471.

천하가 되어, 우익 단체와 그 가족들은 반란군의 손에 무참하게 살해당하였습니다. 참으로 무서운 광풍이 휩쓸고 지나간 순천 시가는, 집집마다 애통한 울음소리만이 처량할 뿐이고, 거리마다 시체가 여기저기 널려 있었으며, 온통 붉은 핏자국으로 가득했습니다. 내 남편, 내 자식은 살았는가 해서 경찰서에 모여들어 행방불명된 가족들을 찾는 사람들이 애통해 하며 흘린 눈물로, 순천시는 한없는 슬픔의 도가니였습니다. 이처럼 무자비하고 천인공노할 만행을 저지른 살인마들이, 털끝만큼이라도 동족이라는 생각이 들 수가 있습니까? 이 비열하고 악독한 자들의 살인극이, 어찌 민족에게 이익을 가져오는 소위 '혁명'이나 '항쟁'이 될 수 있습니까? 우리는 그 당시 민족의 비통한 역사를 똑바로 알고, 똑똑히 기억하고, 현재와 다가오는 미래에 이러한 아픔과 상처가 다시는 생기지 않도록 해야 할 것입니다.

(14) 애양원의 한센 환자들을 돌보며 나라의 독립을 위해 기도한 손양원 목사와 그의 두 아들(동인, 동신)

전남 여수 애양원의 손양원 목사는 1902년 6월 3일 경남 함안군 칠원면 구성리에서 부친 손종일 장로와 모친 김은주 집사의 장남으로 태어났습니다. 1940년 9월 25일 신사참배 거부로 여수 경찰서에 검속되었고, 1940년 11월 17일 광주형무소로 이감되어 1943년 10월 7일까지 청주 보호교도소에서 옥고를 치렀습니다. 형기가 만료된 날 담당검사가 "그동안 고생이 많았다."라고 위로하며 "앞으로는 헛수고 말고 잘 협조해 달라."라고 하자 "기독교 신앙은 고난을 통해서만 밝아지므로 나를 옥에 가둠은 내게 유익이오 큰 축복이니, 헛수고란 나를 가둔 당신네들이 헛수고한 것이오."라고 서슴없이 말했습니다. 이로 인해 그는 곧바로 청주 예비구금소로 옮겨져 또다시 옥고를 치르고 1945년 8월 17일 해방이 되어서야 비로소 석방되었습니다.

  손 목사가 6년간이나 옥고를 치르면서 집안 형편은 너무나 어려워 가족들이 뿔뿔이 흩어져 지내기도 하였고, 생계를 꾸려가는 일은 두 아들 동인·동신의 몫이었습니다. 부친 손 목사가 출옥한 후에 뒤늦게 학교에 편입한 동인·동신은 '늙은 중학생'이라는 별명이 붙기도 했습니다. 그런데 1948년 10월 여수 순천 사건이 터졌을 때 순천사범 6학년 동인과 순천중 2학년 동신이 좌익 학생들에 의해 총살당하는 비극이 일어났습니다(1948년 10월 21일).

  당시 큰아들 동인은 기독학생회 회장이어서, 민애청의 지령에 의해 제일 먼저 잡혀갔습니다. 동인·동신 형제는 예수 정신을 가진 친미파로 몰려 10여 명의 좌익 학생들이 달려들어 그들을 끌어내었고, 동인은 주먹과 나무토막, 총자루로 연신 두들겨 맞아서 얼굴이 온통 피투성이가 되었습니다.

  동인·동신 형제는 민애청 총책이었던 순천사범 5학년 최정길(가명) 학생에게 온갖 고초를 당한 후 본부에서 순천 경찰서 후정으로 끌려갔습니다. 거기에는 총살당한 시체가 산더미처럼 쌓여 있었습니다. 좌익 학생들이 동인을 시체더미 앞에 세우고 얼굴을 손수건으로 가린 후 5명의 사수가 총을 겨누었습니다. 이를 본 동생 동신은 형에게 뛰어가 막아서며 "형은 장남이니 부모님을 모셔야 하니까 제발 우리 형님만은 살려 주시오. 형님 대신 내가 죽을 터이니 형님을 살려 주시오"라고 절규했습니다.

  동인은 마지막으로 "내가 죽고 난 후에라도 너희들은 회개하고 예수를 믿어라. 나는 천당으로 간다마는 너희는 무서운 지옥의 형벌을 어떻게 면하겠느냐?"라고 말했습니다. 이에 흥분한 좌익 학생이 이를 갈면서 사격을 명했고, 동인은 M1소총에 가슴을 맞고 피를 흘리며 이내 쓰러지고 말았습니다. 동신은 형의 시신을 껴안고 흐느끼다가 좌익 학생들을 향하여 "왜 죄 없는 사람의 피를 흘리느냐? 피 흘린 죄를 어떻게 면하려고 하느냐? 이제라도 회개하고 예수를 믿어라"라고 외쳤습니다. 이에 "이놈은 형보다 더 지독하다"고 하면서 5명의 사수가 무자비하게 방아쇠를 당겼고, 두 팔을 든 동신이 힘없이 형 동인 앞으로 쓰러지고 말았습니다. 동인(24세), 동신(19세)은 같은 날 나란히 순교했습니다.

이 소식은 그들이 총살당한 지 나흘이 지난 10월 25일, 설마 하며 마음 졸이던 가족들에게 전해졌고, 순천 경찰서 뒷마당에 버려졌다가 가마니를 덮어 두었던 두 아들의 시신은 10월 26일 석양 무렵 애양원에 도착했습니다. 그리고 장례식은 반란군이 국군에 의해 진압된 10월 27일 오전 10시에 치러졌습니다. 손 목사는 두 형제가 생전에 말하기를, 아버지가 섬겨 받든 애양원을 위해 일하겠다고 하였으므로 애양원 동산에 묻도록 부탁하였습니다.

비통에 젖은 손양원 목사는 두 대의 상여를 뒤따라가며 "동인아, 동신아! 영광일세, 영광일세 내가 누릴 영광일세" 찬송을 불렀는데, 찬송이 오열이 되고 오열이 다시 찬송이 되었습니다. 손 목사는 답사 차례가 되자, 전날 준비한 열 가지 감사문을 침착하게 읽어 내려갔습니다.

> 여러분, 내 어찌 긴 말의 답사를 드리리요? 내가 아들들의 순교를 접하고 느낀 몇 가지 은혜로운 감사의 조건을 이야기함으로써 답사를 대신할까 합니다.
>
> **첫째,** 나 같은 죄인의 혈통에서 순교의 자식들이 나오게 했으니 감사
> **둘째,** 허다한 많은 성도들 중에 어찌 이런 보배들을 주께서 하필 내게 맡겨 주셨으니 감사

셋째, 3남 3녀 중에서도 가장 아름다운 두 아들 장자와 차자를 바치게 된 나의 축복을 감사

넷째, 한 아들의 순교도 귀하다 하거늘 하물며 두 아들의 순교이리요? 감사

다섯째, 예수 믿다가 누워 죽는 것도 큰 복이라 하거늘 하물며 전도하다 총살 순교 당함이리요? 감사

여섯째, 미국 유학 가려고 준비하던 내 아들(큰아들-성악, 작은아들-신학), 미국보다 더 좋은 천국에 갔으니 내 마음 안심되어 감사

일곱째, 나의 사랑하는 두 아들을 총살한 원수를 회개시켜 내 아들 삼고자 하는 사랑의 마음을 주신 하나님께 감사

여덟째, 내 두 아들의 순교로 말미암아 무수한 천국의 아들들이 생길 것이 믿어지니 감사

아홉째, 이 같은 역경 중에서 이상 여덟 가지 진리와 하나님의 사랑을 찾는 기쁜 마음, 여유 있는 믿음 주신 우리 주께 감사

끝으로, 나에게 분수에 넘치는 과분한 큰 복을 내려 주신 하나님께 모든 영광을 돌립니다. 이 일들이 옛날 내 부모님이 새벽마다 부르짖던 수십 년간의 눈물로 된 기도의 결실이요, 나의 사랑하는 나환자 형제, 자매들이 23년간 나와 내 가족을 위해 기도해 준 그 성의의 열매로 빚어 의심치 않으며, 여러분들께도 감사드립니다.

두 아들을 잃어버려 한없는 비통에 젖어 있는 순간에 열 가지 감사를 고백한다는 것은 결코 쉽지 않은 일입니다. 장례식장에서 손 목사는 답사를 마치고 중요한 결심을 발표했는데, 두 아들을 죽인 원수를 용서할 뿐만 아니라, 그를 회개시키고 새사람으로 만들어 믿음의 아들로 키우겠다는 것이었습니다. 이에 아내는 물론 자녀들과

애양원의 식구들 모두가 반대하면서 세상에 이런 법이 어디 있느냐고 통곡하였으나, 그때 손양원 목사는 이렇게 답변했습니다.

"여러분, 다른 민족이라도 구원해야 할 터인데 동족끼리의 골육상잔은 민족의 비극이요, 국가의 참사입니다. 보복행사가 반드시 있을 것이니 이 민족, 이 동포가 이래 죽고 저래 죽으면 그 누가 남겠습니까? 그런즉 내 곧 사람을 보내 두 아들을 죽인 범인을 용서토록 하고 그를 양아들로 삼겠습니다."

손 목사는 대한민국의 좌우 대립이 극에 달했던 시대의 아픔을 그대로 겪었고, 야수 같은 공산당에 의한 두 아들의 희생으로 그 아픔은 누구보다 컸습니다. 그러나 자식 잃은 부모의 찢기는 아픔보다 좌우로 분열된 내 조국의 찢긴 아픔을 먼저 보고 더욱 절규했습니다. '사랑의 원자탄'이란 그의 별명은 기독인으로서의 사랑을 넘어 온 국민의 화합을 위해 자신을 기꺼이 희생한 그의 위대한 애국애족의 정신을 대변해 줍니다.

여수 순천 사건 때 동인·동신 두 아들이 공산주의자들에게 총살을 당하고, 그로부터 약 2년 후 6·25전쟁 당시, 손 목사는 피난을 가라는 주위의 강력한 권고에도 불구하고 '25년간 동고동락했던 나환자들을 버려둔 채 내 일신의 안전만 도모할 수 없다'고 거절하고 애양원에 머물다가, 1950년 9월 13일 인민군에게 검속되었습니다. 좁은 유치장에 갇힌 지 15일째인 9월 28일, 인민군은 여수에서 구금된 2백여 명의 우익 인사를 모두 석방시켜 주겠다고 속여, 그들을 이끌고 도주하다가 여수시 둔덕동 과수원 골짜기에서 무차별 학살을 자행하였는데, 이때 손 목사도 총살당하여 48세로 그의 파란만장한 생애를 마쳤습니다.

※ 위 내용은 전남일보사에서 발행한 「광복 30년사」 제 2권 여순반란편

207-234쪽에 실린 내용과 손양원 목사의 딸 손동희 著 「나의 아버지 손양원 목사」를 참고한 것임을 밝혀 둡니다.

(15) 지령을 내린 이중업·이재복

여수 14연대 사건은 군부대 안으로 침투한 좌익 세력이 주동이 되어 제주 4·3사건 진압을 돕기 위해 출동하는 부대를 선동하여 반란을 일으키고, 이에 지방 좌익 세력과 동조자들이 가담하여 무자비한 살상을 자행하면서 여수 순천을 공산천하로 만든 사건이었습니다. 전군사상 유례없는 이 군대 반란 사건의 배후에는 남로당 중앙당의 검은 지령이 있었습니다.

남로당의 군사담당 총책 이재복은 전군 규모의 반란을 획책하고 조종하여 왔으나, 당시 각 연대의 좌익 세포조직이 아직 미약하여 전군 규모의 반란은 불가능한 상태였기 때문에 그 실천은 보지 못하였습니다. 제주 4·3사건은 제주도가 고립된 섬이기 때문에 시위대는 본토에서의 호응을 기대할 수 없었고, 더구나 강력한 군의 토벌 작전으로 반도들이 전멸될 위기에 봉착하게 되었기 때문에, 이재복은 때마침 제주도로 향하는 제 14연대 내의 남로당 군사 조직책인 지창수 상사에게 반란을 지령하였던 것입니다.

여수 순천 사건의 주모자는 제 14연대 인사계 지창수 상사이고, 김지회와 홍순석 중위는 반란 후의 지휘관이었습니다. 이들은 군내에서 내선(內線) 작전으로 음모를 계획하다가 제주도 출동의 호기를 포착하여 반란을 일으킨 것인데, 남한 전반에 걸친 시위 및 군부반란의 외선(外線) 총책임자는 **이재복**이었습니다. 이재복은 여수 순천 사건을 통해서 남로당 특별공작 책임자이며 군내 최고의 적화 책임자임이 명백해졌습니다.[64]

---
64) 「한국전쟁사(1)」, 488.

여수 순천 사건이 남로당 중앙당의 지령에 의해 발생했다는 사실은, [동아일보 1949년 4월 10일자]기사에서도 정확하게 확인됩니다.

「...본명 이중업(38)은 이중영 또는 김창선이라는 두 가지의 가명을 가져 박헌영의 콤그룹 하의 주요인들의 인원으로 박(헌영)의 이월 후 남로당 중앙조직부 책임자와 남로당 12개 전문부와 산하 23개 단체를 지도하며 남한 각 군·면·리 단위로 정보를 수집하여 박헌영에게 전하는 한편, 대한민국을 전복시키려고 산하에 특수부대를 조직하고 이를 강화하여 기회를 엿보고 있던 바, 남로당 특수부책임자 이재복에게 지령하여 여수 순천지방에서 폭동을 일으키게 하였던 것이다.」

「순천승주향토지」는 순천, 승주 지역의 문화와 역사를 기록한 책으로, 이 책에서 여수 순천 사건의 발발상황과 주도 인물 그리고 순천 지역 경찰과 우익 세력의 학살에 대하여 언급하고 있습니다. 이 책 107쪽에서 "당시 14연대 반란을 지령한 총책은 남로당 특별공작 책임자이며 군 적화 책임자인 이재복(46, 평양신학교 출신)이었다. 이재복의 반란 지령을 받은 14연대 인사계 지창수 상사는 14연대 대전차포 중대장 김지회 중위와 홍순석 중위 등을 포섭, 음모를 꾸몄다."라고 기록하고 있습니다.

송효순 著 「붉은 대학살」 104쪽에서도 "남로당 빨치산 군사책 이중업은 남로당원 이재복에게 여수 주둔 제 14연대에 침투해 있는 프락치들로 하여금 폭동을 일으키도록 지령하였다."라고 기록하고 있습니다.

2. 여수 14연대 반란, 진압부대의 연속된 반란

The consecutive uprisings within the unit
that suppressed the Yeosu 14th regiment uprising

이재복은 제주 4·3사건에 이어서 본토 내에서 반란을 일으킴으로써 국군의 토벌병력을 단절 또는 분산시켜 우선 제주도의 위기를 감소시키려 하였고, 본토 내에서 제 2전선을 형성하여 전군적인 호응을 기대하였습니다. 그러나 국군의 전격적인 토벌 작전으로 제 14연대의 반란군은 조기에 각개격파 당하여 입산 공비화하였고, 뒤따라 전군적인 대숙군(大肅軍)이 단행되어 그들의 군내 조직이 제거됨으로써 남로당이 3년간에 걸쳐서 대한민국 정부를 전복하려던 꿈은 사라지게 되었습니다.[65]

여수 순천 사건으로 제 14연대가 1948년 10월 28일부로 해체되는 동시에 연대장 박승훈 중령이 파면되었고, 연대 기간장교 중 피신하였던 장교들은 반란 부진압죄로 기소되어 대부분 처벌을 받았습니다.

(1) 1948년 10월 21일, 전투사령부 설치

육군 총사령부에서는 반란군에 의해 온통 불바다가 되어 검은 연기로 뒤덮여 버린 여수와 순천의 위급한 상황을 전달받고, 1948년 10월 21일 반군 토벌전투사령관에 육군 총사령관인 송호성(宋虎聲) 준장을 임명하여 제 2, 제 5여단을 통괄 지휘케 하였고 제 5여단장에 특별부대사령관 김백일(金白一) 대령을 임명하고, 각 부대의 지휘관을 정식 임명하여 진압작전을 지휘케 하였습니다.

전투사령관	육군준장	송호성
제 5여단장	육군대령	김백일
제 2여단장	육군대령	원용덕
비행대장	육군대위	김정열(L형 연락기 10대)
수색대장	육군대위	강필원(장갑차)

---

65) 「한국전쟁사(1)」, 489.

불과 이틀 전까지만 해도 작전참모부는 14연대의 출동명령을 다짐해 놓았고 아무 이상이 없음을 확인했었는데, 곧이어 발생한 14연대 반란이라는 돌발적인 사태는, 태어난 지 두 달밖에 되지 않은 신생 정부를 벌집을 쑤셔놓은 듯 뒤흔들어 놓았습니다. 이에 38선 경비 병력을 제외한 모든 출동 가능한 병력을 파악한 후에 광주 4연대, 전주 3연대, 대구 6연대, 마산 15연대, 군산 12연대, 대전 2연대, 부산 5연대에서 총 12개 대대를 진압작전에 투입하였습니다.

제 4연대 (3개 대대)	연대장	육군중령	이성가
제 3연대 (2개 대대)	연대장	육군중령	함준호
제 6연대 (1개 대대)	연대장	육군중령	김종갑
제 15연대 (1개 대대)	연대장	육군중령	최남근
제 12연대 (3개 대대)	연대장	육군중령	백인기
제 2연대 (1개 대대)	대대장	육군대위	최종윤
제 5연대 (1개 대대)	대대장	육군대위	김종원

(2) 1948년 10월 23일, 여수·순천 지구에 계엄령[66] 선포

선발부대로 보냈던 광주 4연대가 뜻밖에도 반란군과 합류하는 것에 놀란 부연대장 박기병 소령은, 여수 순천 사건이 제주 4·3사건보다 더 순식간에 번질 위험성이 있음을 우려하여, 정일권 참모부장에게 계엄령 선포를 건의하였습니다. 정일권 참모부장은 이를 받아들여 대통령에게 보고하였고, 곧바로 이승만 대통령은 10월 23일, 여수·순천 지구에 계엄령을 선포하였습니다.

---

66) 국가 비상 시 국가 안녕과 공공질서 유지를 목적으로 법률이 정하는 바에 따라 헌법 일부의 효력을 일시 중지하고 군사권을 발동하여 치안을 유지할 수 있는 국가긴급권의 하나로, 대통령(최고 통치권자)의 고유 권한

> ## 계엄령 선포문
>
> 본관(本官)에게 부여된 권한에 의하여 10월 22일부터 별명(別命)시까지 하기(下記)와 같이 계엄령을 선포함(만일 차此에 위반하는 자는 군법에 의하여 사형 기타에 처함).
> 1. 오후 7시부터 익조(翌朝) 7시까지 일절 통행을 금함[통행증을 소지한 자는 차한(此限)에 부재(不在)함].
> 2. 옥(屋) 내외의 일절 집회를 금함.
> 3. 유언비어를 조출(造出)하여 민중을 선동하는 자는 엄벌에 처함.
> 4. 반도(叛徒)의 소재를 알시 본 여단사령부에 보고하며 만일 반도(叛徒)를 은닉하거나 반도(叛徒)와 밀통(密通)하는 자는 사형에 처함.
> 5. 반도(叛徒)의 무기 기타 일절 군수품은 본(本) 사령부에 반납할 것. 만일 은닉하거나 비장(秘藏)하는 자는 사형에 처함.

(3) 광주 4연대 2대대 1개 중대의 반란

여수 순천 사건 발생으로 진압부대가 숨 가쁘게 움직이는 가운데에서 아군의 지휘관 중에는 주어진 작전을 기피하거나 총부리를 반대로 돌려 대는 자들이 있었습니다. 어처구니없게도 반란 진압을 하러 왔던 국군이 또 연이어 반란을 일으킨 것입니다. 광주 4연대의 반란, 마산 15연대장 최남근 중령의 반란, 대구 6연대 각 대대 내부에 침투해 있던 남로당원들의 반란이 계속 이어졌습니다.

여수 순천 사건 이전에도 군 내부 사상불온자들에 의한 작은 반란이 종종 발생하였습니다. 1946년 5월 23일 제 1연대 제 1대대 소요사건, 1946년 10월 제 3연대장 배척사건, 1946년 12월 조선국방경비사관학교 생도대장 폭행사건, 1947년 2월 29일 제 2연대장 부정불온사건, 1947년 4월 5일 제 8연대 제 3대대장 구타사건, 1947년 6월 1일 제 4연대 영암군경 충돌사건 등입니다.[67]

광주 4연대 2대대 1개 중대는 광주에서 제1진으로 급파된 중대였습니다. 당시 연대장 이성가 중령은 서울 출장 중이었으므로 부연대장 박기병 소령이 책임자가 되었습니다. 박 소령은 반란 소식에 이어 여수 경찰서가 점령되었다는 마지막 통보를 받고 더 이상 지체할 수 없다고 판단, 미 고문관과 신속하게 합의한 후 우선 2대대의 1개 중대(중대장 전영근 중위)를 차출하여, 새벽 4시 트럭 2대에 분승시켜 선발부대를 반란 현장으로 보냈습니다.

10월 20일, 선발대가 광주를 떠날 때 박 소령은 반드시 학구(순천 북방 10km)를 경유하여 순천으로 진격하라고 명령했습니다. 반란군이 구례와 남원으로 빠져나가는 것을 저지하기 위함이었습니다. 그런데 이들은 엉뚱하게도 보성과 벌교를 경유해 10시가 되어서야 순천에 도착하였습니다. 그리고 반란군 지휘본부가 설치되어 있는 순천역 방향으로 들어갔습니다. 이때 남로당 세포원들이 "14연대 장병들은 우리와 함께 지내던 전우인데 어떻게 총질하느냐?"라고 선동하여, 대원들은 반란군과 싸우려 하지 않았던 것입니다. 이는 14연대 반란군은 광주 4연대의 한 울타리 안에서 함께 생활하던 동기생 또는 상관이고 부하였으니 반란군에 대해 적대감을 갖지 말라고 남로당 세포원들이 미리 중대원을 유도해 놓았기 때문이었습니다.

1개 중대 병력을 실은 트럭 2대가 순천 동외동 입구에 접근할 무렵, 갑자기 양쪽에서 무장군인들이 뛰쳐나와 총부리를 들이대고 길을 막았습니다. 깜짝 놀란 전영근 중위는 일단 읍내로 질주했다가 투항을 결정하고 백기(白旗)를 만들고는 홍순석 부대를 설득하려고 다가갔습니다. "홍(순석) 중위님, 웬일입니까? 우리끼리 싸움을..."이라고 말을 건넸으나, 눈에 핏발이 선 홍순석은 설득 당하기는커녕

---

67) 「제주도 4·3사건 II」, 246.

전 중대원들을 경찰서로 끌고 가 3가지로 분류했습니다. 투항에 불응한 자는 즉결 처분하고, 이것도 저것도 아닌 애매한 자는 유치장에 가두고, 투항한 자는 '동무'라고 부르면서 등을 두들겼습니다.

이때 희생된 국군은 이명은 소위 등 장교를 포함해 28명에 달했고, 나머지는 거의 투항하거나 유치장에 갇혔습니다. 뜻밖에도 반란군과 손을 잡은 30여 명은 순천중학교로 배치되어 반란군과 행동을 같이했습니다.[68] 이때 장인호 소위는 현장에서 학살을 면하고 우체국으로 달려가 현지 상황을 광주 제 5여단에 보고했는데, 후에 김지회 일당에게 붙잡혀 참혹하게 죽었습니다.

한편, 육군 총사령부의 출동명령을 받은 대전의 제 2여단은 여단장 원용덕 대령의 지휘로 남원을 거쳐 순천 방면으로 향하고, 3, 12연대 일부도 5여단장 김백일 대령의 지휘로 순천으로 진격하였으며, 특히 진압주력부대인 백인엽 소령의 12연대는 광주로 와서 4연대와 합류하고, 마산 15연대는 이미 하동에 도착한 상태였습니다.

박기병 소령은 20일 밤 9시, 광주 4연대 1개 대대를 이끌고 순천을 향해 출발했습니다. 광주 4연대 선발부대가 반란군에 합류한 상황에서 사기가 떨어졌던 경찰부대는 박기병 부대가 도착하자 사기가 충천했습니다. 당시 박기병 소령은 5척(151.5cm) 단구였으나 그 용맹으로 추앙을 받던 지휘관이었습니다.

4연대 병력과 경찰 병력은 순천의 관문인 학구터널 입구 양쪽 산을 끼고 배치됐습니다. 우선 최석준(崔錫俊) 특무상사를 보내 반란군을 부대 안으로 유인하는 작전을 세웠는데, 박 소령의 작전이 적중하여 반란군 선발대는 광주 4연대 선발대가 자신들에게 합류했던 점만 기억하고 경계를 소홀히 하여 최 상사의 속임수에 쉽게 넘어갔습니다. 진압군은 엎드려 매복해 있다가 최 상사를 앞세운 반란

---

68) 「광복 30년 2(여순반란 편)」, 135-136.

군이 근처에 다다랐을 때 16명을 생포하였습니다.[69]

(4) 마산 15연대 최남근 연대장, 반란 부대에 자진 투항

    14연대 반란의 진압을 위해 마산 15연대는 하동에 진출하라는 명령을 받았습니다. 광주 4연대가 출발한 지 2시간 후, 마산 15연대도 출발했습니다. 최남근 연대장이 직접 지휘하는 제 1대대는 먼저 하동, 광양 방면으로 진격했습니다. 그러나 최남근 연대장은 출발하면서 상황설명이나 훈시도 하지 않고, 심지어 실탄도 분배하지 않았습니다. 때문에 중대장들은 무엇 때문에 출동하는지조차 몰랐고, 더구나 처음으로 M1소총을 지급받은 간부들은 출동 중인 자동차 위에서 취급법을 교육받을 정도였습니다. 각 중대장은 모두 육사 4, 5기 출신 소위였고, 소대장으로 하사관이 선임되어 있었습니다. 하동에 도착했을 때 경찰로부터 반란군이 광양에서 하동을 향해 동진 중이라는 정보를 입수하였고 이때 비로소 각 중대장들은 출동 목적을 알아차렸습니다.

    중대장들은 혹시 반란군이 접근하면 쉽게 건널 수 없으니 빨리 섬진강을 건너서 전진하자고 건의했습니다. 그러나 연대장 최남근 중령은 국군 주력과 함께 행동해야 하고 아직 반란군이 어디쯤 있는지 불명확한 데다 얼마 있다 해가 질 것이라는 이유로, 하동에서 숙영하자고 하였습니다.[70]

    첨병중대인 제 3중대가 옥곡면의 S자 길인 광양 동쪽 8km 지점에 도착했을 때, 매복하고 있던 반란군으로부터 기습을 받고 맨 먼저 제 3중대장 손(孫) 소위(육사 5기)가 부상당했습니다. 여기서 제 1중

---

69) 「광복 30년 2(여순반란 편)」, 141-142.
70) 「한국전비사(상) 건군과 시련」, 336-337.

대장 조시형 소위(육사 4기)가 제 3중대를 지휘하여 도로 북쪽 고지를 점령하고 응전하기 시작하자 대대장 한진영 대위(육사 2기, 나주 출신)가 그 고지로 달려왔습니다. 그곳에서 적정을 정찰한 후 명령을 하달하기 위하여 산을 내려가는 도중 반란군과 조우했는데, 반란군은 이미 제 3중대를 포위하고 있었습니다. "어느 부대인가"라고 묻는 반란군의 질문에, 한 대위가 "나는 제 15연대 제 1대대장이다"라고 답하는 순간, 반란군이 쏜 총에 맞아 전사하고 말았습니다. 이 충격에 도망치는 장병이 많았고 곧 이어 제 3중대는 반란군에 의해 포위당했습니다.

후방 고지에서 쌍안경으로 상황을 주시하고 있던 연대장 최남근은, 제 3중대가 포위당했으므로 전 부대가 위기에 빠졌다고 판단하여 각 중대에게 후퇴할 것을 명했습니다. 그런데 첨병중대가 타고 왔던 차량 3대가 전방에 그대로 방치되어 있는 것을 보고 연대장이 이를 철수시키겠다며 앞으로 나가자 제 1중대장 조시형 소위도 따라갔습니다. 자동차 주위에는 이미 반란군이 무리지어 있었는데 최남근 중령은 자기 부하들인 줄 알고 가까이 갔습니다. 조시형 소위가 반란군임을 알아차리고 "연대장님, 돌아갑시다"라고 말했으나, 이미 때는 늦어, 연대장과 조 소위는 반란군에게 붙잡혔습니다.

최남근 중령과 제 1중대장 조시형 소위가 행방불명되고, 제 1대대장 한진영 대위가 전사했고, 제 3중대장 손 소위는 부상을 당해, 대대에 남은 장교는 제 2중대장 손덕균 소위와 중화기 중대장 최내현 소위(육사 5기) 두 사람 뿐이었습니다. 여기에 제 1대대장으로 **최정호**(육사 2기) 대위가 부임해 왔으나 그는 적극적으로 공격하려고 하지 않았습니다. 후에 최정호 대위는 전쟁 중 월북하였습니다.[71]

---
71) 「한국전비사(상) 건군과 시련」, 339-340.

최남근 연대장은 마산에서 진압을 위해 광양까지 가는 동안 실탄을 지급하지 않았고, 상황설명을 세밀히 하지 않은 데다, 반란 부대의 기습을 받자 반격도 하지 않은 채 자신이 먼저 반란 부대에 투항하였습니다. 차량 철수도 연대장이 직접 나설 일이 아니었습니다. 이러한 모순된 행동은 기회가 있으면 1개 대대를 반란군과 합류시키려고 기도한 것이라고밖에 볼 수 없는 것입니다. 실제 15연대 일부 병력은 반란군과 합류했고, 지리산으로 들어간 자도 있었습니다.

최남근 중령은 만주군관학교 출신으로 북한에서 김일성 교육을 받고, 김일성의 지령을 받아 반공투사로 위장하여 월남, 경비대를 창설할 때 입대하여 고급장교가 되었습니다. 그는 머리도 좋았지만 인간미가 있어서 상관이나 동료나 부하들에게 선망받던 존재였습니다. 그 점을 적극 이용하여 각 부대를 전전하면서 군내의 좌익 세력 확장에 전력하였습니다. 그는 김삼룡과 직접 연락을 취하면서 군 내부에서 남로당 확장을 꾀하여 반란을 일으킬 기회를 노리던 행동대에 속하는 중요 멤버였습니다.[72] 그가 좌익이면서도 철저하게 우익으로 가장하였기 때문에, 주변 사람들은 그가 전혀 좌익일 것이라고 생각지 않았습니다. 작고한 원로 저널리스트 박성환은 1965년 「20년의 공개 기자 수첩-파도는 내일도 친다」라는 그의 저서에서 최남근에 대해 다음과 같이 적고 있습니다.

「그는 특수하게 조직적인 머리를 가지고 있었으며 만사에 숙고하는 성품이었다. 그러면서도 호탕한 행동을 곧잘 하는 성미이기도 했다. 밖으로는 부드럽게 보였으나 속은 누구 못지않게 강인한 면이 있었다…그는 대구 연대를 창설 조직하는 임무를 띠고 대구에 오래 머물러 있었다.

---

72) 「파도는 내일도 친다(上)」, 175.

대구 6연대는 그의 손에서 만들어져 경상도 일대의 공산 청년 및 좌익 동조자들을 많이 포섭하였다...최남근 중령이 지휘하는 마산 15연대는 반란군 진압 차 현지로 출동했으나, 최남근은 적극적인 출동 명령을 내리지 않고 출동 대대를 반란군 주력 앞에 노출시켜 놓은 채 김지회를 만나기 위해 지리산으로 들어갔던 것이다.」

10월 21일, 최남근은 광양군 옥곡면 백운산 기슭에서 반란군과 대치중에 김지회와 그 부대를 급히 만날 목적으로, 포로로 잡힌 것처럼 위장하여 반란군 진영으로 들어갔다가, 김지회를 만나고 6일 만인 10월 27일 마치 결사적으로 탈출한 것처럼 위장하여 진압군 진영으로 되돌아왔습니다.[73]

이로 인해 마침내 최남근의 정체가 완전히 탄로 났습니다. 10월 27일 행방불명되었던 연대장 최남근 중령과 조시형 소위가 화개장(花開場)으로 돌아오자, 즉시 광주로 압송되어 심문을 받았는데 그는 "스스로 반군에게 합류한 것이 아니고 부대 지휘 중 실수로 반군에게 포로가 되었고, 그들에게 끌려 다니면서 기회를 얻어 탈출하였다"라고 말했습니다. 그를 조사했던 김점곤 소령은 끈질기게 바른 대로 말하라고 요구했으나, 과거 직속상관이고 당시로서는 최고 계급이었던 최남근 중령을 고문할 수 없어서 소득 없이 서울의 정보국으로 보냈습니다. 총사령부에서는 11월 8일부로 최남근을 제 4여단(충북 청주) 참모장으로 전보 발령했습니다.

며칠 뒤 광주에서 서울로 철수한 김점곤 소령은 정보국장 백선엽 중령에게 인사 차 들렀는데, 그때 김 소령은 마침 미 CIC장교가 건네준 최남근에 대한 정보 자료를 내놓았고, 백선엽 중령은 김 소령이 준 봉투를 꺼내 보고 안색이 변하였습니다.

이에 즉시 최남근 체포령을 내렸고, 그는 대전에서 붙잡혀 서울로

---

[73] 「한국전쟁사(1)」, 473.

압송되어 군법회의에 넘겨졌습니다. 군법회의에서 최 중령은 김지회 부대와 합류하였던 사실을 실토하였습니다. 최남근은 사형선고를 받고 1949년 5월 26일 오후 2시, 수색에서 총살되었습니다(경향신문 1949년 5월 28일자). 최남근의 사형 직전 모습을 박성환 著 「파도는 내일도 친다(上)」180쪽에는 다음과 같이 기록하였습니다.

「수색의 형장에는 15연대의 고급장교 몇 명과 창군 당시부터의 옛 친구 몇 명이 입회하여 그의 마지막 길을 지켜보았다. 그는 죽음을 앞에 두고 호걸 남아답게 담담하였으나, 마음속에 교차하는 깊은 감회를 감추지 못하는 표정이었다. 그는 옛날 친구들에게 술 한 잔을 달라고 하여 쭉 들이키고 또 담배 한 대를 달라고 했다. 그는 지긋이 눈을 감고 길게 담배 연기를 들이키고 다시 길게 내뿜으면서 계속 담배를 피우고 있었다. 담배 한 대가 끝나면 사형이 집행되는 것이다. 담배 한 대가 거의 타갈 무렵 그는 담배를 내어던지면서 마지막으로 옛 친구들에게 말했다. "내가 졌어. 내가 너희들에게 졌어. 그런데 대한민국은 유망한 나라야. 장래가 있는 나라야. 너희들은 대한민국을 위해서 충성을 다하라. 이 유망하고 장래가 있는 나라를 위하여 정말 충성을 다해 다오." 웃음을 머금은 그의 얼굴은 한결 부드러웠으나 그러나 의연하게 말하였다.」

자기도 살아 있으면 조국을 위해 같이 충성하고 싶다는 진심어린 참회였을지라도 이미 때는 너무 늦었고, 그는 여수 순천 사건 약 7개월 만에 사형장에서 몇 방의 총성과 함께 사라졌습니다.

(5) 나주 주둔의 중대 반란(11월 2일)

여수 작전에 참가한 제 4연대 부연대장 박기병 소령은 나주 중대에 반란이 있을 것이라는 정보를 접하고 급거 나주로 복귀하였습니다. 전투사령부에서는 제 4연대 내에 좌익분자들이 많이 있기 때문에 이 병력을 믿고 작전할 수 없다는 결론에 도달하여 제 4연대의 출동대대에 광주집결을 명하였습니다. 연대장 이성가 중령은 나주에 있는 1개 중대를 복귀시키기 위하여, 대대장 류정탁 대위(육사 2기)에게 나주에 가서 김남근 중위(육사 3기) 중대를 인솔해 오도록 하였습니다. 류 대위는 나주에 가서 김 중위를 만나 같이 점심을 먹고 연대로 가자고 하였습니다. 그러나 김 중위는 "세면도구나 가지고 갑시다." 하면서 대대장을 하숙집으로 유도한 후, 방문을 열면서 안에 두었던 M1소총으로 저격하여 어깨 관통상을 입히고 도주, 중대를 이끌고 입산하고 말았습니다. 나주 경찰서를 통하여 이와 같은 연락을 받은 박기병 소령은, 일부 병력을 지휘하여 이들을 추격, 장성(長城) 북방 사거리 터널에서 완전 소탕하였습니다. 김남근 중위는 그 후의 토벌 작전 때 체포되어 총살을 당하였습니다.

(6) 군산 12연대 5중대장 김응록 중위 음모

여수 순천 사건 진압을 위해 투입된 광주 4연대(부연대장 박기병 소령)가 반란군과 적극적으로 싸우려 하지 않은데다 반란군과의 전투 중 교착상태에 빠져 있을 때, 군산 12연대 부연대장 백인엽 소령이 군산 12연대 2개 대대를 이끌고 도착하였습니다. 제 2대대(대대장 김희준 대위)와 제 3대대(대대장 이우성 대위)였습니다.

제 5여단장 김백일 대령은 부임 즉시 광주에 온 군산 12연대의 백인엽 부대를 학구로 보내 3, 4연대와 합류토록 했습니다. 광주 4연대 박기병 부대가 전주로 방향을 돌리면서 연대장 이성가 중령이 지휘하는 후속부대가 학구를 점령 확보했습니다. 이에 따라 백인엽 소령이 이끄는 12연대(군산) 주력부대와 3연대(전주) 일부가 순천 시내로 진격을 시작했습니다.

총지휘관 김백일 대령(제 5여단장)은 12연대 2대대장 김희준 대위, 3대대장 이우성 대위, 3연대 2대대장 조재미 대위 등에게 이제부터 시내로 진격하기 위해 "12연대 2대대는 봉화산 밑으로, 3대대는 가곡동, 난봉산 고지로, 그리고 3연대 2대대는 외곽 고지를 차단하면서 압축해 들어간다...단, 절대로 양민들의 피해가 없도록 각별히 유의하라."라고 지시했습니다.

12연대의 주공을 담당한 제 2대대장 김희준 대위가 순천의 봉화산 등성이를 오르고 있을 무렵, 5중대장 김응록 중위(육사 3기)에게 "5중대 전원은 도로로 진격하는 1개 중대의 엄호를 맡아라. 그러면서 계속 진격하라!"라고 지시했습니다. 그런데 명령을 받은 5중대가 30분이 지나도록 소식이 없다가 한참 후에야 중대장 김응록 중위의 상황보고가 들어왔는데, "1중대원들이 작전을 거역하고 있으니 대대장이 직접 와서 수습해 달라."라는 내용이었습니다. 별로 치열한 총소리도 나지 않아 이상하다고 생각되었으나, 김희준 대대장은 본부 요원과 함께 급히 출발했습니다. 김 대위 일행이 야산 위에 이르렀을 때 갑자기 기관총 사격을 받았는데, 오연수 상사 등 몇 사람이 부상했고 김희준 대대장은 포복으로 겨우 야산 밑에 도달하여 가까스로 위기를 면했습니다. 이는 김응록 중대장이 한 짓으로, 그는 고의적으로 작전을 기피하고 김희준 대대장이 오도록 유도하여 기관총으로 대대장을 죽이고, 자신의 5중대를 반란군으로 만들어 12연대 전체를 장악하려고 계획한 것이었습니다. 김응록은 후에 계속 주목을 받다가 김희준 대대장에 의해 헌병대로 끌려가 김창룡 특무대장에 의해 총살형에 처해졌습니다.[74]

(7) 대구 6연대 반란

대구 6연대 반란은, 건군 이후 군 내부에 침투한 좌익 세력이 주

---

74) 佐佐木春隆, 「한국전비사(상) 건군과 시련」, 강창구 편역 (병학사, 1977), 343.

동이 되어 일으킨 사건 중, 여수 순천 사건에 이어 두 번째로 큰 군 반란 사건입니다. 이 사건의 발생 원인은 사건 발생 2년 전인 1946년 10월 1일 대구에서 일어났던 이른바 대구10월사건 당시에 이미 시작되었다고 할 수 있으며, 제주 4·3사건과 여수 순천 사건 역시 이 사건에 적지 않은 영향을 미쳤습니다.

남로당 군사부장 이재복은 여수 순천 사건에 이어 마지막으로, 남로당 세포가 가장 많이 침투해 있었던 대구 6연대에 기대를 걸고 반란 지령을 내렸습니다. 이재복이 연대 세포조직책이자 대구 6연대 인사계 선임하사관인 **곽종진 특무상사**에게 반란 지령을 내림으로써 대구 6연대가 3차에 걸쳐 연쇄적인 반란을 일으켰으나, 소기의 목적을 달성하지 못하였습니다.[75]

대구 6연대는 창설 이래 5대에 이르는 연대장 중에 김종석(3대), 최남근(2대, 5대) 등이 공산주의 불온사상을 가진 자들이며, 대원들도 해방 후 좌익 사설군사단체인 국군준비대 출신이 대부분이어서 사실상 좌익 군대나 다름없었습니다. 심지어 좌익 사상을 갖지 않은 연대장은 이 연대에 오래 있을 수 없을 정도였습니다. 초대 창설 중대장인 김영환 소위가 제 1기 하사관들인 좌익분자들에게 구타당하여 축출되었고 제 2대 최남근, 제 3대 김종석 때에는 무사하였다가, 좌익이 아닌 제 4대 심언봉 중위가 불과 1개월 반을 복무하고 물러났으며, 제 5대에 다시 최남근이 재임하였습니다.

제 6연대에는 소위 대구10월사건(1946.10.1)의 관련자들이 군대를 도피처로 삼아 다수 입대하여 있었기 때문에, 대내에 감도는 불온사상은 개개인 속에 뿌리를 깊이 내리게 되었습니다.

---

75) 「한국전쟁사(1)」, 489-490.

① 대구 6연대의 1차 반란(1948년 11월 2일)

　대구 6연대의 경우, 제주 4·3사건 진압을 위해 1개 대대 파병, 14연대 반란 진압을 위해 1개 대대 파병, 김천에 1개 중대 파병, 포항에 1개 중대가 파병되었던 때라 잔류 병사가 200명뿐이었습니다.

　1948년 11월 2일, 정보과 선임하사 이정택 상사와 곽종진 상사는 진압군 출동을 저지하라는 남로당 군사부장 이재복의 지령을 받았습니다. 6연대 본부에서 반란을 일으키면 출동 중인 부대가 본부로 복귀할 것을 예상하고, 이렇게 되면 본부에 복귀한 각 부대 내의 좌익 세포들이 기회를 포착하여 연속적으로 반란을 일으켜 그들의 목적을 달성할 수 있을 것으로 생각했던 것입니다.

　이정택 상사는 11월 2일 그의 상사인 김진위 대위에게, 곽종진 상사가 연대 내의 남로당 세포책임자임을 계획적으로 밀고하였습니다. 그리하여 김 대위는 그의 보좌관인 조장필 소위로 하여금 곽종진을 헌병대로 체포 연행할 것을 지시하였습니다. 조 소위는 낮 12시에 지프차에 이정택 상사를 태우고 연대본부 인사과에 도착하여 곽종진 상사를 찾아 헌병대까지 임의로 동행할 것을 요구하였습니다. 이 무렵 무기고 밖에서는 곽 상사의 수하들이 기관총과 기타 무기들을 손질하고 있었습니다. 마침 연대 수송관인 이남주 소위가 보급차가 들어온 것을 확인하러 나왔다가 이것을 보고 "왜 병기들을 손질하느냐"라고 묻자, 그들은 출동부대에 보낼 것이라고 대답하였습니다.

　한편 곽 상사는 조 소위에게 "모자를 쓰고 나올 테니 잠시 기다려 주십시오."하고 사무실에 들어갔고, 조 소위는 지프차에 탄 채 기다리고 있었습니다. 곽 상사는 야전잠바 주머니에 4.5구경 권총을 넣고, 나오면서 조 소위를 뒤에서 저격하여 사살하고 도주하다가 수송관 이 소위도 사살하였습니다. 대기하고 있던 이정택 상사는 조 소위가 쓰러지자 "여순 반란군이 대구에 쳐들어왔다."라고 외치면서 본부사병들을 탄약고 앞으로 집합시켰습니다. 본부에 있던 좌익분자들은 사전에 계획한 일이므로 손질을 하고 있던 병기로 즉시 무장하고 집합하였고, 그 밖의 사병들은 영문도 모르고 탄약고 앞으로 집합하였는데, 연대장실 앞에서 조 소위와 수송관 이 소위가 쓰러져 있음을 목격하였습니다. 사병들이 집합하자 이정택 상사는 평소 그들에게 동조하지 않았던 하사관 10여 명을 호명하면서 앞으로 나오라고 하였습니다. 호명된 자들이 나온 후 이정택 상사가 권총으로 이들을 사격하자 그의 일당도 합세하여 난사하였습니다. 이에 모여 있던 일부 병사들이 흩어지려고 하자, 위협사격을 하여 막았고 이중락 일등병은 손에 부상을 당하였습니다.

이같이 공격을 당한 부연대장 최경만 소령이 단신으로 탈출하여 시내에 위치하고 있는 헌병대로 가서 헌병대장 김진위 대위(육사 3기)와 더불어 헌병 40명을 지휘하여 연대본부로 달려왔는데, 100m 전방에 도달하였을 때, 제 3대대 소속 배상수 외 수십 명이 정문 앞에 차를 세워 두고 헌병들을 기관총으로 기습 사격하여 헌병 6명이 총에 맞고 쓰러지는 바람에 후퇴하고 말았습니다. 이에 최경만 부연대장이 즉시 미 1연대에 지원 요청을 하였고, 미 1연대의 전차가 출동하여 6연대를 포위하고 190여 명을 체포함으로써 사건이 수습되었습니다.

한편 이정택의 반군들은 지방 시위자들과 같이 칠곡, 동명, 가산의 경찰지서를 습격하고 김천으로 향했는데, 김천에 주둔 중인 1개 중대와 합류하려고 하였으나 뜻을 이루지 못하고 도리어 반군 일부가 사살되자, 팔공산으로 입산하고 말았습니다. 그 후 이정택은 태백산지구 전투사령부의 토벌 때 사살되었습니다.

　대구 6연대 반란으로 조장필 소위 이하 장교 4명과 사병 4명이 피살되고 중경상자가 5명이었으며, 경찰 피해 4명 외에 부근에 있던 남녀 10여 명이 유탄(流彈:조준한 곳에 맞지 않고 빗나간 탄환)으로 인해 피해를 입었습니다. 반란사건이 발생하자 제 3여단(부산) 참모장 이영순 중령은 법무장교 3명과 헌병 1개 소대를 지휘하여 대구에 도착, 제 1차로 400여 명의 장병들을 구속, 조사하였습니다. 결과 112명의 좌익분자를 색출하였고 군법회의를 통해 6명을 총살형에 처하고 나머지는 유기 징역형을 각각 선고하였습니다.

② 대구 6연대의 2차 반란(제 1대대 반란, 1948년 12월 6일)
　대구 6연대의 제 1차 반란사건을 계기로 연대 본부 안에 있는 좌익분자들의 숙군은 단행되었으나, 지리산 방면에 출동 중인 부대에는 손이 미치지 못하였으므로, 숙군을 위해 출동한 부대에 원대복귀를 명령하였습니다.

　2개 중대 병력 380명을 지휘하여 연대로 복귀하던 차갑준 대위(제 1대대장)는 함양에서 출발하기에 앞서 실탄을 모두 회수하려 하였습니다. 좌익 장병들이 이 명령에 응하지 않자, 대대장이 연대 본부에 보고하여 대대가 고령에 도착하면 강제로 회수시켜 달라고 요청하였습니다. 그런데 연대 본부 자체에 병력이 없어 요청받은 조치를 취하지 못하였습니다. 이런 상황에서 복귀부대가 12월 6일 16:00 17대의 차량에 분승하여 대대장 차갑준 대위의 선도로 출발하였습니다. 그런데 대구 달성군 월배 부근의 모퉁이 성당지에 이르렀을 때, 뒤따라오던 차량 1대가 뒤처져 더 이상 따라오지 않았습니다. 이에 대대장은 가던 길을 멈추고 그 사실을 확인코자 했는데, 아직 어둡지 않은데도 갑자기 라이트가 켜졌습니다. 이는 동 대대 인사계 **이동백 상사**가 전원 하차하여 제 4번 탄약차 앞으로 가서 실탄을 분배받으라고 하는 신호였습니다.[76]

이동백 상사는 함양을 출발하기 전에 연대에 돌아가면 숙군될 것을 예상하고, 6연대 내의 세포들과 모의하여 반란을 기도하고 그 장소로 대구 근교인 월배를 택하였던 것입니다. 이동백 상사는 각 차량에 분승하였던 장교 9명을 사살하고, 다른 대원들에게 반란에 호응할 것을 강요하자 하사관 28명, 병사 14명 총 42명이 이동백 상사에게 가세하였고, 나머지의 사병들은 분산되어 대구시 대명동에 있는 부대로 복귀하였습니다. 이동백 상사의 반군 일당들은 도주하면서 달성지서를 습격하였고 순식간에 탈주하여 팔공산 빨치산이 됐습니다.

③ 대구 6연대의 3차 반란(제 4중대 반란, 1949년 1월 30일)

이듬해 1949년 1월 30일 포항에서 오천 비행장의 경비를 맡고 있던 대구 6연대 제 4중대에서 다시 비슷한 반란이 일어났습니다. 제 4중대의 경우 포항에서 기지경비임무를 수행하고 있었으므로 숙군 수사기관의 조사를 받지 않고 있었습니다. 이에 연대에서는 제 4중대의 숙군을 위하여 제 3중대와 임무교대를 계획하고 이 일을 극비로 진행하였습니다. 그런데 이 특급 비밀이, 한 남로당원에 의해 좌익 세포들의 귀에 들어갔습니다. 제 1차 반란에서 도주하여 입산 한 곽종진, 이정택 일당들이 포항 주둔 제 4중대 재무계 선임하사관과 긴밀한 연락을 하면서 반란을 모의하였습니다.

1949년 1월 30일, 4중대 재무계 선임하사관이 중대 내 20명의 남로당원과 규합하여, 4중대장 이영삼 중위에게 술을 잔뜩 먹여 부대 지휘를 못 하게 하고, 백달현 소대장과 하사관 1명을 사살하였

---
[76] 「한국전쟁사(1)」, 492.

습니다.

그리고 포항 지역의 일반 좌익분자들과 제 1차 반란자들을 부대 내로 진입시켜 무기고를 점령하는 동시에, 전 중대원에게 동조할 것을 선동하였습니다. 그러나 제 1, 2차 반란 사건의 숙군 선풍을 눈앞에 보고 있던 터라 대원들은 이에 응하지 않았습니다. 그 결과 새로운 반란 사건은 일어나지 않았습니다.

1946년 2월 18일 대구시 중동 대구 6연대 창설을 주도한 하재팔(河在八)은 학병 소위 출신으로 남로당원이었습니다. 하재팔 소위는 당시 좌익 군사단체였던 국군준비대에 소속된 자만 받고, 우익 단체의 청년들을 받지 않아 6연대를 남로당 연대로 만들고 있었습니다. 대구10월사건 이후 경찰의 추적을 피하여 경비대에 들어오면 환영식을 해 줄 정도로 대구 6연대는 남로당의 아지트가 되어 있었습니다. 연대장은 초대에 김영환 소위, 2대에 최남근 중위, 3대에 김종석 대위, 4대에 심언봉 중위, 5대에 다시 최남근 중위가 임명되었습니다. 그러나 연대장 재임 기간은 김영환과 심언봉이 통틀어 몇 개월에 불과했고 남로당 군사부장인 김종석과 최남근이 2년 6개월 동안 번갈아 맡았습니다. 김종석은 일본육사 56기생으로, 이주하와 이재복 계열이었습니다.

제 6연대는 각 대대 중대가 각지에 분산되어 있기 때문에 반란이 연쇄적으로 일어났지만, 결과적으로는 불순분자들만의 반동행위에 그치고 말았습니다. 만일 6연대가 대구에 집결되어 있었다면 여수 순천 사건 못지않게 큰 반란으로 이어졌을 가능성이 높았습니다. 육본에서는 대구 6연대를 아주 해체하고, 22연대로 재편했습니다(1949년 4월 15일).

김지회와 홍순석의 반란군 주력은 순천에서 토벌부대에 쫓겨 구례 방면으로 이동하여 백운산으로 입산하였고, 광양 방면의 반란군도 백운산으로 일단 입산하였다가 지리산으로 이동하여 유격 근거지를 구축하였습니다.

이때의 특기할 만한 사항은, 본의 아니게 반란에 가담하게 되어 반란군이란 누명을 쓰게 된 순진무구한 병사들(반란군의 거의 대부분)이 여수에서 순천으로 가는 열차에 오르기 전에 몰래 이탈하는 자가 있는가 하면(정두일 증언. 당시 14연대 사병),[77] 또한 순천에서 경찰서를 점령한 후에 "이제 경찰관을 응징하였으니 우리의 임무는 끝난 거 아니냐. 그러니 우리를 귀향시켜 달라"라고 간청하였다는 사실입니다. 그러나 반란 주동자들의 위협과 이미 반란군의 일원으로서 토벌 대상이 되고 있다는 냉혹한 현실 때문에 눈물을 머금고 입산하였습니다.[78]

---

77) MBC방송「이제는 말할 수 있다」제5회(1999.10.17), "여수 14연대 반란"
78) 「대비정규전사(1945-1950)」, 35.

3. 지리산으로 들어간 반란군
The rebels enter Mount Jiri

(1) 지리산에 들어간 김지회 부대의 12연대 공격

여수에 있던 반란군은 진압군과 아무런 충돌 없이 광양을 거쳐 백운산에서 지리산 화엄사 옆 문수골로 들어갔습니다. 지리산으로 들어간 김지회 부대는 진압군으로 출동한 12연대를 공격했습니다. 1948년 11월 3일, 구례군 파도리에서 14연대 반란을 진압하기 위하여 출동한 진압군 12연대의 김두열 소위 중대 90여 명이 반란군에 의해 생포되었습니다. 이때 다행히 탈출한 성찬호 상사 이하 10여 명이 이 상황을 긴급히 보고하였고, 백인기 중령이 1개 중대를 보냈으나 반란군은 이미 흔적도 없었습니다. 성 상사의 보고에 의하면, 김지회와 내통한 이장과 마을 사람들이 환영식을 해 준다는 명목으로 소를 잡고 12연대원들에게 술을 잔뜩 먹여 취하자, 단 5분 만에 그들을 생포했다는 것입니다. 주민들의 저녁 식사는 진심에서 우러나온 환대가 아니라 김지회와의 내통에 의한 모략이었습니다.

이 일로 제 12연대는 병력 보충을 요청했고, 김희준 대위가 지휘하는 제 2대대가 11월 4일 새벽 다시 출동하였으나, 반란군 주력의 행방은 묘연했습니다. 이날(11월 4일), 남원에 설치된 북부지구 전투사령부 원용덕 대령은 예속관계의 재편성을 계기로 지휘관 회의를 개최하기로 하고 각 부대장을 남원에 집합시켰습니다. 명령 전달은 경찰 전화로 했고, 제 12연대장 백인기 중령에게는 구례 경찰서를 통하여 전달되었습니다.

그 당시 무전기는 휴대용뿐이라 부대간의 연락은 전적으로 경찰의 경비 전화에 의존하고 있었습니다. 그런데 구례 경찰서 관내 산동 지서를 점령한 반란군이 경찰 전화를 도청하였기 때문에, 백인기 중령 일행은 남원으로 가다가 반란군에게 기습을 받게 되었습니다.

(2) 12연대장 백인기 중령의 자결

1948년 11월 4일 오후 3시 30분, 12연대장 백인기 중령이 남원 진압군 사령부의 연락을 받고 헌병 1개 분대의 경호를 받으며 산동면 지서를 지나 오후 4시경 고개를 넘으려 할 때, 매복해 있던 반란군 100여 명의 갑작스러운 집중 사격을 받았습니다.

도망쳐 온 헌병의 진술에 의하면, 이때 운전수의 급정차로 백인기 연대장은 차에서 떨어졌고, 자동차를 방패삼아 권총으로 응전했으나, 헌병 분대장이 자신의 권총을 강에 빠뜨려서 응사할 총이 없다고 하면서 먼저 도망치기 시작했다고 합니다. 백 중령은 근처 산에서 증원 병력을 기다리려고 했으나, 헌병들은 연대장을 버린 채 뿔뿔이 도망쳤습니다. 이렇게 되어 6명이 사살 당하고 몇 사람은 탈출하는 데 성공했습니다.

혼자 남은 백 중령은 후퇴했으나, 반란군 약 1개 소대가 계속 그를 추격했습니다. 탈출이 불가능하다고 판단한 백 중령은, 부근에 있는 농가에 들어가 자신의 신분을 밝힌 후 '내 시체를 감추어 두었다가 내일 국군이 오면 인도하여 달라'고 유언하고, 부근의 대나무 숲으로 들어가 권총으로 자결했습니다. 농부의 증언에 따르면 백인기 중령의 자결 시간이 오후 5시경이므로, 백인기 중령은 약 1시간 가까이 혼자서 버틴 셈입니다. 자결한 대나무 숲이 습격 받은 장소에서 불과 150m 거리인 것으로 보아, 반란군은 백 중령을 생포하려 했던 것으로 보입니다. 그 뒤에 붙잡힌 반란군 하나가 백 중령을 '생포하기 위해서 처음에는 위협 사격했다.'고 진술하였습니다.[79]

---

79) 「한국전비사(상) 건군과 시련」, 378.

한편, 이미 도착했어야 할 백인기 중령이 오후 5시가 되어도 소식이 없자, 구례에서 1개 중대가 연대장의 진로를 따라 출발하였고, 4일 밤 남원에 무사히 도착하였습니다.

11월 5일, 연대장을 찾기 위해 구례에서 남원으로 가던 첨병중대인 제 5중대의 선두차가 산동의 굽이진 길에 이르렀을 때, 불의의 집중사격을 받았습니다. 저항 한 번 못 해 보고, 제 5중대 대원 대부분과 작전주임이 포로로 잡혔습니다. 뒤따라오던 대대장 김희준 대위는 팔에 관통상을 입었으나 필사적으로 포복하여 대대주력에 의해 구출되었습니다. 반란군은 제 5중대원 70-80명을 잡아 산 속으로 숨어버렸습니다. 반란군 진지에는 시체 3구가 남아 있을 뿐이었습니다. 이 전투에서 5중대 70-80명이 포로로 끌려간 것 외에 전사자 50여 명, 부상자 50여 명 등이 발생했습니다.

백인기 대령 부부

백인기 중령(사후 대령으로 추서 진급)의 자결 장소는 구례군 산동면 시상리 대나무 숲이었으며, 당시 그의 나이 25세였습니다.

백인기는 전라북도 전주(全州) 출신으로 학병으로 출정, 일본 육군방공학교를 거쳐 해방 후 귀국하였고, 군사영어학교를 졸업한 후 1946년 3월 23일 소위(참위, 參尉)로 임관하였습니다. 그 후 제 3연대 대대장을 거쳐, 1948년 5월 1일 군산에서 창설된 제 12연대의 초대 연대장으로 보직되었습니다.[80]

그는 **위국감사**(爲國敢死: 나라를 위하여 용맹스럽게 목숨을 바침)를 통솔이념으로 삼았다고 하니, 반란군의 포로가 되는 것을 치욕으로 여겨 평소 자신의 지론을 실천한 것입니다. 지금은 대나무 숲 옆에 그의 현충비가 세워져 있습니다.

(3) 반란군의 구례 기습

11월 4일, 12연대가 대패하고 백인기 연대장이 자결한 사건은 대한민국이 곧 전복되는 것이 아닌가 할 정도로 국군에게 위기감을 주는 큰 사건이었습니다. 당시 제주도에서는 11월 2일에 9연대의 6중대가 남로당 시위대의 공격을 받은 상태였습니다.

백인엽 부연대장은 낚싯밥 작전을 세워, 김지회가 오면 덮치기로 하고 구례초등학교에 집결해 있었습니다. 그런데 김지회 또한 머리를 써서 1948년 11월 7일, 반란군 90명에게 400원씩 여비를 주면서 중대장 김두열 소위를 앞장세워 보냈는데, 12연대가 해이해질 때 공격하려고 한 것입니다.

그러나 다행히도 백인엽 소령은 김지회가 보낸 반란군 90명을 잡아 조사를 마친 후, "군법으로 처벌을 받을 것인가? 아니면 김지회 반란군을 진압하여 공을 세워 포로 된 불명예를 씻을 것인가?"라고 물었습니다. 그들은 이구동성으로 '한 번만 기회를 주시면 반란군을 진압하여 명예를 회복하겠다.'라고 하여 12연대의 돌격중대가 되었습니다.

8일 새벽 4시, 김지회 부대가 산을 타고 구례 읍내로 침투하여 구례초등학교에 집결해 있는 백인엽 부대를 기습 공격하였습니다. 공격을 받자 부연대장 백인엽 소령은 부대를 진두지휘하여 송호림 중

---

80) 「제주도 4·3사건 Ⅱ」, 246.

위와 함께 직접 박격포(81mm) 8문을 가지고 봉성산에 사격을 가했고, 각 중대도 김지회 부대를 역습하였습니다. 김지회 부대는 박격포의 집중사격으로 혼란에 빠졌고, 각 중대의 과감한 공격으로 도리어 역포위되자 그들은 새벽 5시에 일제히 퇴각하였습니다. 백인엽 소령은 포로 되었다가 돌아온 김두열 소위 이하 90명 대원들에게 "돌격 앞으로!"를 명령하였고, 이들은 자신들의 치욕을 씻기 위해 과감한 돌격전을 감행하여 적의 퇴로를 차단했고, 각 중대와 협동하여 포위망을 압축하여 섬멸하였습니다. 결국 김지회 부대는 견디지 못하여 30여 명의 사상자를 내었고 20여 명은 포로로 잡혔으며 나머지는 도망쳤습니다. 김지회는 대패한 후 문수리와 노고단을 거쳐 지리산 속 그들의 아지트로 숨어 버렸으며, 다시는 구례에 얼씬하지 않았습니다.

1948년 10월 27일 진압군이 여수를 탈환함으로써 사건 8일 만에 반란은 일단 진압되었지만, 상당수의 반란군 잔여 병력이 지리산 일대로 도주하였습니다. 진압군에 쫓긴 반란군은 게릴라 부대 곧 빨치산[81]으로 변모하였습니다. 진압군의 작전은 여수 순천의 신속한 탈환이란 점에서 큰 성과를 거두었지만, 여수 순천 탈환 속도에 지나치게 집착한 나머지 반란군이 산 속으로 스며들 퇴로를 열어주게 되어, 이후로 정부의 오랜 골칫거리였던 '지리산 빨치산'이 만들어지게 되었던 것입니다.

---

81) '빨치산'은, 러시아어 '파르티잔'(partisan)에서 온 말이며, 프랑스어 '파르티'(parti)에서 유래하였다. 이는 '당원, 동지, 당파' 등을 뜻하며 또한 흔히 알고 있는 '게릴라'와 같은 뜻으로도 쓰인다. 빨치산은 남한의 단독선거, 단독정부 수립을 반대하여 맞선 제주 4·3사건과 1948년 10월 여수 순천 사건에 연루되었다가 지리산 일대로 도주한 자들이 무력집단으로 조직화하여 게릴라 활동을 본격화했던 남로당 당원을 일컫는 말이다.

4. 국가보안법 제정과 군 내부 좌익 숙군

The establishment of National Security Laws and the purging of leftists inside the military

한 나라를 지키는 큰 버팀목이자 국가 주권의 최후 보루인 군대는 사상(思想), 의사(意思), 행동(行動), 명령계통(命令系統) 전부가 선명히 일치(一致)되어야 합니다. 이것이 조금이라도 흔들린다면 아무리 최강의 무기를 소유한 군대라도 그 존재 가치는 아주 무의미해지는 것입니다. 사상이 분열되고 명령계통이 똑바로 서지 않는 군대가 어떻게 나라의 생존을 보장할 수 있겠습니까?

1948년 10월 19일에 일어난 여수 순천 사건은 제주 4·3사건과는 달리, 국군 1개 연대가 순식간에 무기고를 점령하고 반란군으로 돌변, 여수 지방 남로당원들과 합세하여 대한민국 정부에 맞서서 총부리를 돌린, 국가적으로 위험천만한 사건이었습니다. 이에 정부와 육군은 적극적으로 대응할 수밖에 없었으며, 10월 22일 이범석 국무총리 겸 국방부 장관은 "정부는 이런 기회를 이용하거나 혹은 선동하는 분자에게 엄격한 조치를 취할 것이다."라고 하며 대대적인 숙청을 예고했습니다(자유신문 1948년 10월 22일자). 10월 24일 이승만 대통령은, 지하공작으로 전국을 혼란에 빠뜨리고 있는 공산주의자들을 단호하게 숙청하겠다는 담화를 발표했습니다. 11월 4일 또다시 우선 각급 학교와 정부 기관을 조사해 공산사상이 만연되지 못하도록 법령을 발표할 것이니 국민들은 절대 복종하라는 담화를 발표해, 철저한 숙정과 국가보안법의 제정이 있을 것을 암시했습니다(자유신문 1948년 11월 5일자).

국가보안법(國家保安法)은 1948년 대한민국 정부가 수립된 지 4개월 정도 지난 후에, 대한민국 안에서 국가의 안전을 위태롭게 하는 반국가 단체의 활동을 규제하기 위해 제정한 특별 형법으로, 줄여서 '국보법(國保法)'이라고 부릅니다.

국가보안법(이하 '국보법')의 목적에 대하여 국보법 제 1조 "이 법은 국가의 안전을 위태롭게 하는 반국가활동을 규제함으로써 국가의 안전과 국민의 생존 및 자유를 확보함을 목적으로 한다."라고 규정하고 있습니다. 이 법이 폐지된다면, 국가의 안전이 위태로워지고, 반국가활동을 규제할 도리가 없게 되고, 국가 안전과 국민 생존 및 자유가 위협받게 되는 것입니다.

또한 제2조, 이 법에서 '반국가단체'라 함은 "정부를 참칭(僭稱)하거나 국가를 변란할 것을 목적으로 하는 국내외의 결사 또는 집단으로서, 지휘통솔체제를 갖춘 단체를 말한다."라고 규정하고 있습니다. '참칭'은 한자로 '참람할 참', '일컬을 칭'으로, '멋대로 분수에 넘치게 스스로 임금이라 이름 또는 그 칭호'란 뜻입니다. '정부를 참칭한다'(claiming the title of the government)는 것은 정부가 아니면서 스스로 정부임을 자처하는 것인데, 우리나라에서 정부를 참칭하는 주체는 북한입니다.

(1) 국가보안법 제정 배경

조선공산당의 박헌영은 1946년 조선공산당의 위조지폐 발행사건을 기점으로 '**폭력투쟁**'이라는 신 전술로 전환하였습니다. 1946년에는 대구에서 대대적인 총파업을 주도하여 10월 사건이, 그리고 1948년에는 남로당 제주도당의 주도로 남한의 단독선거를 반대하기 위한 제주 4·3사건이 일어났습니다. 이를 진압하기 위해 파견된 제주도 모슬포 주둔 제 9연대장 박진경 대령이 남로당 소속이었던 중대장 **문상길 중위**(육사 3기, 군번 10427)에 의해 6월 18일 암살되고, 이어서 10월 19일 제주 4·3사건 진압을 위한 육본의 출동명령을 거부하여 일어난 여수 주둔 국방경비대 제 14연대의 반란을 비롯, 광주 4연대, 마산 15연대, 대구 6연대의 반란 등이 연달아 일어났습니다.

그러나 1946년 11월 23일 창당된 남로당은 1948년 12월 1일에 이르기까지는 합법 정당으로서, 미군정의 보호를 받아가며 남한을 공산화하기 위해 마음껏 정치활동을 감행하였습니다. 이 때문에 남로당의 반국가적 행위에도 불구하고 마땅히 처벌할 법이 없어 정부는 발만 동동 구르는 형편이었습니다.

당시 국방부장관이었던 이범석과 참모총장 채병덕이 이런 어려움을 이승만 대통령에게 보고하였고, 곧바로 **제헌국회**[82]는 그 대책의 일환으로 급하게 법사위에 내란방지법을 기초해 줄 것을 동의하게 되었습니다.[83] 그리고 법사위에서 전문 5조의 국보법 초안이 작성되어 그 해 11월 9일의 제 99차 본회의에 제출되었습니다.

이 초안은 법사위에서 8차례의 토의와 법제처장, 법무부장관 등 정부당국자를 초청한 가운데 열린 간담회의 결과 등을 종합하여 만들었으나, 국회의원들이 문제를 제기해 다시 법사위가 법무부장관, 검찰총장과 협의하여 11월 11일까지 새로운 안을 기초하여 보고할 것을 결의하였습니다. 이어 후속 입법조치가 이루어져 **1948년 11월 20일 국가보안법이 국회 본회의를 전격 통과하게 되었습니다.** 그리고 동년 12월 1일 법률 제10호로 법령을 통과, 12월 20일 공포하였습니다.[84]

---

82) 제헌국회(制憲國會): 1948년 5월 10일 총선거의 결과 소집되어 대한민국 헌법을 제정한 국회
83) 박원순, 「국가보안법 연구 1」 (서울: 역사비평사, 1989), 81.
84) 서울지방변호사회, 「변호사 19(1989년 1월호), 제정국가보안법 연구(박원순)」, 274.

> 1948년 12월 1일자 법률 제10호 '국가보안법'의 전문
>
> **국회의 의결로 확정된 국가보안법을 이에 공포한다.**
>
> 　　　　　　　　　　　　　대통령 李承晩
> 　　　　　　　　　　　　　단기 4281년 12월 1일
>
> 국무위원 국무총리 겸 국방부장관　이범석(李範奭)
> 국무위원 내무부장관　　　　　　　윤치영(尹致暎)
> 국무위원 외무부장관　　　　　　　장택상(張澤相)
> 국무위원 재무부장관　　　　　　　김도연(金度演)
> 국무위원 법무부장관　　　　　　　이　인(李　仁)
> 국무위원 문교부장관　　　　　　　안호상(安浩相)
> 국무위원 농림부장관　　　　　　　조봉암(曺奉岩)
> 국무위원 상공부장관　　　　　　　임영신(任永信)
> 국무위원 사회부장관　　　　　　　전진한(錢鎭漢)
> 국무위원 교통부장관　　　　　　　허　정(許　政)
> 국무위원 체신부장관　　　　　　　윤석구(尹錫龜)
> 국무위원 무임소장관　　　　　　　이윤영(李允榮)

　제헌국회가 서둘러 국가보안법을 제정한 것은, 1948년 10월 19일 발생한 여수 순천 사건을 계기로 하여 내란 행위를 처단함으로써 대한민국 정부의 기틀을 다지고 죄익 세력을 제거하려는 데 있었습니다.[85] 국보법의 제정은, 건국을 조직적으로 반대하던 좌익계 인사들을 처벌하여 국가를 보전하고, 국민생활을 위협하는 살인, 방화, 파괴 행동을 막기 위한 강력한 대책이었던 것입니다. 원래 국보법의 모체인 '내란행위 특별조치법안'은, 대한민국의 국체를 보위한다는 명분 아래 1948년 9월 20일 김인식 의원 외 33인에 의해 제정동의안이 제출되어 9월 29일 제 77차 본회의에서 법제사법위원회(법사위)로 이송하여 법안 기초 작업을 하던 중 국회 휴회로 작업이 중단

---
[85] 「국가보안법 연구 1」, 71.

되어 있던 상황이었습니다. 여기서도 알 수 있듯이, 건국 이후 이념적 혼란 상황에서 국가안보를 위한 법률의 필요성이 고조되고 있었던 바, 여수 순천 사건을 계기로 입법부가 보다 신속하게 입법에 나선 것입니다.

국보법이 제정된 지 약 1년 만에 보안법에 의해 검거 내지 입건된 사람이 118,621명에 달했으며, 1949년 9-10월 사이에 132개의 정당과 사회단체가 해산되었고[86], 전국의 18개 형무소와 1개 형무소 지소가 좌익수로 넘쳐 두 개의 형무소가 새로 건설되기도 하였습니다.

(2) 국가보안법의 대상 및 개정

1948년 12월 1일 법률 제10호 국가보안법은 제정 당시 전문 6조와 부칙으로 구성되었습니다.

> **제1조** 국헌을 위배하여 정부를 참칭하거나 그에 부수하여 국가를 변란할 목적으로 결사 또는 집단을 구성한 자는 다음에 의하여 처벌한다.
> 1. 수괴와 간부는 무기, 3년 이상의 징역 또는 금고에 처한다.
> 2. 지도적 임무에 종사한 자는 1년 이상 10년 이하의 징역 또는 금고에 처한다.
> 3. 반국가단체나 그 구성원의 이익이 된다는 정(情)을 알고 결사 또는 집단에 가입한 자는 3년 이하의 징역에 처한다.
>
> **제2조** 살인, 방화 또는 운수, 통신기관, 건조물, 기타 중요시설의 파괴 등의 범죄행위를 목적으로 하는 결사 또는 집단을 조직한 자나 그 간부의 직에 있는 자는 10년 이하의 징역에 처하고 그에 가입한 자는 3년 이하의 징역에 처한다. 범죄행위를 목적으로 하는 결사나 집안이 아니라도 그 간부의 지령 또는 승인 하에 단체적 행동으로 살인, 방화, 파괴 등의 범죄행위를 감행한 때에는 대통령은 그 결사나 단

---

86) 조국, 「한국 근현대사에 있어서 사상통제법」, 역사비평 (1988년 여름호), 332.

> 체의 해산을 명한다.
> **제3조** 전 2조의 목적 또는 그 결사, 집단의 지령으로써 그 목적한 사항의 실행을 협의, 선동 또는 선전을 한 자는 10년 이상의 징역에 처한다.
> **제4조** 본법의 죄를 범하게 하거나 그 정(情)을 알고 총포, 탄약, 도검 또는 금품을 공급, 약속, 기타의 방법으로 자진 방조한 자는 7년 이하의 징역에 처한다.
> **제5조** 본법의 죄를 범한 자가 자수를 할 때에는 그 형을 경감 또는 면제할 수 있다.
> **제6조** 타인을 모함할 목적으로 본법에 규정한 범죄에 관하여 허위의 고발, 위증 또는 직권을 남용하여 범죄 사실을 날조한 자는 당해내용에 해당한 범죄규정으로 처벌한다.
> **부칙** 이 법은 공포한 날로부터 시행한다.

국보법은 처음 공포된 후 여러 번 개정 과정을 거쳤습니다. 또한 국보법만으로는 대한민국의 안전을 보장하기에 부족하다는 판단 하에 1961년 반공법이 제정되었고, 또한 4차의 개정 과정을 거쳐 1980년에는 개정된 국보법에 전부 흡수, 통합되었습니다(6차 개정). 2011년 9월 15일에는 제9차 일부 개정을 하였습니다.

1991년에 개정된 국보법은 '반국가단체'에 대하여 정부를 참칭(僭稱)하거나 국가를 변란할 것을 목적으로 하는 국내외의 결사 또는 집단으로서 '지휘 통솔체제를 갖춘 단체'로 그 범위를 선명하게 개념화했고 범위도 한정하였습니다. 또한 금품수수, 잠입·탈출, 찬양·고무, 회합·통신 행위에 대해서는 국가의 존립·안전이나 자유민주적 기본질서를 위태롭게 한다는 것을 알면서 행한 경우만을 처벌 대상으로 하였습니다.

(3) 군 내부 좌익 세력 10,317명(숙군 4,749명 + 탈영 5,568명)

제주 4·3사건 때 박진경 연대장의 암살, 여수 순천 사건, 광주 4연대, 마산 15연대, 대구 6연대의 반란에 놀란 육본은, 국보법이 발표된 이후 남로당의 대대적인 숙군(肅軍)을 결심하게 됩니다. 당시 남로당의 조직과 활동은 철저하게 숨겨져 있었으므로, 그 전체적인 규모를 전혀 파악할 수 없었습니다. 그러므로 숙군 과정에서 가장 시급하게 필요한 것은 군 내부에 침투해 있는 남로당 조직체계였습니다. 당시 남로당 군사 부장이었던 박정희는 200여 명의 남로당 명단을 제시하는 조건으로 사형을 면할 수 있었습니다.

국보법에 따라 군 내부 각 연대에서 남로당원 가운데 4,749명이 사형, 유기징역, 불명예제대 등으로 숙군되었으며,[87] 이에 놀란 군 내부의 남로당원 5,568명이 스스로 탈영하였습니다. 도합 1개 사단 인원, 육군 총병력의 약 10%에 해당하는 10,317명이 좌익 공산세력이었다는 것이 드러난 것입니다. 만일 국보법 제정이 더 늦어졌거나 아예 없었더라면, 6·25전쟁 시 남로당 소속 군인들이 고위 장교들을 모두 살해하고 남한의 육군을 무력화시켰을 것이고 대한민국은 하루아침에 저들의 손에 넘어가고 말았을 것입니다.

국가보안법에 따라 그 숙군 대상에 군 내부의 소령부터 대령까지의 고위급 장교가 여러 명 있었다는 사실은, 참으로 충격이 아닐 수 없습니다. 여·순 지구의 숙군은 육군본부 정보국 소속의 빈철현 대위가 지휘하는 조사반(이세호, 김창룡, 박평래, 양린석, 이희영)이 광주에 도착, 약 3,000명을 조사하여 남로당 계열 150명을 색출하였습니다. 이때 숙군된 주요 인물은 다음과 같습니다.

---

[87] 「한국전쟁사(1)」, 496.

- 강문영(동해안 일대 좌익 총책), 강창선, 배명종 중령, 이병주, 장구섭
- 군사영어학교 출신(10명) : 최남근 중령(15연대장), 김종석 중령(여단장 대리), 조병건 소령(육사 교수부장), 오일균 소령(육사 생도대장), 이상진 소령, 최상빈 소령, 이병위 소령, 오규범 중령(제1공병단장), 나학선 소령, 하재팔(학병 소위 출신)
- 육사 1기생(6명) : 박근서 중령, 김학림 소령, 안영길 소령, 김창영 소령, 최창근 대위, 태용만 대위
- 육사 2기생(17명) : 노재길 대위, 강우석 소령, 안홍만 대위, 최정호 대위, 유병철 대위, 황택림 대위, 표무원 소령, 강태무 소령, 최형모 소령, 남재목 대위, 소완섭 대위, 김련 대위, 김보원 대위, 김병환 대위, 황용찬 중위, 김경회 중위, 박정희 소령
- 육사 3기생(61명) : 김응록 중위, 이기종 중위, 김남근 중위, 김지회 중위, 홍순석 중위 등

육사 3기생은 군내 좌익 계열의 중핵을 형성하였는데, 그 대표 인물들이 박진경 대령을 암살한 문상길 중위, 여수 순천 사건의 주모자 김시회와 홍순석 중위, 그리고 나주 주둔 부대 반란 주모자 김남근, 군산 12연대 2대대의 반란음모자 김응록 중위(5중대장) 등의 극렬분자들입니다. 육사 3기에 고위 좌파 장교들이 핵심을 이루었던 이유는, 그들이 재학 중 생도대장을 맡았던 오일균, 조병건, 김학림, 김종석 등의 좌파 지휘관이 육사 1기부터 4기까지 생도들의 교육을 담당하여 깊은 사상적 영향을 끼쳤기 때문입니다. 육사 3기생 281명 임관자 중 258명이 조사를 받았고 60여 명이 숙군 당하였습니다.[88]

---

88) 「한국전쟁사(1)」, 496-497.

1949년 2월 8일에 시작된 서울고등군법회의는 동월 13일의 선고공판에서 73명에게 실형을 언도하였습니다.

- **총살형** : 최남근 중령, 김종석 중령, 조병건 소령, 오일균 소령, 박정희 소령
- **무기징역** : 김학림 소령, 배명종 중령 등

오일균 소령과 김종석 중령, 박정희 소령은 남로당 군사부장으로 최고형을 받았습니다. 남로당 군 내부 최고책임자는 오일균 소령과 김종석 중령 두 사람이었습니다.[89] 김종석 중령은 1949년 8월 2일 처형 직전에 웃으며 인민공화국의 적기가를 불렀다고 합니다.

그 외 18명에게 15년 징역, 24명에게 10년 징역, 23명에게 5년 징역이 선고됐습니다. 당시 소령이면 군에 있어서 매우 높은 계급이었고, 중령이라고는 불과 몇 사람밖에는 없던 시절이었습니다. 이들은 모두 남로당의 지령에 움직여 각자 세포부식과 연락 또는 빨치산 전술을 연구하여 유사시에 봉기할 계획을 하고 있었습니다.

이런 와중에도 억울한 사람이 없도록 이응준 참모총장이 열흘 동안 구치소로 찾아가 중요한 혐의자를 일일이 직접 면담하고 처리 방침을 결정했습니다. 숙군은 1949년 7월로 일단 매듭을 지었으나, 8월에도 서울 지역에서 163명(장교 28명 포함)이 추가로 적발되었습니다.[90]

당시 숙군을 둘러싸고 많은 논란이 있었지만, 만일 국보법이 생기지 않았다면 이렇게 짧은 시간 내에 좌익 혐의자들을 색출해 낼 수

---

89) 「파도는 내일도 친다(上)」, 168.
90) 남시욱, 「한국진보세력연구」 (청미디어, 2009), 124.

없었을 것입니다. 또한 이 작업을 완수하지 못했다면 군 내부의 핵심 남로당 간부들은 한국 전쟁 때 대대장 사단장까지 진출하였을 것이고, 이들 장교는 틀림없이 강태무와 표무원처럼 부대를 동원, 반란을 시도하고 후방을 차단하였을 것입니다. 그리고 여수 순천 사건 때처럼 개전 초기에 군 지휘관들을 모두 총살하고 미군이 개입할 여지도 없이 인민군으로 흡수하여, 국군은 완전히 붕괴되고 말았을 것입니다. 이러한 관점에서 볼 때, 군 반란 사건 후에 국보법을 제정하여 좌익 세력을 숙군 조치한 것은 대한민국을 구하는 한편, 국군을 자유민주주의의 반석 위에 세운 일이었습니다.

(4) 국가보안법 발표 후 강태무·표무원 소령의 월북 사건

강태무(육사 2기)나 표무원(육사 2기) 두 사람은 1946년 10월 북한의 평양학원 대남반 제 1기로 졸업한 후 곧바로 월남하여 육사 2기로 졸업, 국군에 침투한 자들이었습니다. 국보법 발표 후 남로당 핵심간부들이 연이어 연행되고 철저한 조사가 진행되면서, 육사 2기생 남로당원과 박정희 소령, 최남근 중령도 조사를 받고 있다는 정보를 입수한 표무원 소령과 강태무 소령은 아예 대대 병력을 이끌고 월북하였습니다.

① 춘천 주둔 8연대 제 1대대장 표무원 소령 대대의 월북

1949년 5월 4일, 춘천 주둔 국군 제 1여단 제 8연대 제 1대대장 표무원 소령은, 괴뢰군과 미리 내통하여 그 지령 하에 오후 1시 야간 연습이란 명목으로 508명의 대대 병력을 인솔하여 춘천으로부터 서북방 약 20km 지점인 소위 '말고개' 산맥이라는 38선 접경 이북 지점에 이르렀습니다. 이때 대기 중이던 괴뢰군에 의하여 포위되자, 표무원은 부하들에게 "희생되지 말자"라고 말하면서 적에게 투항할 것을 요구하였습니다. 이에 제 2중대장 최동섭 중위는 대대장 표 소령의 말에 반대하여 "우리는 대대장에게 속았다. 즉시 원대 복귀하라"라고 명령을 내렸습니다. 잠시 후 괴뢰군의 사격을 받아 약간의 교전 끝에 부상을 당했으나 그 틈을 타서 제 3, 4 양(兩) 중대와 함께 적의 포위망을 벗어나 무사히 귀환하였습니다. 한정희 중위가 지휘하는 중화기 중대인 제 4중대는 박격포, 기관총 등 중화기를 가지고 귀환하였으며, 제 1중대장 김관식 중위만이 표 소령과 같이 하여 이북 지역인 화천(華川)에 도착했습니다.

일부 대원들은 표 소령의 투항 계략에 의한 괴뢰군의 포위로 말미암아 귀환치 못하였으나, 장교 2명과 병사 291명 등 총 293명은 M1 소총 228정, 칼빈소총 44정, 자동소총 14정, 68mm 기관포와 경기관총 4정을 가지고 귀환하였습니다.[91]

② 홍천 주둔 8연대 제 2대대장 강태무 소령 대대의 월북

홍천 주둔 국군 제 1여단 제 8연대 소속 2대대장 강태무 소령도, 괴뢰군과 미리 내통하여 그 지령 하에 200여 명의 부하대원을 인솔하고 1949년 5월 3, 4일 양일간에 걸쳐 38선 참호 구축공사를 하다가, 5일 새벽 1시에는 38선까지 12km 지점인 현리(縣里, 오대산 기슭) 주둔군 약 100명을 합하여 총 300여 명을 인솔하고 '38선 경비'라는 명목하에 5월 5일 오후 5시 하답(下畓, 38선 접경)에 이르렀습니다.

그리고는 괴뢰군의 내습이 빈번한 '북죽개봉'에 있는 괴뢰군 보안대를 공격한다고 대원들을 속여 38선을 넘었고, 북한 지역인 인제(麟蹄)로부터 6km 남방 지점에서 괴뢰군의 사격을 받았습니다. 강태무 부대는 곧 교전상태에 들어갔으며 약 1시간에 걸쳐서 치열한

---

91) 육군본부정보참모, 「공비연혁」(육군본부정보참모부, 1971), 136.

교전이 전개되었습니다. 그리고 오후 6시, 강태무 소령은 "포위되었으니 무기를 버리고 백기를 들고 투항하라"라고 부하들에게 외쳤습니다. 김인식 8중대장은 투항하라는 강태무의 말을 이상하게 생각하여 중화기 중대 제 5, 7중대와 함께 반기를 들고 장렬히 대항하였습니다. 그러나 제 5중대는 거의 전멸 상태에 이르렀으며, 제 7중대 일부는 중과부적으로 괴뢰군에게 투항하게 되었습니다. 이 전투에서 **장교 1명과 병사 156명이 전사하였으며, 장교 2명과 병사 136명 모두 138명**이 탈출에 성공하여 M1소총 81정, 칼빈소총 46정, 경기관총 2정, 기타 기관포, 로케트포 등 4문을 가지고 홍천 기지에 돌아왔습니다(경향신문 1949년 5월 8일자, 동아일보 1949년 5월 11일자).[92]

또한 5월 10일, 해군 제 2특무정대 508명(사령관 황운서 중령, 정장 이기종 소령)이 주문진 근해의 경계임무를 띠고 부산을 출항하여 익일 포항 해상에 이르렀을 때, 좌익계가 일반사병을 내무반에 감금하고 사령관과 정장을 사살한 후 월북했습니다.[93]

표·강 소령은 월북 후 제 766군부대 예하의 제 424, 제 200부대장으로 있다가 표무원 부대는 1950년 6월 25일 강원도 임원진(臨院津)으로 상륙 침투하여 국군의 후방을 교란하였습니다.[94] 강태무 소령은 월북 후 소장(국군의 준장에 해당)으로 승진, 2006년 4월 15일 81세로 사망하였고, 표무원 소령은 2007년 6월 17일 82세로 사망하였습니다.

---

92) 「공비연혁」, 136.
93) 신상준, 「제주도4·3사건 Ⅱ」 (도서출판 제주문화, 2010), 282.
94) 「공비연혁」, 137.

표·강 대대의 월북 사건은 상관의 명령이라 해도 그것이 반(反)국가적 행위를 강요할 때는 결단코 이에 항의하고 정의를 위하여 신명을 바쳐야 한다는 것을 일깨워 준 점에서, 여수 순천 사건과는 달리 군에 대한 신뢰감을 북돋워 주기도 하였습니다. 이 사건을 계기로 군 내부 불순분자의 색출을 위한 숙군은 더욱 강화되었습니다.

(5) 국가보안법 존치(存置)[95]의 당위성

현행 국보법은 다음과 같습니다(1997. 12. 13. 법률 제 5454호).

> **제1조(목적 등)** ① 이 법은 국가의 안전을 위태롭게 하는 반국가활동을 규제함으로써 국가의 안전과 국민의 생존 및 자유를 확보함을 목적으로 한다. ② 이 법을 해석 적용함에 있어서는 제 1항의 목적달성을 위하여 필요한 최소한도에 그쳐야 하며, 이를 확대해석하거나 헌법상 보장된 국민의 기본적 인권을 부당하게 제한하는 일이 있어서는 아니된다.
> **제2조(정의)** ① 이 법에서 '반국가단체'라 함은 정부를 참칭하거나 국가를 변란할 것을 목적으로 하는 국내외의 결사 또는 집단으로서 지휘통솔 체제를 갖춘 단체를 말한다.
> **제3조**(반국가단체의 구성 등), **제4조**(목적수행), **제5조**(자진지원·금품수수), **제6조**(잠입, 탈출), **제7조**(찬양·고무 등), **제8조**(회합·통신 등), **제9조**(편의제공), **제10조**(불고지), **제11조**(특수직무유기), **제12조**(무고, 날조), **제13조**(특수가중) [제3조부터 상세 조항의 내용은 생략]

최근 친북 좌파세력은 국보법이 남북 화해협력에 걸림돌이 된다는 이유로, 또 사상 및 양심의 자유를 침해한다는 이유로 국보법을 폐지해야 한다고 강하게 주장합니다. 현재 200여 단체 이상이 '국보법 폐지 범국민 연대회의'에 가입해 있으며, 천주교, 불교, 개신교에도 각각 국보법 철폐를 위한 연대기구가 있는데, 이들은 국보법

---

95) 존치(存置) : 제도나 설비 따위를 없애지 않고 그대로 둠

이 남북 교류를 금지하는 악법이라고 주장합니다. 그러나 국보법은 자유민주주의를 추구하는 대한민국을 해치는 반국가활동을 금지하려는 것이지, 남북 교류 자체를 금지하는 것은 아닙니다. 70년대 초 이후 반공법이 존재하고 있었으나 남북 적십자회담, 경제회담, 국회회담, 체육회담, 이산가족 교환방문, 정상회담 등 모두 불편 없이 진행되었습니다. 또한 대한민국 헌법이 사상 및 양심 등 여러 가지 자유를 인정하고 있으나, 국가안전보장, 질서유지, 공공복리를 위하여 필요한 경우에 이들 기본권을 제한하도록 되어 있습니다(헌법 제37조). 즉, 대한민국의 자유민주주의 체제를 전복하려는 사상과 양심을 일부 제한해 자유민주주의 체제를 수호하고 선량한 시민들의 사상과 양심의 자유를 보호하고 인권을 보장하는 것입니다.

그 무엇보다 우리나라가 북한과의 법체계상의 형평성을 유지하기 위해서는, 반드시 국보법이 존속하여야 합니다. 그 이유는 북한의 형법에서 반국가활동 규제는, 남한의 국보법과는 비교할 수 없을 정도로 혹독하기 때문입니다. 북한에는 우리나라의 국보법과 같은 별도의 안보법령을 가지고 있지는 않으나, 북한 형법 **제3장**(반국가 및 반민족 범죄)이 우리 형법에서의 국보법에 해당됩니다. 북한에서는 남한의 보안법에서 치벌히지 않는 것도 광범위하게 처벌하고 있으며 그 형량도 훨씬 무겁습니다. 한마디로, 북한의 형법은 김정일의 후계자 김정은과 당 집권자들의 체제유지를 위해 반대세력을 완전히 숙청하고 제거하기 위한 폭력적인 제재수단이며 징벌수단입니다. 이에 반대하는 자는 누구를 막론하고 가혹한 형벌을 받게 됩니다. 형을 부과하고 집행할 때, 개인의 존엄과 가치에 대한 보장은 전혀 아랑곳없고 오직 당과 수령과 체제유지에만 그 목적이 있는 것입니다.

2004년에 제 6차로 개정된 북한의 형법은 1999년의 형법(총 8

장 161조)보다 조문수가 2배 가까이 확대되어(총 9장 303조) 더욱 구체화되었고, 그에 따른 형벌의 종류와 내용도 구체화되었습니다.[96] 개정 형법은 우리의 국보법에 상응하는 반국가 및 반민족 범죄의 관련 조항들을 더욱 강화한 점이 특색입니다.

첫째, 국가주권 침해를 목적으로 하는 반국가 범죄

(제59조, 제66조의 국가전복음모죄, 테러죄, 반국가선전선동죄, 조국반역죄, 간섭죄, 파괴암해죄, 무장간첩 및 대외관계 단절사촉죄, 외국인에 대한 적대행위죄)

둘째, 민족해방투쟁을 반대하는 반민족 범죄

(제67조의 민족반역죄, 제68조의 조선민족해방운동 탄압죄, 제 69조의 조선민족 적대죄)

셋째, 반국가 및 반민족 범죄에 대한 은닉, 불신고죄, 방임죄 등

(제70조, 71조, 72조)

이러한 반국가 및 반민족 범죄에 대해서는 **사형**(제67조) 등 높은 법정형이 규정되어 있고, 공소시효의 적용도 배제됩니다(제57조). 많은 북한 주민들이 경제난과 식량난으로 굶주림에 시달려 북한을 이탈하는 일이 빈번해지자, 이를 막기 위하여 반국가 및 반민족 범죄에 관한 형사처벌을 강화하는 것으로 보입니다. 이는 북한의 극심한 반인륜적 법체계를 반증하는 것입니다. 특히 국방관리질서를 침해한 범죄(국방비밀 누설죄 등 총 16개 조항)라는 항을 신설하였습니다. 또한 반국가 목적이 전혀 아닌데도 북한 인민공화국을 반대하는 나라의 방송을 체계적으로 들었거나 유인물 등을 수집 보관하였거나 유포한 경우에도 심각한 처벌 대상이 됩니다. 바로 '제 6장-사회주의 문화를 침해한 범죄' 안에, 적대방송 청취죄, 인쇄물, 유인물 수집

---

96) 법무부, 「개정 북한형사법제 해설」 (서울: 법무부, 2005), 10-11.

보관 유포죄(제195조), 허위날조 유포죄(제222조)를 신설하여 처벌하도록 한 것입니다.

그 중 반국가 및 반민족 범죄에 대해서는, 형사소추시효기간에 관계없이 처벌할 수 있도록 **특례조항**(제57조)을 두고 있습니다. 이를테면, 최근 북한 내에 유행처럼 번지고 있는 한국드라마 열풍 등을 차단하기 위하여 법조항을 신설하고 형량을 높인 것입니다. 북한 주민은 TV나 라디오를 구입하면 1주일 내로 당국에 신고해야 하고 정해진 채널에 봉인을 받아야만 합니다. 모든 주파수와 채널은 조선중앙방송에 고정되어 있으며, 혹시 봉인이 뜯어져 있으면 불법으로 외국 방송을 청취한 것으로 간주하고 정치범으로 처벌합니다. 이처럼 자유라고는 구경조차 할 수 없는 나라가 바로 북한입니다. 실제로 2005년 1월, 32세 가량의 한 남성은 한국방송을 듣고 한국노래를 불렀다는 죄목으로 청진시 라남구역 라남시장 앞마당에서 공개 처형을 당했습니다.[97] 일일이 거론치 않더라도 이런 일이 얼마나 비일비재하겠습니까?

북한은 백성들의 자유를 그렇게 박탈하고도 마음이 놓이지 않는지, 반국가범죄를 예방하기 위한 당의 대책으로, 범죄행위를 하기 전에 어떤 여건이나 틈도 주지 말아야 한다는 원칙 아래 대중적인 감시를 진행합니다. 대중들을 정치적으로 끊임없이 각성시키고, 국가 사회생활 전반에서 혁명적 제도와 질서를 앞세우고 규율을 강화합니다. 그리고 사소한 일로도 반국가 적대분자로 몰아 무자비하고 엄격하게 처벌합니다.

이상과 같은 이북 살인마들의 가혹하기 짝이 없는 헌법과 노동당

---

[97] 「북한인권백서 2007」 (통일연구원, 2007), 35.

규약 및 형법 등은 그대로 둔 채, 남한의 보안법만 성급하게 폐기한 다는 것은, 우리나라의 안전보호장치를 완전히 해체하는 자살행위가 되는 것입니다. 한반도 적화통일을 규정한 북한노동당 강령과 규약 및 엄혹한 형법이 엄연히 존재하는데 대한민국 국보법을 폐지하는 것은 무장해제하는 처사입니다. 북한의 노동당규약과 형법을 먼저 폐지하자고 요구해야지 대한민국의 국보법을 먼저 폐지해서는 안 되는 것입니다. 우리나라를 지키는 최후 방어선인 국보법의 폐지는, 이북이 반국가 반민족 범죄의 처벌 형법을 먼저 없애거나 대폭 축소한 후라면 모를까 그 이전에는 결코 있을 수도 없고 함부로 언급해서도 안 되는 일입니다.

대한민국 백성이라면 국보법 폐지를 외치기 전에, 이북의 반국가 반민족 범죄 처벌 형법과의 형평성을 깊이 생각해 보는 것이 올바른 순서입니다.

더구나 현재 이북의 도발이 끊임없이 계속되고 있는데 국보법 폐지를 외친다는 것은, 시기 면에서도 결코 적절하지 않습니다.

청와대 기습 사건(1968.1.21.), 울진 삼척 무장공비 침투(1968.10.30.), 판문점 도끼만행(1976.8.18.), 아웅산 테러(1983.10.9.), KAL858기 폭파(1987.11.29.), 제 1차 연평해전(1999.6.15.), 제 2차 연평해전(2002.6.29.), 천안함 폭침(2010.3.26.), 연평도 무력공격(2010.11.23.), 왕재산 간첩단 사건(2011.8.) 등 북한은 끊임없이 호시탐탐 우리 대한민국에 대하여 도발을 일삼아 왔습니다. 이러한 때 국보법이 폐지된다면 국민들의 불안감은 더욱 극대화될 것입니다.

국보법을 폐지할 경우 다음과 같은 중대한 안보위협 행위를 처벌할 수 없게 됩니다.[98]

① 친북 간첩활동 증가[99]
② 시장경제를 부정하는 공산당 창당[100]
③ 서울 시가지에서의 친북좌익 노선의 독립공화국 수립 선포[101]
④ 사설 연구소에서 주체사상 전파를 위한 강좌 개설 및 강의 교육[102]
⑤ 친북단체가 북한의 대남사업부서와의 무단 팩스 왕래 및 반국가적 목적의 의사소통[103]
⑥ 북한 공작원에게 돈을 받고 은신처를 제공하는 행위[104]
⑦ 북한 공작원의 내국인과의 접촉[105]
⑧ 광화문에서 인공기를 흔들거나 가옥에 게양하는 행위 등 국가 정체성을 심대하게 훼손하는 행위[106]
⑨ 주체사상 및 북한 우상화 책자를 무단 복제하여 판매하는 행위[107]

국가보안법은 우리나라의 국가체제 수호를 위하여 필수적인 법적 장치입니다. 이북 또한 우리나라를 '적'으로 간주하면서 날이 갈수록 자기 인민들에게 가혹한 보안 형법을 대폭 강화하고 있습니다. 또 북한의 도발 행위가 지속되고 국가안보가 위협받는 상황으로 볼 때, 국보법을 스스로 포기하는 어리석음을 절대 범해서는 안 됩니다.

---

98) 대한민국 국방부, 「과거 현재 그리고 미래의 가치 대한민국」 (국방부, 2009), 27.
99) 형법은 '적국' 또는 '외국', '외국인의 단체'를 위한 간첩행위만을 처벌하고 있는데, 북한을 독립된 주권국가로 인정하지 않는 한 북한은 위 어느 것에도 해당되지 않아 형법만으로는 북한을 위한 간첩행위를 처벌할 수 없게 된다.
100) 국가보안법 제7조 제3항 참조
101) 동법 제7조 제1항 참조
102) 동법 제7조 제1항 참조
103) 동법 제8조 제1항 참조
104) 동법 제5조 제2항 및 제9조 제2항 참조
105) 동법 제8조 제1항 참조
106) 동법 제7조 제1항 참조
107) 동법 제7조 제5항 참조

다만 인권이 유린되는 일이 없도록 국보법이 확대 적용되지 않도록 함께 노력하면서, 우리 선조들이 피땀으로 지킨 자유민주주의 대한민국을 더욱 확고히 수호하고, 우리 후손들에게 소중히 물려주어야 하겠습니다.

5. 서울시당 홍민표와 그에 의한 33만 명 자수

The surrender of Hong Min-pyo of the Seoul Faction and the subsequent surrender of 330,000 people instigated by him

박헌영은 "남조선 전 당원을 동원해 4월에 봉기하여 서울을 불바다로 만들어 남조선을 해방하고, 1949년 9월 20일 조선 인민공화국 총선을 실시할 것이다. 서울시 책임은 홍민표에게 맡겨 총궐기하라."라고 남로당 총책 김삼룡에게 지령을 내렸습니다. 이에 김삼룡은 남로당 서울시당 홍민표에게 2천만 원을 주면서 수류탄 만 개로 6만 당원을 동원하여 4월에 서울시를 불바다로 만들라는 박헌영의 지령을 전달하였습니다. 그런데 이 계획은 계속 지연되어 수류탄 6천 개를 압수당하는 등 차질이 생겼습니다. 우리가 알지 못하는 사이에 큰 위기가 지나간 것입니다.

　서울시를 불바다로 만들라는 계획이 완전히 무너지자, 김삼룡은 홍민표에게 소환장을 주면서 평양으로 가 보라고 하였습니다. 그러나 홍민표는 평양으로 가면 죽을 것이 뻔하고 자수를 해도 남로당 특수부대에 잡혀 살해될 것이 뻔하므로, 잔꾀를 써서 을지로 4가에서 무교동까지 '나 좀 잡아가시오.'하는 식으로 걸어가다가 수사본부 요원에 의해 즉시 체포되었습니다.

　홍민표는 오제도 검사에게 모든 것을 순순히 대답하고 부탁하기를, "시경 회의실에서 서울시 남로당 상임위원회를 열게 해 주시오"라고 하였습니다. 이에 홍민표는 최운하 형사와 지프차를 타고 다니면서 남로당 핵심 간부 16명을 불러 모았고, 그들을 전향시켰습니다. 이때 홍민표는 두 시간에 걸쳐 남로당 위원들을 여러 말로 설득하였는데, "지금까지 폭력투쟁이 손실만 있었지 이득이 없었고, 보안법이 만들어져 남로당은 끝났습니다. 박헌영 개인 목적을 위해 폭력투쟁을 지령하는 것에 언제까지 복종하겠습니까? 박헌영이 좋은 세상을 만들겠다고 하였으나 그게 가능하겠습니까? 생명은 귀하고 한 번 죽으면 두 번 살지 못합니다. 우리, 같이 자수합시다!"라고 하였습니다. 이때 남로당 특수부대 사령관 조병수를 비롯한 위원들은 한 사람도 반대 없이 눈물을 흘리며 동의하고, 전향하기로 결의하였습니다. 이처럼 1949년 9월 20일로 예정된 남한폭동 4일 전, 9월 16일 김삼룡의 심복이면서 서울시당 홍민표가 전향한 이후 이제 남로당은 깨어진 것과 다름없었습니다.[108]

이에 정부는 1949년 10월 25-30일을 남로당원 자수 기간으로 정하였고, 다시 11월 30일까지 연장하여 전국 자수자가 약 33만 명에 달하였습니다. 또 1950년 3월 1일에는 남로당 특별공작원 196명이 체포되어 남로당은 더욱 큰 타격을 입었습니다.

6·25전쟁 발발 3일 만인 6월 28일에 공산당이 서울을 점령하고, 6월 30일까지 3일간 지체하면서 한강을 건너지 않고 남로당원의 폭동을 기다리고 있었는데, 그들이 예상한 남로당 20만 명의 폭동은 일어나지 않았습니다. 이는 홍민표를 통해 33만 명가량이나 자수한 결과, 남한 내의 공산당 세력이 크게 약화하였기 때문이었습니다.

홍민표에 의해 남로당원 33만 명이 자수하자, 이북의 지령을 남한에서 접선하지 못하게 되었는데, 이것은 남로당에게 대단히 큰 타격이었습니다. 특히 1950년 3월 1일 남로당 특별공작원 196명이 체포된 것과 3월 17일 남로당의 거물 김삼룡과 이주하가 체포된 것은 남로당 조직에 가장 큰 결정타였습니다. 남로당은 조직 특성상 횡은 약하고 종으로 강하기 때문에, 윗 단계와의 접선을 실패하면 그 조직이 무너지기 십상이었습니다.

당시 김삼룡과 이주하의 체포로 남로당의 남한 총책임자가 된 박갑동은 서울, 대전, 팔공산, 지리산(빨치산 부대 이현상, 경남, 전남, 전북 도당)으로 각각 분산되어 고립된 남로당원들을 연결시켜 규합하려 하였습니다. 그런데 이북에서 서울시 인민위원장으로 내려왔던

---
108) 박갑동, 「박헌영」 (인간사, 1983), 248.

이승엽[109]과의 알력 때문에 남로당원의 동원은 무산되고 말았습니다. 이 후에 박갑동은 이승엽을 피해 숨어 있어야만 했습니다.

갑작스런 남로당원 33만 명의 자수, 김삼룡, 이주하의 체포, 북에 있는 박헌영과 박갑동의 접선 실패로, 남로당 세력은 더 이상 하나로 모일 수가 없었습니다. 심지어 박갑동을 비롯한 남한의 남로당원 중에는 인민군의 남침 소식조차 몰랐던 자들도 있었습니다. 이것은 홍민표가 전향할 때, 상형문자로 된 암호를 유일하게 해독할 줄 아는 이태철까지 전향한 것이 큰 원인이었습니다.

이처럼 홍민표와 남로당 33만 명의 자수는, 박헌영이 김일성에게 큰소리쳤던 대로 6·25전쟁 때 실제 일어날 뻔했던 20만 남로당의 봉기를 미리 차단한 엄청난 효력을 나타냈습니다. 아무도 모르는 사이에 대한민국이 전복될 뻔한 위기가 조용히 지나간 것입니다.

---

109) 박헌영은 당시 공산당 내의 견제 세력 장안파 공산당을 해체시키려고 이승엽을 남로당 안으로 포섭하였다. 입으로는 남로당의 제 2인자로 모신다고 했지만 박헌영 밑의 실질적인 제 2인자는 남쪽에서는 김삼룡, 북쪽에서는 이강국이었다. 전쟁 발발 직후 남쪽의 김삼룡이 체포되어 죽자, 1950년 6월 29일 이승엽은 그때 비로소 제 2인자가 되어 서울시인민위원장 자격으로 내려왔다.

6. 국회 내 프락치에 의한 미군 철수

The withdrawal of American troops caused by moles in the National Assembly

1948년 8월 15일 대한민국 정부가 수립되고 1948년 말 소련군이 북한에서 완전히 철수하는 것을 보면서 미군도 철수를 시작하였습니다. 제주 4·3사건과 여수 순천 사건이 어느 정도 진압된 후 미군은 주한 미 군사 고문단(KMAG)에 487명만 남기고, 미 제 5연대 전투단의 철수를 마지막으로, 45,000명 모두 1949년 6월 30일 한반도에서 완전히 철수하였습니다.

미군이 철수하게 된 배경에는, 정치권 내부에 깊숙이 뿌리 내리고 있었던 공산당 세력(좌익 세력-남로당)의 선전 선동과 프락치 활동이 있었습니다. 1948년 12월 1일 국가보안법이 공포되고 실시되자, 1949년 남로당 조직은 합법을 위장하여 신생 정부 및 각 중요 관공서에 침투, 남한 정부를 안에서부터 무너뜨리기 위한 혁명 활동을 시작하였습니다. 비합법투쟁과 병행하여 국회 내 합법적 투쟁을 위한 교두보를 확보하기 위하여 노력을 하였습니다.

(1) 김일성 직계 북로당 성시백과 남로당의 국회공작

1949년 3월부터 터진 국회프락치 사건은 대한민국이 한순간에 전복될 수도 있었던 위험천만한 일이었는데도, 이 사실을 왜곡하여 이승만 정권이 친일파 청산을 방해할 목적으로 터뜨린 조작이라고 하면서, 친일파 척결의 주도세력이었던 소장파[110] 의원들을 간첩 혐의로 체포함으로써 반민특위 폐기법안을 통과시키게 했다고 거

---

110) **소장파**(少壯派): 사전적으로는 '어떤 조직이나 단체 안에서, 주로 젊고 의기가 왕성한 층이 모여서 하나의 세력을 이루고 있는 파'라는 뜻이며, 당시 소장파는 제 1회 국회(1948.5.30-12.18) 때 한독당계 의원 친목 써클 '동인회'와 민족청년단계 단체인 '청구회', 그리고 급진적 이론파들의 모임인 '성인회' 등 3파가 연합하여 대두되었다. 제 2회 국회(1948.12.20-1949.4.30) 때 성인회와 동인회가 합류하여 '동성회'를 구성하고 '청구회'는 보조를 취함으로써 소위 소장파 전성시대를 이뤘다(동아일보 1973년 9월 3일자).

짓되게 주장하는 사람들이 있습니다(박원순, 「역사비평」, 1989 가을호).111) 그러나 국회프락치 사건은 김일성 직계의 거물 간첩 성시백의 비밀공작에 의한 것이었음을 북한 당국이 공식적으로 발표했습니다.

1997년 5월 26일자 <로동신문>에서 「민족의 령수를 받들어 용감하게 싸운 통일혁명렬사, 신념과 절개를 목숨 바쳐 지킨 성시백 동지의 결사적인 투쟁을 두고」라는 제하에 "성시백이 1948년 가을부터 남조선 괴뢰 '국회'공작에 힘을 넣었다."라고 발표했습니다. 구체적인 내용은 다음과 같습니다.

"국회 안에서 민족적 감정과 반미의식을 가지고 있는 국회의원들로 진지를 구축하고 여기에 다른 국회의원들까지 포섭하여 국회부의장과 수십 명의 국회의원들을 쟁취 포섭하는 데 성공함으로써 '외군철퇴요청안'과 '남북화평통일안'을 발표케 함으로써 미제와 남조선괴뢰도당들을 수세와 궁지에 몰아넣고 남조선인민들에게 필승의 신념을 안겨주었다."(로동신문 1997년 5월 26일자)

전(前) 북한군 대좌로, 전향한 김용규는 그의 저서 「소리 없는 전쟁」

---

111) '반민특위'는 반민족행위특별조사위원회(反民族行爲特別調査委員會)의 약칭으로, 일제강점기 34년 11개월간 자행된 친일파의 반민족 행위를 처벌하기 위하여 1948년 9월 22일, 반민법이 공포됨으로 제헌국회에 설치되었던 특별기구이다. 그러나 당시는 1948년 4월 3일 제주도에서 발생한 4·3사건이 더욱 심해져 여수 순천 사건으로 여수에 내린 계엄령(10월 23일)에 이어 제주도에도 계엄령이 내려졌고(11월 17일), 대구 6연대 내의 좌익 세력들이 3차에 걸쳐 반란을 일으키는 상태였다. 이승만 대통령은 "현재 대한민국은 친일파 숙청보다는 공산세력 진압이 시급하며, 공산세력을 먼저 진압하지 않으면 대한민국이 망한다."라고 설득하여, 1949년 9월 23일 반민특위법 개정으로 '반민특위'를 해체하였다. 반민특위는 1949년 9월 공식 활동을 정지하기까지 총 조사 682건 중 408건의 영장발부, 305명의 검거, 재판부송치 570건, 실형선고 12명(사형 1명, 무기징역 1명, 유기징역 10명)을 수행하였다.

(1999)에서 "남한에서 발생한 모든 소요 사건에는 반드시 북의 조종이 있다는 것은 의심할 수 없는 필연"이라고 증언했습니다.

(2) 노일환·이문원을 중심한 국회프락치 주동자 13명

 남로당 국회공작 책임자 이삼혁(李三赫)이란 자가 1948년 12월 말에 남파되어 국회 소장파 중심인물이었던 **노일환**을 포섭하기 시작하였으며, 마침내 1949년 2월 6일 남로당에 가입시켰습니다. 이때부터 노일환[112)]은 국회프락치가 되어 이삼혁으로부터 지정한 장소에서 남로당의 지령을 받아 이를 국회 내에서 실천하고 다시 그에게 보고해야 할 입장에 놓이게 되었습니다. 또 이삼혁은 하사복(河四福)이란 또 다른 별명으로 국회의원 **이문원**에게 접근하여 1949년 2월에 남로당에 가입시켰습니다.

 2월 15일경, 10여일 전에 제출한 평화통일안이 국회에서 부결되자, 이삼혁은 노 의원에게 "외국 철퇴안을 상정, 통과시키기 위해 연판장 운동을 하여 최대한의 의원을 확보하라."라는 새로운 지령을 내렸습니다.

 이후 2월 27일, 남로당의 이삼혁은 삼각동 보원관에서 그에게 포섭된 노일환과 이문원을 다시 만나 ① 국회에 외국군 철퇴안을 상정하라 ② 외국군 철퇴안 상정이 어렵거나 부결된 경우에는 즉시 국제연합 한국위원회에 외국군 철퇴를 주장하는 진언서를 제출하라 ③ 외국군 철퇴안에 찬성하는 연판자[113)] 총 100명을 확보하라는 것을

---

112) 1935년 보성전문을 졸업하고 동아일보 기자로 있다가 해방 후 한국민주당에 입당하고, 동아일보 사회부장을 거쳐 정치부장이 되었다. 조선 신문기자협회 선전부장으로 있던 중 총선거 때 전북 순창군에서 입후보하여 당선, 한민당 중앙집행위원이 되었고 동성회의 중진으로 장래가 촉망되는 인재였다.

113) 연판(連判) : '한 문서에 여러 사람이 도장을 찍는 일'로, 연판자는 '공동(연대) 서명인(cosignatory)'을 말한다.

주요 내용으로 한 지령을 내렸습니다.

이때 국회부의장 김약수(金若水), 노일환(盧鎰煥), 이문원(李文源)이 중심 되어 뜻이 맞는 국회의원들을 규합하였습니다. 박윤원(朴允源), 김병회(金秉會), 황윤호(黃潤鎬), 서용길(徐容吉), 강욱중(姜旭中), 이구수(李龜洙), 김옥주(金沃周), 배중혁(裵重赫), 최태규(崔泰奎) 등입니다. 이들을 중심으로 남로당의 지령대로 외국군 철퇴안을 상정하였지만, 이것은 두 차례나 부결되었습니다.

이에 노일환과 이문원은, 국회에서 미군 철수안이 벌써 2차 부결되었을 뿐 아니라 당시 남한 내의 정세에 비추어 상정 통과시키는 것이 도저히 불가능하다고 판단하였습니다. 그래서 황윤호, 김옥주, 강욱중, 김병회, 박윤원, 최태규, 이구수 등과 1949년 3월 3일 오후 2시경 종로구 서린동 음식점 평화옥에서 모여, 외국군 철수안 상정은 곤란하므로 '유엔 한국위원회'에 진언서만을 제출하기로 의견 일치를 보고, 남로당의 지시에 따라 미군의 급속 철퇴를 요망한다는 취지의 진언서를 작성하여 그 연판운동을 전개하였습니다. 그 결과 3월 16일까지 62명의 국회의원들이 프락치들의 영향을 받아 미군 철수안에 서명하였습니다.

(3) 국회프락치 62명의 미군 철수 강력 요청
(대표: 국회부의장 김약수)

노일환과 이문원은 3월 31일에는 남로당으로부터 제 2차 지령을 받았습니다. 그것은 ① 헌법을 개정하여 대통령 직선제를 내각책임제로 바꿀 것 ② 북벌론을 반대하고 대미(對美) 무기청구를 중지시킬 것 ③ 내각 총사퇴 요구투쟁을 전개할 것 등을 주요 내용으로 하고 있었습니다.

3월 19일 오전 10시 30분, 국회의원 62명이 서명한 외국 군대 철퇴 진언서를 제출하였고, 3월 22일 오후 6시경, 이를 선전하기 위해서 국내 각 신문기자 10여 명을 서울시 종로구 안국동 모(某) 음식점에 초청하여 진언서 제출의 경위를 설명하고, "외군(外軍) 주재 하에서는 진정한 민주적 통일은 없고, 외군(外軍) 주재하에서 되는 통일이란 새로운 분열을 내포하고 있다."라는 등의 담화를 발표하여, 미군의 즉각 철퇴를 강조하였습니다.

그들은 여기서 그치지 않고, 남한에 잔류하게 된 미 군사고문단까지 철수시키기 위해 6월 17일 오전 9시경 서울시 종로구 청진동 144번지 김약수 집에서 회합하였습니다. 오전 10시경 김약수는 마치 미군 철퇴요청 진언서 제출자 62명의 대표인 것처럼 '대표 김약수(金若水)'라고 서명한 것을 가지고, 덕수궁에 있는 유엔 한국위원회 사무국장 하이만을 방문하여 "우리 62명의 의원은 미 군사고문단 설치를 원치 않는다."라는 취지의 서한을 전달하였습니다.

당시 국회부의장이었던 김약수(金若水, 본명: 김두전)는 1920년대부터 북풍회, 화요회, 제 1차 조선공산당을 조직하고, 해방 후에는 초대 국회부의장으로서 반민특위를 조직하여, 친일파 숙청에 힘쓰는 척하면서 공산당 활동을 은밀하게 하다가 발각되어, 서대문 형무소에 수감 중 6·25가 발발하자 월북하였습니다.

(4) 여성 공작원 정재한(鄭載漢)과 암호문서

서울시경 사찰과 수사진은 1949년 4월 초 남로당특수조직부가 있는 서울 중구 충무로 2가 55를 급습하여, 남로당 하급당원들의 각종 정보보고서 중 '주주총회보고서'를 찾아냈습니다.

이 주주총회보고서가 제헌국회말 국회부의장 김약수를 비롯, 국회의원 노일환, 이문원, 박윤원, 김옥주, 강욱중, 김병회, 황윤호, 최태규, 이구수, 서용길, 신성균, 배중혁, 차경모, 김봉두 등 15명이 검속된 국회프락치 사건 수사단서였습니다. 주주총회보고서는 암호로 표시된 주주들의 활동상황 발언평가 등을 담은 것으로 수사관들이 고심 끝에 암호를 푼 결과 뜻밖에도 주로 소장파 국회의원들의 원내 활동 등이 적혀 있었고 국회의원 30여명의 이름이 오르내리고 있었습니다.

특별수사본부 오제도 검사가 김약수 등 관련자 13명의 의원을 검거하여 수사한 결과, 이들은 남로당 특수공작원들과 접선을 하고 있었습니다. 그 증거는 **남로당 여성 공작원 정재한**에게서 발견된 암호문서였습니다.

김호익 경위가 조직한 특별 사찰팀은, 평소 미군 철수를 유난히 강조하여 주목의 대상이던 김약수, 노일환, 김옥주, 이문원 의원의 뒤를 한 달간 조사하였고, 그 결과 네 명의 국회의원들이 남로당 중앙 위원 이삼혁과 접선하고 있다는 사실이 밝혀졌습니다. 이에 다시 이삼혁, 이재남, 김은복 등 세 명의 남로당원들의 뒤를 캐는데 주력하였는데, 역시 그 배후에 박헌영의 비서 박시현이라는 핵심 남로당 간부가 있음을 밝혀냈습니다. 그리고 곧바로 포목 광주리장사로 가장하여 개성을 자주 왕래하던 **박시현의 애인 정재힌(鄭載漢)**이라는 중년 여성이 새롭게 수사 선상에 나타난 것입니다(경향신문 1949년 7월 1일자, 동아일보 1949년 7월 23-29일자).[114]

정재한은 서울-개성간 레포(연락원)로, 북으로 보낼 암호 문서를 가지고 있었습니다. 정재한의 음부(陰部)에서 발견된 암호문서 해독은 그리 쉽지 않았는데, 체포 후 만 3일 만에 해결되었습니다.

이 암호문서는 이삼혁이 박헌영에게 보내는 보고였는데, 그 내용은 ① 남로당으로부터 박헌영에게 보내는 보고안을 국회에 상정시

---

[114] 김호익, 「수사일기」(갑자문화사, 1990), 61-64.

켜 통과시키겠다는 것 ② '유엔 한국위원회에 외군철퇴(外軍撤退)의 진언서를 제출하라'는 남로당의 지령을 이삼혁이 이문원(李文源), 노일환(盧鎰煥) 등 국회 내 공작 핵심 분자에게 내렸다는 것 ③ 박윤원(朴允源), 김병회(金秉會), 황윤호(黃潤鎬), 서용길(徐容吉), 강욱중(姜旭中), 김약수(金若水), 이구수(李龜洙), 김옥주(金沃周), 배중혁(裵重赫), 최태규(崔泰奎) 등을 대 국회공작의 중심으로 하여 외군철퇴안을 상정 통과시키려 하였으나, 국회 내 정세에 의하여 그것이 불가능하였으므로 이상의 국회의원들이 주동이 되어 연판운동(連判運動)을 개시한 결과 62명을 획득하여 유엔 한국위원회에 진언서를 제출하였다는 것이었습니다.

그 문서 암호 기례(記例)는 韓: 노일환(盧鎰煥), 山: 이문원(李文源), 尹: 황윤호(黃潤鎬) 등으로 되어 있었습니다.

박원순 변호사는 계간 「역사비평」 가을호 '우리 역사 바로 알자'라는 난에 실린 「국회프락치 사건, 사실인가」에서 1949년의 국회프락치 사건은 조작된 것이라고 하면서 공작원 정 여인(정재한)이 유령의 인물이었다고 주장하였습니다(한겨레신문 1989년 8월 24일자 7면). 그러나 암호 문서를 휴대하고 월북하려던 정재한을 검거 하는 과정을 담은 「수사일기(搜査日記)」라는 책에는 정재한이 분명한 실존 인물임을 다음과 같이 증거하고 있습니다.

「경북 문경이 고향인 정재한은 14세 때 이점복과 결혼, 28세에 서울에 이사 온 후 30세에 과부가 되어 빈대떡 노점을 하는 등 찢어지도록 가난하게 살던 중, 47년 10월 하순 남로당원 전구하(全九河)가 '집을 구해 주고 생활보장을 해 줄 테니 남북연락을 해보라'고 권해 이에 응하고 서울 종로구 도렴동을 아지트로 남북연락을 했다.」(주: 동아일보사편 '비화

제 1공화국 제 2부' 59면)

또한 박원순 변호사는 '비밀 보고문'에 대하여, 평양의 박헌영이 매일 전달되는 신문을 통해서도 알 만한 내용을 암호로 만들어 여자 특수 공작원의 음부 속에 넣어 보냈다는 검찰의 발표는 말이 안 된다고 일축하였습니다. 그러나 그 '비밀 보고문'에는 "누구누구를 핵심부로 구성하여 외군 철퇴 연판투쟁을 한 결과 여기에 소비된 자금은 총 얼마이고 누구는 열성적으로 투쟁, 27명을 확보했고 누구는 6명을 확보했지만 1명의 반동이 서명을 취소했고 계속 서명 취소 요구자가 있으며 반동의 조직적 방해 공세로 조성되는 정세가 불리하여 1백 명 목표를 포기하고 62명의 서명으로 진언서를 전달하게 됐으며"[115]라는 표현으로, 도저히 신문에는 보도될 수 없는 내용들이 자세하고 정확하게 기록되어 있었습니다. 정재한을 심문했던 '김호익'경사는 「수사일기(搜査日記)」에서 이 사건이 실제로 있었던 일임을 다음과 같이 자세히 기록하였습니다.

「정재한은 목석이라도 된 듯 꼼짝 하지 않고 서 있었다. '우리는 차마 당신 몸에 손을 댈 수가 없소. 당신 스스로 꺼내 보이시오.' 이 말이 떨어지자 정은 할 수 없다고 체념한 듯, 생리대처럼 차고 있던 것을 속바지에서 꺼냈다. 그것은 우리가 그 동안 노심초사 추적했던 연락문건이었다. 우리는 정의 국부에서 나온 문건을 압수하고, 이 형사를 불러 정에게 수갑을 채우게 한 다음 파출소 유치장에 넣고 우리는 또 다른 연루자를 찾으러 파출소를 나왔다.」[116]

---

115) 「수사일기」, 29.
116) 「수사일기」, 145.

(5) 국회프락치 사건 수사 담당 김호익 총경의 암살(1949.8.12)

남로당은 이 사건이 공안당국에 의해 발각되자 담당검사와 수사관 암살을 여러 차례 계획했습니다. 1949년 8월 12일, 남로당 특수행동대원 이용운은 국회프락치 사건의 진상을 알고 있던 김호익(金昊翊) 총경을 암살하였습니다. 김호익 총경은 함경도 출신으로 일찍이 일본에 유학한 바 있으며, 8·15해방 직전 경찰계에 투신하여 해방 후에는 중부서(中部署) 사찰계 형사로 활약하였습니다. 그는 중부서 재임 시부터 멸공전선에서 다대한 공헌을 하였으므로, 상사의 총애를 한 몸에 받아 마침내 서울시경찰국 정보주임으로 승진되었습니다. 또한 1949년 6월 17일 국회프락치 사건 관계자 이문원 의원 등 13명의 국회의원을 검거한 공로로 그는 일계급 특진의 영예를 얻었고, 경감이 되어 서울시경찰국 사찰과 중앙분실장에 취임하게 되었습니다. 그러나 불과 2개월 뒤, 김호익 총경은 1949년 8월 12일 오전 11시, 중앙분실 가운데 방에서 이용운이 쏜 총을 맞고 병원에 실려 간 지 1시간도 못 되어 숨지고 말았습니다. 범인 이용운은 권총을 앞가슴에 차고 내무부 치안국 모 고관의 위조명함을 가지고 총경실로 들어갔으며, 김호익 총경이 명함을 받아 보는 순간에 연속하여 7발을 발사하여 그를 쓰러뜨렸습니다(동아일보 1949년 8월 15일자).

이용운은 가증하게도 "살인을 했으니까 너도 사형이라고! 천만에, 나는 절대로 죽지 않는다. 또한 당신들이 나를 죽일 수도 없다. 왜냐하면 당신들의 재판놀음(3심까지의 재판과정)이 끝나기 전에 반드시 인민공화국이 될 것이기 때문이다. 그리고 나는 살인범이 아니라 인민의 이름으로 반동을 처단한 영웅이다. 영웅을 죽이는 것 보았나?"라고 발악함으로써,[117] 자기 스스로 공산당의 지령에 절대 복종하여 행동했다는 사실을 밝혔습니다. 김호익 총경의 피살 사건으로 국회프락치 사건이 거짓이 아니라 남로당에 의해 일어난 실제 사건이었음이 입증된 것입니다. 남로당에서 지령을 받은 명사수 이용운은 재판부로부터 1949년 9월 30일 사형을 언도받아, 11월에 처형되었습니다.

(6) 국회프락치 사건의 공판(국회장악 음모 발각)

1949년 6월 19일부터 육군 헌병사령부에 '국회프락치 사건 특별수사본부'가 설치되었고, 첫 공판이 1차 검거 후 7개월 만인 1949년 11월 17일에 열렸으며, 이후 총 15차에 걸친 공판 끝에 사실심리와 증거 조사를 모두 끝냈습니다.

이 사건은 서울지방법원에서 한국 역사상 처음으로 50여 명이라는 다수의 변호인 입회하에 장기간 심리를 거듭했던 사건으로, 13명 전원을 국가보안법 위반으로 체포하였습니다. 체포된 사람 가운데 **박윤원**은 구속 취조 중에 자신이 북한 공산당에 이용물이 되었음을 아래와 같이 고백하였습니다. "6월 25일경 취조 시에 나는 참으로 깜짝 놀랐습니다. 국회 내에서 우리 소장파가 한 행동을 암호로 해서 이북에 보낸 것이 압수되어서 나에게 제시되었기 때문입니다. 그것에 의하면 우리가 모두 암호로 되어 있고 행동이 일일이 기재되어 있으며 그 행동이 일일이 지시에 의해서 한 것처럼 되어 있었습니다. 나는 이러한 적구(赤狗: '붉은 개'란 뜻으로 북한 공산당을 지칭함)의 작란(作亂)이 있는 줄을 꿈에도 몰랐습니다."[118]

김약수 등 30명 국회의원들은 1949년 11월 17일부터 50년 3월 15일 사이 15차의 공판을 거쳐 모두 유죄 판결, 실형 선고를 받았습니

---

117) 「수사일기」, 290.
118) 「수사일기」, 180.

다(사광옥 판사 주심, 박용원·정인상 판사 배심).[119]
- 징역 10년: 이문원, 노일환
- 징역 8년: 김약수, 박윤원
- 징역 6년: 김옥주, 강욱중, 황윤호, 김병회
- 징역 4년: 오택관
- 징역 3년: 최태규(벌금 1만원), 이구수, 서용길, 신성균, 배중혁
- 실형 4년: 최기수

그 이후에 서울고등법원에 항소하여 재판을 진행하던 중 6·25전쟁이 발발하였고, 공판에 회부되지 않았던 차경모, 김봉두는 별세했고, 김약수, 노일환, 이문원, 박윤원, 김옥주, 김병회, 강욱중, 황윤호, 최태규, 배중혁, 이구수, 신성균 등 20명은 월북 또는 납북되었습니다.

국회프락치 사건을 통해서 국회 내에 잠입한 남로당 세력의 정체가 백일하에 드러났으며, 이로 인해 남로당이 남한의 공산화를 위해 정부기관 내부까지 깊숙이 침투하여 합법적이건 비합법적이건 모든 투쟁의 수단을 동원하여 활동하고 있음이 밝혀졌습니다. 남로당에 의한 국회장악 음모가 더 진행되기 전에 밝혀진 것은 참으로 다행한 일이 아닐 수 없습니다.

(7) 납북된 국회프락치 사건 관계자들의 비참한 최후

북한이 6·25전쟁을 개시하고 대한민국 수도 서울을 점령한 후, 7월 4일 새벽 서울시 인민위원회(현 서울시청 건물) 2층에 마련된 노동당

---

119) 세대 제 8권 통권 86호, 1970년 9월 (세대사, 1970), 222.

중앙위원회 서울지도부 사무실에는 '노동당 군사위원회 결정'을 집행하기 위한 회의가 열렸습니다. 노동당 군사위원회의 결정이란 김일성의 특별지시로 남한에 있는 요인들의 연행·체포 작전이며, 작전 명령은 '모시기 공작'이었습니다. 드디어 모시기 작전은 시작됐고, 자진해서 또는 권유에 따라 자기 계통의 조직을 찾아서 노동당 통일전선부와 조국통일 민주주의전선에 등록했습니다.

국회프락치 사건 관련자 김약수(金若水), 노일환(盧鎰煥), 이문원(李文源), 박윤원(朴允源), 김옥주(金沃周), 강욱중(姜旭中), 김병회(金秉會), 황윤호(黃潤鎬), 최태규(崔泰奎), 신성균(申性均), 배중혁(裵重赫), 이구수(李龜洙) 등은 형무소에서 탈출해 집에 있다가 연락을 받고 자진해서 또는 권유에 따라 출두했습니다. 단, 국회프락치 사건 관계자 가운데 서용길(徐容吉)은 나타나지 않았습니다.

공산당 간부들은 성남호텔에서 이들을 모아 놓고 "전쟁 전과 다름없는 정치적 지위, 즉 민족진영의 대표이자 지도자로 인정하고 예우하며, 남북 정치세력 가운데 유일한 중간세력으로서 독자적 정치활동을 보장하겠다."라고 약속했고, 이 약속은 1년 2개월 후에 박헌영이 다시 확인했습니다.[120] 그러나 그 약속은 전혀 지켜지지 않았고, 처음부터 '신변을 보호한다'는 구실로 정보요원과 감시원들을 붙여 감시가 극심했습니다.

국회프락치 사건 관계자들은 "우리가 남로당 비밀당원으로서 국회에서 큰 활동을 했고 감옥살이까지 했기 때문에 북에 오면 큰 대우를 받을 줄 알았는데…"라고 하며 자신들의 처지를 한탄했습니다.[121] 북한 당국은 그들에게 겉으로는 "우리 당은 국회프락치 투쟁을 반미투쟁, 미군 철수를 위한 투쟁, 그것도 이승만 통치의 심장부인 국

---

[120] 「압록강변의 겨울-남북 요인들의 삶과 통일의 한」, 19, 111.
[121] 「압록강변의 겨울-남북 요인들의 삶과 통일의 한」, 116-117.

회에서의 투쟁으로 높이 평가하고 이 투쟁은 우리 당과 인민의 반미투쟁사에서 영원히 기록될 것으로 인정하고 있습니다."라고 하면서 대우를 해 주는 듯했습니다.[122]

북한 당국은 처음에는 국회프락치 사건을 주도했던 자들의 사회활동을 보장해주는 듯했습니다. 노일환, 김약수, 강욱중 등은 조국전선 선전부에, 황윤호, 김병회 등을 조국전선 조직부에 배속시켰습니다. 이문원, 최태규는 평양시와 평안남도 소비조합 부위원장으로, 김옥주, 배중혁 등은 생산협동조합 중앙위원회 부장직에 앉혔습니다.[123]

그러나 전쟁이 끝나갈 무렵 1952년 말부터 박헌영과 남로당에 숙청의 바람이 닥치기 시작했을 때, 그 첫 조사 대상은 국회프락치 사건 관계자들이었습니다. 1953년부터 약 6개월간 남한에서의 사상과 행동, 소속 등을 집요하게 파고들며, 뼈를 깎고 간을 녹이는 심사를 하고, 그렇게 오래도록 거듭된 조사는 진을 빼고 피를 말렸다고 합니다. 불안과 공포에 휩싸여 안절부절 못하고, 쏟아지는 질문과 비판을 감당하지 못해 앓아눕는 자가 많았습니다.

그들은 처음부터 북한 당국에 코가 꿰이고 발목이 잡혀 이리저리 끌려 다니면서 인정도 눈물도 없는 공산주의자들에게 철저하게 정치적으로 이용되었습니다. 급기야 북한 당국은 박헌영의 죄상에 서명하도록 그들을 위협하기 시작했고, 남로당과 관계를 맺은 일에 대해서 '비록 풍문에 들은 것일지라도, 극히 사소한 것일지라도'라고 써서 제출하라고 강요하였습니다. 그 이후 북한 당국은 계획했던 대로 국회프락치 사건 관계자들까지 하나둘씩 숙청해 나갔습니다.

국회프락치 사건으로 징역 10년형을 선고받았던 노일환, 이문원

---

[122] 「압록강변의 겨울-남북 요인들의 삶과 통일의 한」, 183.
[123] 「압록강변의 겨울-남북 요인들의 삶과 통일의 한」, 118.

은 1958년 특별교육 대상으로 규정되어 평안남도 양덕군에 있는 특별강습소로 보내져 강압적인 사상교육과 힘겨운 육체노동, 군사훈련을 받아야 했습니다. 특별강습소에 입소한 사람 중 대부분이 병골이 되어 병원으로 실려 가거나 정신병원으로 옮겨졌고 아예 스스로 목숨을 끊는 자도 많았다고 합니다.

국회프락치 사건 관련 국회의원 62명의 대표로 미군철수에 서명했던 국회부의장 김약수(본명: 김두전)의 최후 역시 비참했습니다.

김약수(金若水, 1890.10.21.-1964.1.10.)는 경남 동래군 기장읍 동부리에서 김은홍의 장남으로 태어났습니다. 그는 휘문의숙과 경성공업학교를 졸업한 후, 1920년 박중화, 박이규 등과 함께 최초의 노동운동단체인 '조선노동공제회'를 창설한 혐의로 체포되었습니다.

이후 일본으로 건너가 니혼대학교 사회과를 졸업하고, 1922년 귀국하여 사회주의 사상단체인 북풍회(北風會)를 조직했습니다. 1923년 조선노동총동맹 및 조선청년총동맹의 창설에 참여, 제 1차 조선공산당을 조직하여 국제공산당의 승인을 받았으나, 1926년 체포되어 1931년까지 복역하였습니다. 광복 후 1946년 12월에는 남조선과도입법의원 관선의원으로 지명되었고, 1948년 제헌의원 선거 때 경상남도 동래에서 출마하여 당선되었으며, 초대 국회부의장에 선출되었습니다. 그는 국회프락치 사건으로 서대문형무소에 수감되었다가 1950년 6.25가 발발하자 월북하였습니다. 북한에서 1956년 재북평화통일촉진협의회[124] 상무위원겸 집행위원을 지냈으나, 반(反)

---

124) 1956년 7월 2일 납북된 애국 인사들 중심의 애국적 민족세력의 집결체로 출범했으나, 1년도 못되어 김일성의 대남 위장 정치선전 기구로 변질되었으며, 1958년 9월

김일성운동을 하다가 1959년 반당반혁명분자로 지목, 재판을 받고 숙청되었습니다. 이후 평안북도 벽지로 추방되어 노동에 종사하다가 1964년 1월 10일에 사망하였습니다.[125]

김일성과 북한 당국은 국회프락치 사건 관계 국회의원들을 대접할 것처럼 '모시기 작전'까지 펼치면서 북으로 모셔갔으나, 그들 대부분을 대남 위장 정치선전기구로 실컷 이용만 하고, 김일성 권력 기반에 전혀 도움이 되지 않는다고 판단되는 순간, 끝내는 평안남도 숙천, 황해남도 송화, 함경남도 북청과 정평의 국영 과수농장과 국영 농장의 평사무원으로 배치하여 농촌으로 쫓아 보내거나 공장 노동자로 밀어내고 말았습니다.[126] 자신들의 운명이 어떻게 될지도 전혀 모른 채, 북에서 큰 대접을 받을 것이라고 기대하며 월북했던 그들은, 김일성의 대남 정치 공작에 이용되다가 10년도 못 되어 거의 숙청되고 말았습니다.

※ 국회프락치 사건 관계자들의 비참한 최후는 이태호 저(著), 「압록강변의 겨울-납북 요인들의 삶과 통일의 한」(다섯수레, 1991)을 주로 참고하였음을 밝혀 둡니다.

10일 조소앙의 죽음으로 구심점을 잃고 산산이 흩어지고 말았다.
125) 「압록강변의 겨울-납북 요인들의 삶과 통일의 한」, 443.
126) 「압록강변의 겨울-납북 요인들의 삶과 통일의 한」, 432-433.

7. 빨치산 토벌 작전

The operation to suppress
North Korean partisans

(1) 호남·지리산 지구 전투사령부의 빨치산 토벌 작전
(1949년 3월 1일 - 1949년 4월 4일)

구례 기습작전에서 실패하고 지리산으로 들어간 반란군은 산을 타고 북한과 연락하면서 수년 동안 정부에 계속 저항했습니다. 입산 이후 전술을 장기 항전으로 결정하고, 월동을 위하여 흩어져 지내기로 하였습니다. 일부는 노고단 반야산(盤若山)을 경유하여 백운산(1278고지, 해발 1228m)에 근거지를 설정하였고, 일부는 태석봉, 둔철산(812m), 정수산(841m), 감악산(675m) 일대에, 나머지는 달궁, 장안산(1237m), 덕유산(1508m), 천마산(658m), 칠봉, 삼도봉을 연하여 분산하고 유격지를 설정하였습니다. 반란군은 근거지를 전전하면서 구례, 곡성, 광양, 무주, 장수, 남원, 거창, 산청, 함양, 진주, 하동에 출몰하여 관공서 습격, 방화, 약탈, 살해, 납치 등의 만행을 자행함으로써, 전남북과 경남 일부 지역의 양민으로 하여금 불안과 공포 속에 살게 하였습니다. 밤이면 산 아래로 내려와 민가를 기습하여 곡식과 짐승을 약탈해 가고 사람들을 무작위로 잡아갔습니다.

이 지역의 민간인들은 낮에는 '대한민국 치하'에 살고, 밤에는 '반란군의 치하'에서 생활해야 하는 고통을 감내해야만 했습니다.

육본에서는 1949년 3월 1일에 호남지구 전투사령부와 지리산 지구 전투사령부의 병력을 강화하여, 사령관으로 원용덕(元容德) 준장과 정일권(丁一權) 준장을 각각 임명하였습니다. 이들은 공비의 출몰을 엄중히 경계하면서 각처에 포위망을 펴고 그들이 섬멸될 정도로 타격을 가하였습니다. 그러나 공비들도 이에 굴하지 않고 여전히 지리산을 중심으로 각 지구의 험준한 산악지대에서 아군에게 산발적인 공격을 거듭하였습니다.

지리산 지구 전투사령부는 반란군 소탕작전을 3단계로 구분하여 실시했습니다.

제 1단계 작전: 사령부는 3월 초순 작전부대를 남원·구례·화개장·하동·진주·산청 지역에 분산 배치하고 1주일에 걸쳐 수색 작전을 전개하였습니다. 산악 지역의 추위를 피하거나 식량을 획득하기 위해 야산 지대로 하산한 반란군을 지리산으로 쫓아 올리는 데 목적을 두고, 야산 주변의 수색작전을 중심으로 전개하였습니다. 제 1단계 작전기간 중에는 소규모의 접전밖에 없었지만, 화개장 전투에서 제 9연대 제 3대대가 김지회 부대로부터 기습을 받아 많은 피해를 입었습니다.

제 2단계 작전: 3월 11일부터 전개한 작전으로, 야산지대에 산재한 반란군을 지리산 일대로 몰아넣은 다음 격멸한다는 계획이었습니다. 작전부대는 노고단·반야봉·천왕봉 일대를 중심으로 한 지리산 능선의 남과 북을 순차적으로 이동하면서 반란군의 은거지를 집중 수색하였습니다. 이렇게 되자 공비들은 지대 내의 근거지를 버리고 분산하여 함양·안의·거창 지역으로 도주하였습니다. 토벌부대는 이들을 추격하여 북상하였으나 접촉하지 못한 채 작전을 종결짓고 말았습니다.

제 3단계 작전: 3월 16일부터 진압부대는 거창·함양 등지로 이동하여 반란군을 색출 소탕하는 데 중점을 두고 작전을 전개했습니다. 지리산 북동쪽 40km 지점의 거창에 거점을 둔 제 3연대 제 3대대(대대장 한웅진 대위)는 매일같이 산청·안의·위천 방면에 병력을 투입하여 수색을 반복하였습니다.
한편 토벌 작전 기간 중 북한이 38선 부근에서 직·간접적으로 견

제공세를 취했기 때문에, 국군은 이에 대비하여 토벌부대를 대거 전방으로 이동시켰습니다. 이 기회를 이용하여 지리산 부근을 거점으로 유동하던 생존 공비들은 두목 김지회, 홍순석 지휘 하에 1949년 3월 21일, 지리산으로부터 **총병력 500명을 덕유산으로 이동시켰습**니다. 북상지서에서는 갑자기 많은 병력이 차량을 이용하여 이동하는 것을 수상하게 여기고 즉각 전투태세를 갖춘 후 사격을 가하였으나 그대로 도주하였습니다.

이에 북상지서 남쪽 위천지서로 목표를 바꾸어 이동하였고, 위천지서에 도착한 공비두목 홍순석은 "우리들은 덕유산에서 반란군을 소탕하고 거창으로 돌아가는 국군 제 3연대의 병력이다. 반란군의 출몰이 심한데 지서의 경비태세가 매우 소홀하다."라면서 지서 근무 경찰관들을 전원 집합시켜 무장 해제하고 숙직실에 감금하였습니다. 그리고 나서 **홍순석**은 거창 경찰서장에게 전화를 걸어 다음과 같은 내용을 명령조로 전달하였습니다.

"우리는 국군 제 3연대의 선발대인데 지금 덕유산의 반란군 토벌을 마치고 거창으로 이동 중이다. 현재 우리는 위천 지서에 있는데 주력부대 500명이 거창에 갈 터이니 식사와 숙소를 1시간 안으로 준비하고, 또 차량 8대를 징발하여 20분 내로 위천에 보내라. 그리고 차량인솔은 경찰서장이 직접 하라."

거창 경찰서 사찰주임 유봉순 경위는 대대 본부에 가서 통화내용을 알려주고 위천지서에 있는 부대의 정체 확인을 요청하였습니다. 한웅진 대대장이 작전을 마치고 거창 경찰서에 돌아와 위천지서에 전화를 걸었을 때 반란군 지휘관 홍순석이 받았는데, 그는 제 3대대장에게 "너희들은 반란군이 아니냐? 우리는 제 3연대의 토벌부대다. 너희들의 소속은 어디냐?"라고 되물으면서 오히려 토벌부대를 반란군으로 몰아붙였습니다. 이때 한웅진 대위는 "우리가 제 3연대 장병들이다. 너희들의 소속을 확실히 대라."라고 하니까, 홍순석은 그때서야 "우리는 구례에 있는 제 12연대다. 1시간 후에 거창에 가겠으니 거기서 이야기하자."라고 말한 뒤 전화를 끊어 버렸습니다. 이때 대대장은 직감적으로 그들이 공비들이란 것을 알았습니다.

대대장은 고작 10km의 가까운 거리에 있는 위천에 공비가 출현한 상황을 확인하고서도, 그 당시 거창 제 3대대 본부에는 본부경비병력밖에 없었기 때문에 속수무책이긴 하였으나, 만일의 경우 거창을 공비가 습격할 것에 대비하여 거창 경찰서장과 협조하여 경계태세를 강화하였습니다.

대대장이 중대병력과 함께 위천지서에 도착했을 때, 납치되어 가던 위천지서장이 도중에서 탈출하여 위천으로 되돌아왔습니다. 토벌부대는 다시 차량행군을 시작하여 북상지서에 당도하였지만 이때에도 공비들은 북상지서에 방화하고 떠나버린 후였습니다.

토벌부대는 단념하지 않고 8km 정도 진출하여 월성리(황점 동쪽 3km)에서 공비들이 버리고 간 트럭 2대를 발견하였습니다. 대대장은 토벌부대 장병들을 격려하면서 계속 전진하다가 우마차에 약탈품을 싣고 가는 10여 명의 공비를 발견, 사살하고 수명을 사로잡았습니다. 이때 생포한 공비를 심문한 결과, 김지회, 홍순석 일당 500여명이 덕유산에 입산한 상황을 파악할 수 있었으며, 위천 지서에서 전화한 자가 바로 홍순석이었다는 사실도 확인하였습니다. 제 3연대 제 3대대가 마침내 공비의 두목 김지회와 홍순석의 행적을 포착한 것입니다.

지리산 지구 전투사령부는 공비들이 거창 북방과 덕유산을 근거지로 준동하게 되자, 예하 전 병력과 경찰력을 동원하여 군·경 합동으로 덕유산을 포위할 작전계획을 수립하였습니다. 이 포위작전에는 제 3연대 제 1대대, 제 3대대, 제 5연대 제 3대대, 제 9연대 제 3대대, 그리고 독립 제 1대대(일명 서울 유격대)등 5개 대대 외에 경찰부대가 참가하였습니다.

3월 28일 밤, 분산되어 있던 각 대대와 경찰부대는 함양에 집결하여 다음날 밤 덕유산에 대한 포위망을 형성하였습니다.
3월 30일, 정일권 전투사령관은 작전부대를 진두지휘하여 포위망을 좁혀 가기 시작하였습니다.

4월 4일, 토벌부대는 괘관산을 포위 압축하여 천정동에서 반란군의 숙영지에 박격포를 동원해 공격을 가했으며, 다음날에도 산발적인 공격을 가해 반란군에게 큰 피해를 입혔습니다. 이 전투에서 지휘 체계가 무너질 만큼 큰 타격을 받은 반란군은, 이후부터 중대 대대 단위의 작전행동을 하지 않고 소규모 병력으로 흩어져 지리산으로 들어갔습니다.
괘관산 전투(1949년 4월 4일)에서 큰 성과를 거둔 지리산 지구 전투사령부는, 김지회, 홍순석 일당이 지리산으로 잠입하였다는 첩보를 입수하고 이들을 계속 추적해 섬멸할 계획을 세웠습니다.

4월 8일, 제 3연대 제 3대대 정보과 선임하사관 김갑순 상사는 대원 2명을 대동하고 산내면 반선리에 들어가 이 마을 주막 여주인에게 화장품을 선물로 주면서 "이곳이 공비들의 통로이니, 그들이 오면 술도 주고 밥도 주면서 가능하면 그들을 재운 다음 입석리 대대본부로 알려주기 바란다."라고 당부하였습니다.

다음날 03:00, 반선리 부락 청년단장이 뛰어와서 "지금 공비 30명이 술과 밥을 요구하고 있다."라고 알려주었습니다. 제 3대대장은 본부요원 60명을 트럭 2대에 분승시키고 6㎞ 떨어진 현장으로 급히 출동하였습니다. 공비들은 차량이 달리는 소리를 듣고 도주하기 시작하였으며, 출동부대는 이들에게 집중사격을 가하였습니다. 마침 달빛이 환하여 사격하는 데는 큰 지장이 없었습니다. 대대는 이 반선리 전투에서 공비두목 홍순석과 정치부장·후방부장 등 17명을 사살하고 문화부장을 위시한 7명을 생포하는 전과를 올렸습니다. 홍순석은 농구화에다 토끼가죽으로 만든 잠바를 입고 있었으며, 한문 이름이 새겨진 자신의 인장을 지니고 있었으므로 그의 신분을 쉽게 확인할 수 있었습니다.

4월 13일, 달궁부락에서 김지회의 처 조경순을 체포하였는데, 조경순이 김지회의 행방을 알 수 없다고 진술하자 김 상사는 그가 어느 골짜기에 쓰러져 죽었을지도 모른다는 생각이 떠올랐습니다. 결국 반선리 인근 골짜기에 까마귀 떼가 몰려 있는 곳에서 시체 1구를 발견하였습니다. 부패하여 인상착의를 분별하기가 곤란했으나 조경순에게 확인시킨 바 김지회가 틀림없었습니다.

육군본부에서는 토벌 작전에 공로가 큰 제 3연대 제 3대대장 한웅진 대위 이하 전 장병에게 1계급 특진의 영광을 주었고, 정보과 김갑순 상사에게는 100만 원의 상금과 훈장이 수여되었습니다.

(2) 군경 합동 지리산 지구 토벌 작전(1949년 9월-1950년 2월)

지리산 지구 전투사령관 정일권 준장은 김지회 일당을 섬멸한 후 1949년 4월 18일 서울로 복귀하고, 제 3연대장 함준호 대령이 동 지구사령관에 임명되어 계속 잔당의 토벌 작전에 임하였습니다.

빨치산 공비들의 활동이 격화하자 1949년 9월 22일에는 김효석 내무장관, 신성모 국방장관, 장경근 내무차관과 채병덕 참모총장, 정일권 참모부장, 이호 치안국장 등 군경수뇌가 내무 장관실에서 회합하여, 군경 합동으로 대대적인 지리산 지구 토벌 작전을 단행할 것을 결의하였습니다. 1949년 9월 28일 지휘권을 인수받은 김백일 대령이 잔당들을 거의 섬멸함으로써 1950년 1월 25일 지리산 지구 전투사령부가 해체되었고, 1950년 2월 5일에는 호남 일대에 선포되었던 계엄령이 해제되었습니다.

지리산 지구 전투사령부에서는 다음과 같은 작전 단계를 수립, 조직적인 토벌전을 전개하였습니다.

1단계(기본공작기): 1949년 10월 30일부터 11월 30일까지 지리산을 중심으로 백운산-장안산-덕유산-백아산-회문산-입암산 일대의 공비 근거지를 포위하여 확보하고, 제반 정보를 수집하여 계몽 선전 공작을 강화하고, 민간인의 의견을 청취하여 국민 조직을 강화하는 등 다양한 대민 공작을 추진하여 많은 성과를 거두었습니다.

2단계(전투공세기): 1949년 12월 1일부터 12월 15일까지 강력한 군경 합동 섬멸 작전을 단행하였습니다.

3단계: 1949년 12월 16일부터 1950년 2월 28일까지 건설 공작 및 농촌 재건 촉진, 사상 선도, 민심 수습에 치중하고 이재민에 대한 적극적인 원호 사업과 사상 선도에 최선을 다하였습니다.

이때 공비가 나타난 횟수는 총 556회, 나타난 공비 인원은 12,366명, 기간 중의 총 전과는 공비 사살 365명, 생포 187명, 귀순 4,964

명, 아지트 파괴 168개소 등 선무 공작(宣撫工作)은 큰 성과를 거두었습니다.

(3) 빨치산 소탕을 위한 국군 11사단 창설 (1950년 10월 - 1951년 4월 6일)

1950년 6·25전쟁이 일어나고 국군은 낙동강 전선까지 후퇴하게 되었습니다. 그러나 1950년 9월, 낙동강 방어선에서 국군의 반격이 시작되고, 인천상륙작전과 더불어 단행된 한국군과 유엔군의 총반격 작전에 의해 전선이 급속하게 북으로 이동함에 따라, 퇴로가 막히는 바람에 미처 후퇴하지 못한 북한군 낙오부대와 패잔병들이 대량으로 발생하였습니다. 이들 대부분은 포로로 잡혀 거제도에 수용되었으나, 많은 수의 인민군이 각 지역의 산악 지대로 잠적하여 그곳에서 지방 공비들과 합세하였습니다. 이들은 새로운 비정규전을 위하여 조직을 개편하고, 한국군과 유엔군의 후방지역 교란 활동을 계속하였습니다.

그들은 호남 지역과 경북 내륙지역에서 국군과 유엔군의 병참선 차단, 식량 약탈, 관공서 습격, 살인, 방화 등 갖은 만행을 자행하였습니다. 이에 군이 1950년 10월 중순부터 11월 말까지 내내석인 토벌 작전을 벌였습니다. 지리산이나 태백산맥을 근거지로 한 빨치산의 활동은, 유엔군의 병참선을 계속적으로 위협하는 존재였습니다. 그래서 유엔군은 1개 사단 이상의 병력으로 게릴라의 활동을 억제하고 치안 유지와 주요 병참선 경계에 신경 쓰지 않을 수 없었습니다.

빨치산으로 인한 피해가 계속되자, 1950년 10월 빨치산 소탕을 위해 11사단을 창설하였습니다. 11사단은 빨치산의 근거지가 될 만한 모든 곳을 제거한다는 '견벽청야(堅壁淸野)' 작전을 통해 토벌 작전을 시작했습니다. 견벽청야는 '말썽의 소지가 있는 곳은 초토화시킨다'는 뜻입니다.

국군 11사단은 1950년 10월 4일부터 실시한 공비토벌 임무를 1951년 4월 6일 국군 제 8사단에 인계한 후 대구로 이동하기까지, 180일 동안 작전을 전개하여 호남지구 공비의 조직적인 활동을 분쇄하였습니다.

(4) 빨치산 토벌 작전을 위한 3개 사령부 신설(1951년 5월)

계속된 토벌 작전으로 빨치산의 활동이 둔화되기는 하였으나, 국군은 1951년 5월, 3개의 사령부를 신설하여 주요 병참선의 경계와 치안 유지를 담당하게 하였습니다.

- 태백산 지구 전투사령부(경북 영주)
- 서남 지역 전투사령부(전북 장원리)
- 북부 지역 전투사령부(강원 원주)

(5) 백야전사령부(백선엽 야전전투사령부, Task Force Paik) (1951년 11월 26일)

8월 말경 유엔군의 하계 공세가 한창일 때, 북한 게릴라의 남부 군단의 주력(무장공비 766명, 비무장공비 3,076명으로 추산됨)이 태백산 지구에서 지리산 지구로 남하한 것 같다는 정보가 들어왔습니다. 이들이 본래부터 잔류하고 있던 지리산·백운산 유격대와 남원·구례·산청군 공산당원들을 흡수하여 활동을 개시함으로써, 9월 말부터 10월에 걸쳐 지리산 주변에서는 살인·방화·약탈·납치 등이 빈번히 발생하기 시작했습니다. 이북은 지리산을 근거지로 하는 후방 교란을 전략적으로 꾀한 것입니다. 왜냐하면 원시림으로 뒤덮인 지리산은 빨치산들에게 알맞은 은신처였으며, 지리산 인근지역은 기후도 한국에서는 제일 따뜻하고 또한 곡창지대여서 의식주 해결에 가장 적합한 지역이었기 때문입니다.

공비토벌사에 기록된 그 당시의 살인·방화·약탈·납치 내용을 살펴보면 다음과 같습니다.

11월 3일에는 북한 제 57사단 소속 약 3백여 명의 게릴라가 백주에 내대리에 침입하여 주민들을 모아 놓고, 추수한 곡물의 대부분을 약탈하여 도주하였습니다.

11월 29일에는 하동 북방의 악양면을 3일간 점령하고, 주민 천여 명을 동원하여 식량을 지리산으로 운반해 갔습니다. 힘들여 수확한 1년분의 식량은 말할 것도 없고, 소나 돼지 등 가축과 논두렁 밭두렁에 씨를 뿌려 거둔 콩까지 약탈해 갔습니다.

남부군 창설(1951년 5월 중순) 소식에 위기감을 느낀 유엔군 사령부는, 11월 중순 어느 날 한국군 제 1군단 백선엽 소장에게 "호남지구의 빨치산 토벌에 대하여 상담코자 하니 긴급히 서울로 내방하라!"라는 벤플리트 대장의 전보를 전했습니다. 벤플리트 대장은 "호남지구에서 빨치산 활동이 활발하여 정부가 곤경에 빠져 있다. 게릴라는 약 2만 명이라고 한다. 귀관에게 작전을 부탁하고 싶다. 몇 개 사단이 필요한가?"라고 질문하자 백선엽 소장은 "2개 사단이면 충분하다. 그러나 그 사단은 자신이 선정하게 해 달라!"라는 대답에 벤플리트 장군은 매우 만족했다고 합니다. 그 2개 사단은 한국 수도사단과 제 8사단이었습니다.

그리하여 1951년 11월 26일 백선엽을 사령관으로 하는 '백야전사령부'를 남원에 설치하여, 군인과 경찰 합동으로 대대적인 동계 토벌 작전을 벌였습니다.

  - 백야전 사령관: 소장 백선엽
  - 수도사단: 준장 송요찬
  - 제 8사단: 준장 최영희
  - 서남 지구 전투사령부: 준장 김용배

1951년 12월 1일, 정부에서는 지리산 일대에서 암약하는 빨치산을 소탕하기 위하여 계엄령을 선포하였습니다. 다음날부터 백선엽 장군을 필두로 한 부대가 빨치산 토벌작전을 개시했습니다.

제 1기 작전: 1951년 12월 8일부터 15일까지 지리산 일대를 집중 공격하였습니다.
제 2기 작전: 1951년 12월 19일부터 1952년 1월 6일까지 전남·전북을 나누어 집중적으로 토벌 작전을 전개하였습니다.
제 3기 작전: 1952년 1월 9일부터 31일까지 지리산 소탕 작전을 전개하였습니다.
제 4기 작전: 1952년 2월 4일부터 27일까지 지리산과 인근 지역에 대한 소탕 작전을 전개하였습니다.

백야전사령부가 발표한 전과는 사살 5,009명, 생포 3,968명, 귀순 45명, 은거지 파괴 341개소입니다. 이 작전을 거친 후, 남한 빨치산은 1951년 10월 현재 6,911명에서 1952년 4월 현재 2,070명으로 대폭 감소하였습니다. 이때 빨치산은 큰 타격을 받아 대부분 사살되거나, 추위와 배고픔을 견디지 못하고 하산하여 자수하는 자가 많았습니다.

당시 빨치산 중에는 수많은 양민이 섞여 있었는데, 그들은 이념에 동조한 것이 아니라 강제로 끌려갔거나 가족을 만나기 위해 그들과 행동을 같이 한 것입니다. 지리산 주변에 사는 자들 중에는 이렇게 아무 생각 없이 빨치산의 뒤를 따라간 사람이 많았습니다.

현재 지리산 뱀사골 입구의 빨치산토벌 전적 기념관 자리에는 지리산 전적기념비와 이승만 대통령의 친필 '**충혼(忠魂)**'이라는 글씨가 새겨진 비석이 세워져 있으며, 빨치산과 토벌부대에 관련한 전시공간이 뱀사골 탐방안내소 2층에 마련되어 있습니다. 지리산 지구 전적비에는 '충혼의 글'이 새겨져 있습니다.

> 여기 삼남의 지붕에 공산비적이 반거하게 된 것은
> 1950년 낙동강 선까지 남침했던 북괴군이
> 우리의 총 반격에 다시 쫓기어 가게 되자,
> 그 일부 지방 공비와 합류하여 이곳에 숨어들게 됨으로부터이다.
> 당시 이들 적도의 세는 2만에 달하였는바
> 천험의 산세를 이용하여 도량하되, 그 지역이 동으로는 의령, 서로는
> 고창, 남으로는 보성, 북으로는 금산에 이르렀다.
> 그리하여 양민의 학살과 납치, 재물의 약탈과 방화 등 갖은 만행을
> 자행하니, 낮에는 태극기가, 밤에는 적기가 나부끼는 양상이 되었다.
> 이에, 그해 말부터 이곳 남원을 중심으로,
> 국군 6개 사단과 2개 독립 연대,
> 그리고 6개 독립 대대 및 전투 경찰 4개 연대와 7개 독립 대대,
> 그리고 11개 경찰서의 의용 경찰과 대한청년단 특공대 등이
> 힘을 모아 이들을 함께 무찔러, 1952년을 고비로 그 세를 꺾고,
> 1954년에는 조직의 뿌리를 잘라 드디어 이를 초멸하였다.
> 돌이켜 보건대, 그 때 이 평정이 이루어지지 못했더라면 어찌 오늘
> 이곳 곡창에서 격양가가 메아리칠 수 있었겠는가?
> 다시금 고개 숙여 그 날의 충혼을 기린다.

일찍이 공산비적의 무리가 삼남의 지붕을 어지럽히던 날,
국군과 전투 경찰이 멸공의 횃불을 여기에 밝혀
적도를 토멸하였고, 이 고장 이름 없는 애국 향인이
신명을 함께 바쳐 향토를 지켰으니,
여기는 대유격전의 효시가 된 곳이요,
향토수호의 의지가 뭉쳐 빛난 곳이다.
그 날의 증인으로 이 돌을 세우니,
세월은 멀어지되 새겨진 얼은 새로우리라.

- 지리산국립공원 북부사무소 돌비에서
1978년 12월 30일

8. 14연대 반란 주동자들의 최후 (김지회·홍순석·지창수)

The end of the ringleaders of the 14th regiment uprisings (Kim Ji-hoe, Hong Soon-seok, Ji Chang-soo)

(1) 14연대 반란 주동자 김지회 중위(육사 3기, 군번 10505)
① 이북에서 계획적으로 훈련시켜 남파한 간첩

　김지회는 1925년 3월 23일생으로, 그의 본적은 함남 함주 삼평면 삼태리 137번지이며 함흥 농업학교를 졸업하였습니다. 김지회는 이남의 군 내부 반란을 목적으로 이북에서 계획적으로 훈련시켜 남파한 간첩이었습니다(1946년 11월). 김지회는 1947년 1월 13일, 함흥중학교 선배이자 국방경비대 내의 북로당 프락치 총책 이병주[127])의 도움으로 육사 3기에 입학, 동년 4월 19일 소위로 임관하여 광주 4연대에 배속되었습니다. 광주 4연대에서는 작전 및 정보장교였으며, 1948년 6월 1일 여수 14연대로 전속된 뒤 중위로 진급하였습니다.

← 뒷줄 우측에서 네 번째
김지회 중위
14연대 반란 후 반군 지휘관
지리산 공비 두목
육사 3기, 14연대 대전차포 중대장

[출처]
육사 제 3기 졸업앨범 中
제 2중대
제 6구대
단체 사진

　제주 4·3사건이 진행되는 상황에서 제주도의 제 11연대장 박진경 대령이 피살되자(1948년 6월 18일), 연대 내의 좌익 인사에 대한 숙

---

127)　이병주(李丙胄)는 고향이 함남(咸南) 정평(定平)이고 만주군관학교를 나왔는데, 국군 내 세포조직임무를 띠고 잠복했었다(「공비연혁」, 131.).

14연대 반란 후 반군 지휘관 **김지회** 중위 (맨 아랫줄 중앙 화살표)
[출처] 제14연대 제1기 하사관 후보생 기념 사진(서기 1948.6.14.)

군이 시작되었습니다. 이때 여수 14연대 연대장 오동기 소령은 김지회 중위가 좌익 주요 인물임을 통보받고, 상부에 그의 구속을 건의하였습니다. 이런 내막을 안 김지회와 지창수 등 좌익 세력들은, 자신들에 대한 감시가 더욱 강화되어 숙청과 구속이 임박해있다는 것을 인지하고, 그에 대한 대비를 하고 있었을 것입니다.

② 지리산 도망자들에 대한 김지회의 잔인한 공개 처형

이후 김지회는 1948년 10월 19일 여수 14연대에서 반란을 일으키고, 순천을 빠져나와 광양과 백운산, 구례를 거쳐 반란군을 이끌고 지리산으로 들어가 빨치산으로 활동하였습니다. 구례는 지리적으로 반군이 지리산으로 들어가는 입구이자, 곡성·광양·순천·보성·남원 등과 연결되는 길목으로, 구례에서 활동하던 좌익 인사 등 구례 주민 일부가 김지회 부대와 함께 입산하기도 했습니다.

당시 여수 14연대(1대대 1중대 2소대 소속)의 사병으로 있다가 반란 주동자들에 의해 자신도 모르게 반란에 가담하게 되었던 서형수128)씨는 그 당시의 일을 아주 생생하게 기억했습니다. 김지회 부대와 함께 지리산으로 붙잡혀 들어가, 그가 겪었던 두 달간(11-12월 한겨울)의 산 속 생활은 하루하루 극심한 추위와 배고픔과의 싸움이었고 비참함 그 자체였습니다. 빨치산 부대가 토벌군과 교전을 거듭하는 동안에 전사자는 늘어나고 산중 추위 때문에 도망병이 많았습니다. 무엇보다 김지회라는 인물의 살기등등한 만행에 치를 떨었습니다. 당시 지리산에는 한겨울 추위와 배고픔 때문에 하루가 멀다 하고 죽는 자가 많았고, 견디다 못해 도망치는 자가 수두룩했습니다. 김지회 부대와 산 생활을 함께 하면서 자주 목격한 것은 산에서 몰래 도망치다가 붙잡힌 자들의 공개 처형이었습니다. 김지회는 총알이 아깝다며 잡힌 그 자리에서 날카로운 칼로 목을 베어 한 명이고 열 명이고 공개적으로 아주 잔인하게 죽였으니, 그의 만행은 차

---

128) 반란 당시 여수 14연대 사병 서형수氏(고창코리아 2011년 7월 7일자)
·1929년 전남 무안군 청계면 출생(실제 호적 1933년)
·1948년 목포 문태중 3학년 때 지원병으로 경비대 입대(보병)
·1948년 광주 4연대에서 훈련받고 이등병에서 몇 달 지나 일등병으로 진급
·1948년 여수에서 새롭게 창설된 14연대에 전입
·여수 14연대 제 1대대 1중대 2소대 배속(보병 병과 박격포 대대 중화기소대)
·1948년 10월 19일 인사계 지창수 상사의 선동으로 여수 순천 사건에 가담
·1948년 11-12월 김지회 부대와 함께 지리산으로 들어감
·1949년 김지회 부대로부터 탈출 성공
·인천 경찰학교 졸업, 1961년까지 정식 경찰 근무
·공비토벌 수행차 완도 경찰서에서 서남지구전투경찰대(사령관 신상묵)로 이동
·1950년 전투경찰로 6·25동란 참전(형제 3인 모두 6·25 참전)
·광양 백운산 전투에서 특공대장 역임
·소련군 권총을 찬 인민군 대좌 사살(훈장)
·1951년도 화순까지 내려온 공산군과 대치하며 백병전투(칼이나 창 따위를 가지고 적과 직접 몸으로 맞붙어서 싸우는 전투)
·2004-2011년 6·25참전유공자회 회장 역임

마 눈뜨고 볼 수 없었습니다. 이러한 공개 처형은, 산 속 생활이 너무나 힘들어 도망치는 자가 많았기 때문에 공포심을 자극하여 붙잡아두기 위함이었습니다. 언제나 살기가 서려 있던 매서운 눈과 그의 무자비한 잔인성 때문에 도망치려 했던 자들도 김지회만 떴다 하면 겁에 질려 절로 발길을 멈출 정도였다고 합니다.

③ 반선리 전투에서 김지회 사살(1949년 4월 9일)

여수 순천 사건이 있은 지 약 5개월이 지난 1949년 4월 9일 새벽 2시 30분쯤, 김지회·홍순석 일당 40여 명은 산내면 반선리 선술집을 찾아왔습니다. 술집 아주머니는 사복을 입고 찾아왔던 3대대 정보과 김갑순 상사로부터 "밤에 군복을 입고 오는 자들이 있으면 술을 많이 먹이고 부엌에 호롱불을 켜 주세요."라고 부탁받은 것을 기억하고, 김지회 일당이 찾아왔을 때 식사 전에 막걸리를 많이 주어 먹게 한 후 부엌에 호롱불을 켰습니다.

한웅진 대대장(3연대 3대대)은 부엌에 호롱불이 켜졌다는 반선마을 청년단장의 연락을 받은 후, 즉시 대대 병력을 이끌고 6km 떨어진 현장으로 달려가, 이미 자동차 소리에 놀라 도망가기 시작하는 김지회 일당에게 집중 사격을 하였습니다. 이때 홍순석을 비롯한 정치부장, 후방부장 등 17명이 사살되었고, 7명을 포로로 잡았습니다.

④ 전투 후 4일 만에 시신 발견(4월 13일, 덕동리 달궁 마을)

생포된 공비들이 김지회와 그의 처 조경순도 같이 있었다고 진술하였지만, 부부의 시체는 발견하지 못했습니다. 그러던 중 4일이 지난 4월 13일, 3연대 3대대 정보과 선임하사 김갑순 일등상사는 반선리에서 5km 남서쪽으로 떨어져 지리산에 더 가까운 덕동리 달궁 마을에서 빨간 스웨터를 입은 여자 한 명을 포함한 수명의 공비 일당이 나타났다는 첩보를 입수하였습니다.

 김갑순 상사는 두 명의 대원과 경찰 두 명을 대동하여 달궁 마을에 잠복해 있다가 김지회의 처 조경순을 비롯한 일당을 생포하였습니다. 조경순을 심문하여 김지회의 행방을 추궁하자 그녀는 반선리 전투 후 김지회와 헤어져 그를 찾아다니는 중이라고 했습니다. 이에 김갑순 상사는 반선리 주민들을 모아놓고 "최근에 까마귀 떼가 모여드는 곳이 없었느냐?"라고 물었는데, 한 사람이 "연정(連井) 마을 골짜기에 그런 곳이 있다."고 알려주어 그 일대를 수색하기 시작했습니다. 연정 마을은 지리산 뱀사골 입구로, 현재 지리산 파크텔 뒤쪽으로 추정됩니다. 마침 반선리와 인근 골짜기에 까마귀 떼가 몰려 다니고 있었습니다. 이에 수색대는 근방을 샅샅이 뒤져 반선리 주막집에서 600m 정도 떨어진 야산에서 까마귀에게 심하게 훼손된 시체 1구를 찾아냈습니다. 김지회는 반선리 전투에서 입은 총상으로 창자가 밖으로 나오는 등 그 시체가 너무 훼손이 심하여 신원 확인이 불가능할 정도였습니다. 그래서 남원의 지리산 지구 전투사령부에 갇혀 있던 조경순에게 김지회의 신체 특징을 물어보았는데, 화개장 전투에서 총상을 입어 등 쪽에 흉터가 있다고 하여 사체의 등에서 총상의 흔적을 발견하고 김지회의 시신임을 확인하였습니다. 그러나 그것만으로는 김지회라고 단정할 수가 없어 처 조경순에게 직접 확인케 했는데, 조경순은 그를 알아보고 얼굴을 돌리며 울음을 터뜨렸습니다. 김지회는 배에 총상을 입고 창자가 밖으로 빠져나오는데도 600m 이상을 도망치다가 골짜기에 쓰러져 까마귀의 밥이 되었던 것입니다. 그의 나이 25세로, 수많은 양민을 학살하고 군경을 죽인 그는 여수 순천 사건을 일으킨 지 약 5개월 20일 만에 비참하게 죽고 말았습니다.

한편 김지회의 아내 조경순(제주도 조천면, 1930년 6월 21일생)은 그의 부친이 목사였으며, 제주도 지리를 잘 알아 인민유격대 사령관 김달삼에게 남로당 군사부장 이재복의 지령을 전달하는 연락병 역할을 했습니다. 김지회를 늘 그림자처럼 따라다녔던 그녀는 빨간 스웨터를 입고 다녀 언론으로부터 '빨간 스웨터의 공비 여두목'이라는 칭호를 받기도 했습니다. 당시 동광신문 1948년 11월 23일자에는 조경순과 관련해 다음과 같은 내용이 실려 있었습니다.

「곤색 원피스를 입고 권총을 허리에 차고 다닌다는 역도(逆徒) 김지회의 애인. 그는 누구일까? 소란한 세상에 화젯거리를 던지고 있고, 지금은 지리산 상상봉 찬비 내리는 곳에서 오직 운명을 원망코 한탄하며 역도의 위안물, 노리개가 되어 있다는 철모른 여인을 모종 단서를 얻어 찾아보기로 한다. 즉 본적을 제주도 조천면 1618번지에 두고 호적상으로는 서기 1930년 6월 21일생 금년 19세의 처녀인 조경순이라는 자가 장본인이다…조경순과의 양성소 동기생 김(金) 모양이 수줍은 어조로 전하는 말을 들으면 다음과 같다. "역도 김지회가 제주도 경순이의 집에까지 찾아가서 경순이의 아버지에게 경순이와 결혼하겠다고 구혼한 사실도 있었는데 경순이의 아버지는 목사이었기에 기독교인이 아니면 절대로 결혼시키지 않겠다고 거절한 사실도 있었다고 합니다. 그 후 8월 중순경 사표를 제출하여 달라는 편지를 남기고 광주를 떠났습니다. 그리고 동기생 친구들은 김지회와 경순이가 서로 사랑하고 있었다는 것은 모두 알았으나 경순이가 이렇게 불쌍하게 될지는 몰랐다고 수군거리고 있습니다."」

조경순은 1949년 9월 이용운 및 김태준 등과 함께 사형언도를 받았습니다. 검찰관 김근배 대위는 피고들의 반국가적 이적행위는 국방경비법 제 32조에 위배됨을 지적하고 각각 총살형을 구형하였습니다(동아일보·서울신문 1949년 9월 30일자, 1949년 10월 1일자).

(2) 14연대 반란 주동자 홍순석 중위(육사 3기, 군번 10583)

← 뒷줄 우측에서 끝

홍순석 중위
14연대 반란 후
반군 지휘관
지리산 공비 두목
육사 3기
순천 파견 2개 중대
선임중대장

[출처]
육사 제 3기
졸업앨범 中
제 2중대
제 6구대
단체 사진

  홍순석(洪淳錫)은 1922년 2월 16일생으로, 당시에는 '홍창표'라는 이름으로 불렸습니다.[129] 그의 본적은 서울 중구 길야정(吉野町) 일정목(一丁目) 121번지이며, 중국 연길현 용정의 은진중학교를 졸업한 후 간도 길현으로 가서 만주군 중사로 활동했던 것으로 추정됩니다. 김지회 중위와 마찬가지로 1947년 4월 19일 소위로 임관, 광주 4연대에 배속되었다가 1948년 3월 15일 중위로 진급하여, 동년 6월 1일 여수 14연대로 배속되었습니다.

  1948년 10월 19일, 제주도 지역에 토벌대로 투입될 예정이었던 여수 14연대가 남로당 중앙당의 지령을 받은 인사계 지창수 상사의 선동으로 반란을 시작하였을 때, 지창수 상사는 당시 군인들이 가지고 있던 경찰에 대한 악감정을 자극하여 '제주도 출동 거부', '남북통일에 헌신하는 인민해방군이 되자'는 구호를 외쳤습니다. 당시 여

---
129) 서형수氏 증언

수 14연대에는 김지회 중위와 홍순석 중위에 의해 남로당에 가입한 좌익 청년들이 많았습니다. 치밀하게 반란을 준비해 온 저들은 가장 먼저 대대장부터 하사급까지 군 지휘관들을 모두 총살하여 죽이고 무기고를 점령하였습니다. 나머지 사병들은 지휘관이 사라지자 무기를 소지한 반란군 일당에게 순식간에 흡수될 수밖에 없었습니다. 여수 시내로 진격해 들어가자 여수 시내에 있던 6백여 명의 좌익 세력이 곧 동조하여 관공서 및 주요 기관들을 파괴했습니다.

10월 20일 오전 9시경, 여수를 완전히 장악한 그들은 '인민위원회'를 조직하고 '인민공화국 국기'를 게양한 뒤, 곳곳에서 '인민재판'을 열어 양민과 우익 청년과 그 가족들을 무차별 학살했습니다.

곧바로 약 2개 대대의 반란부대는 순천으로 올라갔습니다. 순천에는 반란을 일으킨 제 14연대의 2개 중대가 주둔하고 있었으며, 선임중대장으로 남로당원인 홍순석 중위는 2개 중대를 통합 지휘하면서 북상하는 반란군을 기다리고 있었습니다.

오후 3시경, 합류한 반란군은 병력을 3개 부대로 재편성해, 주력 1천여 명이 **구례, 곡성, 남원** 방면으로 진출하기 위해 학구 쪽으로 향했습니다.[130]

그리고 일부는 광주 방면으로 진출하기 위해 **벌교, 보성, 화순** 방면으로, 나머지는 경상도 지방 진출을 위해 **광양, 하동** 방향으로 나누어 흩어졌습니다.[131] **남원, 구례, 보성** 등지에서는 반란군이 도착하기 전에 지방좌익 세력들이 점령하여 14연대 반란군이 무혈 입성

---

130) 순천시사편찬위원회, 「순천지사-정치사회편」, 1997, 761.
131) 안종철, 「여순사건의 배경과 전개과정」, 『여순사건 논문집』 (여수지역사회연구소, 2006), 74.

하는 사태가 발생하기도 했습니다.[132]

 순천을 완전히 점령한 10월 20일 오후 5시, 인민재판이 진행되었습니다.

 "10월 20일 17:00경 반란군은 순천의 전 시가지를 완전 점령하고 좌익분자들과 중고등 학생을 선동하여 이들을 무장시켜 이들로 하여금 이른바 반동분자를 색출하게 하여 500여 명을 인민재판이란 미명 아래 학살하였다. 특히, 순천지역에서는 경찰관 400여 명이 반란군 진압작전을 펼치던 중에 전사하거나 반란군에 의해 학살되었다."[133]

 10월 27일, 국군은 14연대 반란군을 진압하였고, 11월 2일 대구 6연대가 반란 진압 차 출동했다가 일으킨 반란 역시 곧 진압하였습니다. 이때로부터 남로당 조직은 완전히 노골적인 전면 투쟁으로 전환하였고, 김지회와 홍순석 지휘부를 중심으로 근거지를 모두 산악지대로 옮겨갔습니다. 그리하여 대체로 5개의 유격전구가 형성되었는데, ① 지리산 유격전구 ② 호남 유격전구 ③ 태백산 유격전구 ④ 영남 유격전구 ⑤ 제주도 유격전구 등입니다. 이들 가운데 '지리산 유격전구'가 총본산이었는데, 남으로는 백운산, 북으로는 덕유산을 잇는 전남-경남-전북의 산악지대에 걸쳐 있었고, 경남과 전남북의 많은 중소도시들에까지 영향을 끼쳤습니다. 그 두목은 남로당의 거물 이현상(李鉉相)이었습니다.[134]

 김지회와 함께 지리산과 덕유산 일대에서 빨치산들을 이끈 지도

---

132) 이효춘, 「여순군란연구-그 배경과 전개 과정을 중심으로」, 고려대 역사교육과 석사 논문, 1996, 32.
133) 「대비정규전사(1945-1960)」, 34.
134) 전쟁기념 사업회, 「한국 전쟁사」 제 1권 (행림 출판, 1992), 109-110.

자 홍순석은 1949년 4월 9일, 한웅진 대대장이 이끄는 3연대 3대대와의 반선리 전투에서 김지회와 함께 사살되었습니다. 당시 그의 나이 27세였습니다. 홍순석은 농구화에 토끼 가죽으로 만든 조끼를 입고 있었으며, 홍순석이라고 한자로 새겨진 도장이 있어 신원을 쉽게 확인할 수 있었습니다. 그는 조선민주주의인민공화국 국기훈장 3급을 수여받았습니다. 한편, 홍순석, 김지회 사살의 결정적 단서를 제공했던 반선리 주막 여주인은, 그 후 빨치산 잔당의 습격을 받고 돌에 짓이겨진 채 눈뜨고 보기 힘들 만큼 처참한 모습으로 살해당했고, 주막집도 불태워졌습니다.

(3) 14연대 반란 주동자 인사계 지창수 상사

여수 주둔 14연대 반란 최초 주동자는 인사계의 지창수(池昌洙) 상사였습니다. 1948년 여수 순천 사건 당시 지창수와 같은 사무실에 근무했던 연대 본부 인사관 김형운 소위(육사 6기, 1927년 전남 고흥)의 증언에 의하면 평소 지창수 상사는 반란 주동자가 될 만큼 지도력이 뛰어난 자가 아니었고 평범한 사람이었다고 합니다.

지창수 상사는 전남 벌교 출신으로, 겨우 초등학교를 마쳤을 뿐 상급학교에 진학하지 못하고 일제 말기 일본군에 지원병으로 입대했습니다. 그는 8·15해방 직후 박헌영의 전남 지역 심복들 중의 한 명인 김백동(전남 보성군 벌교 출신)의 눈에 들어 그의 하수인으로 활동하다가, 당의 지령에 따라 국방경비대 광주 4연대의 사병 1기로 입대하여 좌파 사병들의 비밀군사동맹(일명 병사 소비에트) 총책으로 활동하였습니다. 일제 말기 지원병으로 복무한 군사경력 때문에 동기들보다 진급이 빨라 입대한 지 1년 몇 개월 만에 1등 상사로 진급, 제 4연대 정보과 선임하사관 자리를 차지했습니다. 사실 그는 정치적 배경이 막강하여 장교로 입대할 수도 있었으나, 전남북 지역과 제주도 지역 군부 내의 공산당 조직을 한손에 장악하려는 그의 상사 김백동의 계획에 따라 일부러 사병으로 입대하였습니다.

지창수는 14연대 반란 이후 그 행적이 모호하나 그의 최후에 대해서는 다음과 같은 여러 견해가 있습니다.

- 안재성 著「이현상 평전」(296쪽)

1948년 11월, 지창수가 잔여 병력을 이끌고 지리산 피아골(※필자주-지리산에서 제일 깊고 숲이 울창한 곳)로 들어가 이현상 부대와 합류하여 빨치산 생활을 시작하였는데, 1949년 1월 중순, 경남 하동군의 칠불암 뒷산을 정찰하다가 매복 중인 토벌대에 의해 지창수가 생포되었다고 기록하였습니다. 한편 지창수의 집안은 광주의 유명한 부호였고, 그 재력에 의해서 지창수가 사형을 면하고 무기징역을 선고받았으며, 1950년 6·25전쟁 초기 인민군이 남하할 때 다른 죄수들과 함께 집단으로 감옥에서 처형되었다고 소개하였습니다.

- 안도섭 著「세월이 가면」(143-145쪽)

제 2차 구례 기습작전에 참가한 지창수 부대는 섬진강을 건너 구례읍 서남부에서 포위망을 이루며 구례읍으로 들이닥쳤습니다. 김지회, 홍순석 부대는 구례읍 동북부로부터 죄어들었습니다. 그러나 이 작전은 구례읍에 주둔한 제 12연대 2개 대대의 저항과 반격으로 30여 명의 사상자를 내고 물러서야 했습니다. 1949년 1월, 칠불암 뒷 능선을 정찰 중이던 지창수의 소조가 토벌군의 매복에 걸려 지휘자인 그 자신이 생포돼 버렸습니다. 그는 군사재판에서 사형을 선고 받았으나, 일단 사형을 면하고 무기징역에 처해졌으며, 6·25 초 국군 후퇴 시 처단되었습니다.

- 안성일 著「혁명에 배반당한 비운의 혁명가들」(302쪽)

  반란 주모자 지창수는 1949년 1월 중순경 생포되어 군사재판에서 사형을 언도 받았으나, 광주의 유지인 지(池)씨 집안에서 구명운동을 벌여 무기징역으로 감형, 6·25초 국군 후퇴 시에 처형되었습니다.

- 이선교 著「6·25 한국전쟁 막을 수 있었다(상)」(130쪽)

  "그는 1948년 10월 말경 반란을 일으킨 지 약 10일 만에 김종갑 소령이 지휘하는 6연대 3대대의 벌교 반란군 소탕 때 죽었다"라고 기록하고 있습니다.

- 이기봉 著「빨치산의 진실 下」(393-395쪽)

  지창수 부대는 이 구례작전 때 주력과 합류, 지리산으로 들어갔습니다. "지리산에 들어간 지창수는 이른바 금싸라기 같은 지하당 간부동지들을 적지에 내팽개치고 온 행위에 대해 이현상으로부터 당적 책벌을 받고, 실의의 나날을 보내다가 1949년 2월 부상을 입고 국군토벌대에 생포되었다가 총살당하였다."라고 기록하고 있습니다.

어떤 기록이 정확한 역사적 기록인가 하는 문제는 쉽지 않지만, 그가 1948년 10월 말부터 1950년 6·25전쟁 초기 사이에 죽은 것은 확실합니다. 그의 죽음은 대한민국을 전복하려는 반국가적인 반란 행위와 수많은 양민을 무고하게 죽인 대가임을 부인할 수 없습니다.

9. 남북 노동당 대남공작 최고책임자들의 최후

The end of the highest-ranking leaders of the Workers Party of North and South Korea who led the North Korean espionage operations in the South

남로당과 북로당의 대남공작 최고 책임자들의 피검을 계기로 그처럼 기고만장하면서 온갖 허위, 모략, 파괴, 살상을 거듭하여 오던 좌익 계열은 남한에서 모조리 파멸하고 말았습니다.

(1) 이재복(남로당 군사부 총책)

해주에 있는 박헌영의 지령을 받아 이남에서 진행되는 모든 시위 등을 주동한 자가 바로 이재복이었습니다. 이재복은 남로당 특별공작 책임자 및 군 내부 공산화 공작의 최고책임자로, 대구10월사건, 제주 4·3사건, 여수 순천 사건을 주도하였습니다.

이재복(1903년생, 당시 45세)은 이유업의 장남으로 태어났으며, 그의 본적은 경북 안동군 임동면 중평동 597번지입니다. 평양신학교를 졸업하고 목회 활동을 하다가 다시 교토 신학대학을 졸업, 1943년 평양 출신 길공주를 만나 결혼하였습니다. 길공주는 미션 학교인 평양 숭의여고를 거쳐 평양 신학교를 거쳐 일본에서 교토 산파학교를 다니다가 이재복을 만난 것입니다. 8·15해방을 맞아 아내와 함께 귀국한 부부는, 이재복은 목사로, 길공주는 전도사로 영천 읍내의 중앙교회에서 목회 활동을 하였습니다. 이후 이재복은 여운형 계통의 인민당에 입당, 경상북도 인민위원회의 보안부장을 거쳐 박헌영의 신임을 받아, 당시 군사부장이었던 이중업이 이북으로 도망간 사이에 공석이던 군사부장의 자리를 맡게 됩니다.

이재복은 대구10월사건 이후, 주동자의 한 사람으로 지목되어 지하로 잠적했는데, 이후 자신을 드러내지 않고 제주 4·3사건, 여수 순천 사건까지 주도하였습니다. 그는 1948년 12월 18일 새벽 3시경 제 1연대 정보관 김창룡 대위 이하 3명에 의해 서울 성동구 신당동 377번지에서 체포되었습니다. 이재복은 이근민(李根民), 박영근(朴永根), 오일서(吳一緒), 이일도(李一道) 등 네 개의 가명을 가지고 활동했습니다(경향신문 1949년 1월 19일자).

국가보안법에 의해 체포된 그는 김창룡 대위의 조사를 받게 되었는데, 일주일간 전혀 입을 열지 않았다고 합니다. 이때 김창룡은 이재복이 전직 목사인 점을 감안하여, "마지막 가는 길에 기독교를 위해 헌신하라. 남한 내의 교회들이 살아나는 길은 바로 당신이 남로당원들 명단을 넘겨주는 일이다."라고 설득하자 그제야 500명이 넘는 남로당원 명단을 넘겨주었다고 합니다. 이재복이 마지막으로 숨어 있다가 잡힌 곳은 그의 셋째 처의 집이었습니다. 당시 남로당 고위급 간부들은 자기들의 은신처 확보를 위해 본처 외에 둘째, 셋째 처까지 두고 있었던 것입니다.

특무대 김창룡이 마지막에 이재복에게 전향할 것을 제의하였으나, 자기가 대한민국 국민을 이렇게 많이 죽였는데 살아서 어떻게 얼굴을 들고 다니겠느냐고 하면서 끝내 전향을 거부하여, 1949년 5월 26일 최남근과 함께 수색에서 총살당했습니다(경향신문 1949년 5월 28일자).

(2) 이중업(남로당 중앙조직부 총책)

이중업은 1928년 서울 경복중학을 졸업하고, 1933년 경성제대(현, 서울대) 법학부 3학년 재학 당시 공산주의 활동으로 성대사건으로 서대문형무소에 5년간 복역하고, 출옥 이후 박헌영과 손을 잡고 공산주의 운동을 하다가 해방 이후에는 건준위원으로도 활동하였습니다(경향신문 1949년 4월 10일자).

본명 이중업(체포 당시 38세)은 이중영(李重英) 또는 김창선(金昌善)이라는 두 개의 가명을 가졌으며 박헌영 콤그룹 하의 주요 인물이었습니다. 박헌영이 월북한 후, 남로당 중앙조직부 책임자로 남로당 12개 전문부와 산하 23개 단체를 지도하며 남한의 각 군·면·리 단위로 정보를 수집하여 박헌영에게 전했습니다. 한편 대한민국을 전복시키려고 산하에 특수부대를 조직하고, 이를 강화하여 기회를 엿보고 있다가 남로당 특수부 책임자 이재복에게 지령하여 여수 순천지방에서 반란을 일으키게 하였습니다(동아일보 1949년 4월 10일자).

남로당 중앙당조직부 총책임자 이중업은 남한을 무대로 온갖 모략으로 우익계열의 요인암살과 테러, 방화 그리고 여수 순천 사건을 야기하여 동족살상의 유혈극을 배후에서 조종하였습니다. 그는 북한으로부터 매월 1천만원 이상 군자금(아편)을 받아 흉계를 꾸미며 유격대를 강화하고 살인과 방화를 하며 국군 최고 지도자인 채병덕 참모총장에 이르기까지 모략을 하였으며 갖은 악질적 행동을 하였습니다(경향신문 1949년 4월 10일자).

그는 1949년 2월 25일 새벽 4시경 홍제동에서 체포되었고, 조사 과정에서 말하기를 "나는 신실한 공산주의자였다. 체포 전까지 나는 결사적으로 봉사하려는 의사가 충분하였으나, 체포 후 지금에 이르러 과거에 걸어온 노선의 이론과 실천에 있어 반비례함을 깨닫고 비법성과 독재성을 충분히 인식하고 남로당의 전 기밀을 세상에 폭로하여 민족이 원하는 공산주의 말살을 하고 싶다."라고 하였습니다(동아일보 1949년 4월 10일자 2면). 그러나 이는 당시 상황을 모면하기 위한 거짓말에 불과했습니다.

이중업은 형무소에 수감되어 있던 1949년 7월, 김수임이 시킨 군 프락치의 도움으로 탈출에 성공, 이후 이북으로부터 월북하라는 지령을 받은 1949년 10월까지 김수임의 집 2층에 머물렀습니다. 김수임은 개성(開城)에 있는 자기 어머니가 위독하여 곧 가 봐야겠다는 허위구실을 만들어, 자기가 근무하는 미국대사관의 자동차 한 대를 빌려 가지고 이중업을 의사로, 최만용을 조수로 가장하여 무사히 38선을 뚫고 중범 이중업을 월북시킨 후 자신은 서울로 돌아왔습니다. 당시 그가 탄 지프차에는 미국 대사관의 표지가 달려 있었고 앞자리에 앉은 이중업은 머리를 노랗게 물을 들였던 터라 외국인처럼 보여, 오고 가는 데 아무런 조사도 받지 않았습니다(경향신문 1956년 2월 8일자).

김수임의 도움을 받아 개성을 통해 무사히 월북한 이중업은 1950년 6월 15일(전쟁 10일 전) 남로당 간부 16명과 함께 내려와 반란을 일으키려고 시도하였으나, 이미 대부분의 남로당 간부들이 국가보안법에 의해 숙청된 상태였으므로 접선이 이루어지지 않아 포기하고 다시 북한으로 넘어가게 됩니다. 이북으로 넘어간 이중업은 1953년 8월 박헌영 계열의 간부급과 남로당원들이 김일성에 의해 숙청될 때 함께 숙청되었습니다.

(3) 이강국(남로당 민족전선 사무국장)

이강국은 1930년 경성제대(현, 서울대) 법문학부를 거쳐 독일에서 베를린대학 법학부를 나온 천재로, 풍채도 좋고 지식과 인격을 겸비한 소위 지식인 공산주의자였습니다. 국제무대에서 활동한 바 있던 그는 비교적 시야가 넓고 또한 대인관계에 있어서도 능숙하여 박헌영의 신임이 두터웠습니다.[135]

이강국은 위조지폐 사건 때 경찰의 수배를 피해 애인 김수임의 도움으로 월북했습니다. 김수임은 1946년 9월 박헌영과 이강국에 대해 미군의 체포령이 있을 것이라는 정보를 알아내어 그 두 사람을 북으로 탈출하도록 도와 준 것입니다.

---

135) 「박헌영」, 143.

그는 월북한 뒤 북조선 인민위원회 외무국장을 거쳐 이른바 '조선민주주의인민공화국'의 초대 외무부상(外務副相)으로 있다가 다시 '조선상사회사(朝鮮商事會社)' 사장으로 승진하였습니다.

그러나 그는 6·25전쟁이 끝난 후 1953년 8월 3일부터 6일까지 이어진 평양의 최고재판소 특별군사재판에서 미국 간첩이라는 누명을 쓰고, 그토록 충성했던 김일성의 손에 억울하게 사형을 당했습니다. 당시 박헌영, 이승엽, 이강국, 이현상, 한설야, 임화 등 북한 공산당 지배층을 이루던 여러 파벌 중에서, 연안파와 함께 최고 지식인 집단이었던 이들 남로당 계열이 모조리 제거되었습니다.

(4) 국제 여간첩 김수임(이강국의 애인)

김수임은 1911년 가난한 집에서 태어나 11세 때에 남의 집 민며느리로 있다가 그 집에서 나와, 어느 선교사의 도움으로 늦게야 여학교를 마치고, 계속하여 이화여자전문학교 영문과를 졸업, 세브란스병원 영어 통역사로 있었습니다. 그녀는 남이 따를 수 없는 천재적인 사교술을 지녔고, 영어에 능숙한데다가 그 기질 또한 서구적이어서 당시 수사기관의 최고 고문으로 있던 미국 고관(베어드 대령)의 사랑을 받아 동거 중이었습니다. 당시 김수임의 기세는 매우 당당하여, 그녀의 마음에 들지 않으면 누구에게든지 전화 한 번에 파면선고가 내려질 정도였다고 합니다.

이러한 그녀의 배경은 좌익 활동에 매우 유리했기 때문에, 무너져 가던 남로당이 그녀를 이용하여 마지막 기승을 부리게 됩니다. 김수임은 어느 파티에서 우연한 기회에 이강국과 알게 되어 연인 사이가 되었습니다. 이강국은 월북한 이후에도 대남공작을 계획하면서 김수임을 적극 이용할 목적으로, 머지않아 자기들이 중심이 되어 통일정부가 수립된다는 것과 자기의 애정은 조금도 변함이 없고 그녀와 결혼할 날만을 기다린다고 유혹하였습니다. 능숙한 수법으로 "계속해서 자기를 위해 일을 해 주어야 한다."라고, 감언이설로 김수임을 다시 손아귀에 넣었습니다. 그렇지 않아도 이강국을 사모하고 동경하던 김수임은 당장에 자기 집을 남로당 중앙간부 '아지트'로 사용할 것을 승낙하였습니다.136) 그리고 이강국의 지령을 받아 탈출 사형수 이중업을 그녀의 집 2층에 숨어 있게 하였습니다. 베어드 대령에게는 친척이라고 속였으며, 베어드는 그 말을 의심 없이 믿고 한 집에 사는 가족으로 서로 환담하는 사이까지 되었습니다.

국가보안법이 제정된 이후 1950년대 남로당 잔당은 정치모략 공작에 주력하였는데, 당시 군경의 수사 계획이 재빠르게 진행되어도 남로당원들이 먼저 알아차려 실패한 적이 한두 번이 아니었습니다. 기밀 누설의 근원지는 그 성격으로 보아 고위관리의 측근으로 추측되었습니다. 이에 서울시 경찰국 사찰과는 모(某) 경위를 통해 김수임이 남로당에 관계하고 있다는 사실을 알게 되었고, 옥인동 김수임의 집에 정보원을 배치시켰던 바, 밤이면 밤마다 고관 및 지명인사(知名人事)들이 모여서 술을 먹고 춤을 즐긴다는 것까지 밝혀내었습니다. 그러나 당시 김수임은 수사기관의 최고 고문으로 있는 미국 고관과 동거하고 있었고 그 집 2층에는 영국 사람이 거주했던 관계로, 그녀에 대한 정보활동을 제대로 할 수 없었으며, 드나드는 수상한 인물에 대한 불심검문도 자유롭게 할 수가 없었습니다. 말썽이 생기지 않을 정도의 범위에서 그녀를 지켜보다가 마침내 체포하여, 권총 3정과 실탄 200여 발, 많은 불온문서(不穩文書)를 압수하였습니다.

---

136) 「공비연혁」, 179-180.

김수임은 베어드 대령과 동거하면서 그를 통해 미국의 정보를 빼내어 이강국에게 제공한 간첩죄로, 1950년 3월 19일 체포되어 1950년 6월 16일 오전 9시 30분부터 속개된 고등군법회의에서 사형 선고를 받았습니다(동아일보 1950년 6월 16일자). 김수임은 최후 진술에서 "나는 공산주의를 모릅니다. 다만 이강국을 너무 사랑해서 그의 요구를 들어준 것뿐입니다."라고 고백하면서, "국가를 반역한 내가 더 살아 무엇 하겠느냐?"라며 전향을 거부하고 서대문 형무소에서 사형당했습니다.

(5) 정태식(남로당 민족전선 중앙위원)

정태식은 1910년 충북 진천에서 태어나 1929년 청주고등보통학교 졸업, 경성제대(현, 서울대) 법문학부를 나온 수재였습니다. 해방 이후 정태식은 김삼룡, 이승엽과 함께 남로당에서 박헌영의 제 2인자라고 할 만큼 아주 중요한 위치에 있던 자입니다. 1950년 4월, 국가보안법 위반으로 검거, 징역 20년을 선고받았습니다.[137]

그는 1950년 6·25전쟁 때 석방되어 해방일보를 복간하였고, 9월 28일 서울이 수복될 무렵, 그는 퇴각하는 인민군을 따라 북으로 올라갔으며, 북한 정권 수립 때 농림성 기획처 부처장에 임명되었습니다. 그러나 1953년 8월 남로당 숙청 때 함께 숙청을 당했습니다. 김삼룡, 이주하는 남한에서 국가보안법에 의해 처형되었으며, 이현상은 지리산에서 김일성 세력에 의해 처참하게 죽임을 당하였고, 박헌영, 이승엽, 정태식은 북한에서 잠시나마 안락한 생활을 누렸으나, 결국 김일성에 의해 모두 숙청되었습니다. 그들 모두의 마지막은 너무나 치욕스러웠습니다. 박갑동 씨의 증언에 의하면, 정태식은 경찰

---
137) 「박헌영」, 264.

의 가혹한 취조에도 3대 남로당 총책이었던 박갑동의 본명을 가르쳐 주지 않고 그를 보호해 주었으며 하부조직원에 대해서도 한 사람의 희생자를 내지 않았다고 합니다. 그러나 그는 이처럼 자신의 모든 것을 쏟아 충성한 공산당으로부터 매정하고도 쓰디쓴 배신을 당하고 만 것입니다. 정태식은 숙청된 후에 출판사에서 심부름하는 말단 직원으로 생애를 마쳤습니다. 죽음보다 더한 혹독한 세월을 보냈을 정태식의 인생 말로는 참으로 비참했습니다.

(6) 성시백(김일성 직속 북로당 남반부 정치위원회 총책, 공화국 영웅 1호)

성시백(1905-1950)은 황해도 평산 태생으로 서울 중동학교를 다니다가 1930년 25세에 중국 상해로 망명, 1935년 중국 공산당에 입당해 자칭 임시정부 요인으로 행세해온 골수 공산주의자 프락치로서 장개석의 국민당을 상대로 지하 활동을 하였고, 당시 '정향백' 혹은 '정백'이라는 가명을 사용했습니다.[138]

성시백은 지금까지 좌익에서 볼 수 없는 새로운 전술과 교묘한 방법으로 사람들에게 접근하였습니다. 즉 당적을 가졌다는 티끌만힌 내색도 하지 않고 때와 장소에 따라 무역업자, 이발소 영업주, 또는 모리배[139]로 변신하여 전전함으로써, 상대편이 조금도 의심하지 않게 하면서 자기 목적을 수행해 나갔던 것입니다. 북한은 성시백에게 '공화국 영웅 1호' 칭호를 주었으며, 그를 통해 6·25 때 미제의 침략을 분쇄했다는 내용을 담아 1990년대 초반 <붉은 단풍잎>이란 7부작 영화도 만들었습니다.

---

138) 박갑동, 「통곡의 언덕에서」 (서당, 1991), 266.
139) 온갖 수단과 방법으로 자신의 이익만을 꾀하는 사람 또는 그런 무리

① 대남 공작을 펼치기 위한 거액의 공작금 확보
• 성시백은 서울 서소문동에 본거지를 두고, 그 해 6월부터 1948년 2월 남북교역이 금지될 때까지 56차에 걸쳐 북한의 명태와 카바이드를 남한 간상(奸商)들에게 독점 공급하는 무역으로 1억원이 넘는 공작금을 획득하였습니다.
• 1949년 6월에는 중국 칭다오(靑島)에 주재하는 북로당 직영 조선상사로부터 6,800달러를 반입한 것을 비롯하여, 같은 해 12월경 밀수선 금비라호(金比羅號)로 중국과 밀무역을 하여 미화 2만 달러와 수백 만원의 견직물을 반입하였고, 1950년 3월에는 미화 12,000달러를 들여오는 등 총액 38,800달러라는, 거액의 공작금을 다시 확보했습니다(동아일보 1950년 5월 26일자).
• 해방 당시 남북은 조선은행권 동일 화폐를 사용하였는데, 북한은 1947년 12월 1일 비밀리에 화폐개혁을 단행하여 구화폐 통용을 금지했습니다. 이를 몰랐던 남한은 5개월 늦은 1948년 4월 25일에야 과도정부 법령 182호로 구화폐 사용을 금지하였습니다. 이 5개월이라는 공백기에 북한에서 회수한 구화폐가 남한의 경제교란과 남한에 대한 공작금으로 유입되었을 가능성이 매우 높습니다. 당시 대북무역상을 하던 북로당의 성시백이 북한 화폐를 남쪽으로 보급할 최적의 위치에 있었으므로, 그는 그 돈으로 통용을 금지하기 전, 5개월간의 공백기에 일어난 제주 4·3사건에도 직·간접적으로 영향력을 발휘하였을 것입니다.

② 김일성도 감탄한 성시백의 대담한 활동상
성시백은 엄청난 자금력을 가지고 국회공작과 적군 와해공작, 정보공작을 매우 대담하게 펼쳤습니다.
첫째, 조선중앙일보, 우리신문 등 10개의 언론사를 경영하면서 선전공작에 이용했습니다.

성시백은 언론사를 통해 합법적으로 자신들의 주의 및 주장을 암암리에 선전하는 한편, 국군의 기밀을 탐지하여 북한군의 남침 및 유격작전에 이바지하였습니다. 북한 로동신문(1997년 5월 26일자)에서는 "성시백은 적들이 북침을 개시하면 우리 인민군대가 즉시 반격으로 남진(南進)의 길에 오를 수 있다는 것을 예견하여 적후방을 교란하기 위한 적구(적의 관할지역) 공작에도 힘을 넣었다."라고 기록했습니다.

둘째, 막대한 자금력으로 남한 국회의원들을 매수했습니다.

1948년 5·10선거 때에는 막대한 자금력으로 남한의 국회의원 후보들을 매수하였습니다. 당시 당선자 198명 중 62명이 성시백으로부터 물질적 후원을 받았습니다(1949년 국회프락치 사건). 앞에서는 5·10선거를 반대하고 뒤에서는 자금을 지원하면서, 수단과 방법을 가리지 않고 좌파들의 천국을 만들어 갔습니다.

또한 성시백은 1950년 5월 30일 제 2대 총선거를 앞두고, 4월 초부터 적극적 투쟁을 지시하였습니다. 이 일은 남로당 세력이 거의 괴멸된 상황에서 성시백에 의해 진행된 것이었습니다. 제 2대 국회에 프락치를 침투시켜서 20여 명의 입후보자들에게 정치자금을 지원했거나 지원하려 했습니다. 이들은 풍부한 자금력으로 민주국민당 소속 김승원(충남 보령) 입후보자에게 선거운동자금 185만원을 지원하였고, 또 남북협상파로서 입후보한 박건웅(서울 용산 을구), 장건상(부산 병구), 김성숙(경기 고양), 김봉준(서울 성동 갑구), 김찬(서울 용산 갑구), 유석현(서울 종로 갑구), 윤기섭(서울 서대문 을구), 조소앙(서울 성북), 원세훈(서울 중구 갑구) 등을 포섭대상자로 결정하고, 김승원에게 미화 14,800달러를 맡겨, 이들 포섭대상인 소위 남북협상파들에게 선거비용을 지급할 예정이었습니다(동아일보 1950년 5월 26일자).

그런데 다행히도 성시백이 총선을 보름 앞둔 5월 15일 경찰의 급습으로 체포되어 그 일은 이루어지지 않았습니다.

셋째, 「북로당 남반부 정치위원회」를 조직, 대남특수정치공작활동을 전개하여 비밀정보를 북으로 보냈습니다.

성시백은 1946년 12월 말경 중국으로부터 부산에 입국, 서울에서 제반 준비공작을 하고, 이듬해에 월북하여 평양에서 김일성, 김두봉을 만나 5일간의 밀담을 가진 후 '대남특수정치공작'이라는 김일성의 특명을 받고 1947년 5월 서울에 잠입, 「북로당 남반부 정치위원회」라는 비트(비밀 아지트)를 설치했습니다.

그는 김일성의 지령대로 남한의 고위층들과 수시로 접촉하여, 군수뇌부의 동향과 정치·경제·문화 등 각 분야의 기밀 등 남한 군사 특급 기밀을 서울 시내에 설치한 3대의 무전송수신기(단파방송)를 통해 평양에 보냈습니다.

미국의 한국에 대한 ECA경제원조내용과 사업계획을 알아내어 이를 막으려 하였고, 이승만 대통령과 육군 수뇌부만 아는 원자모의 전략 계획서 등의 국군 기밀을 탐지하여, 북한군이 남침 및 유격작전에 사용하게 하였습니다. 또 주한 대만대사관에 심은 프락치 김석민 통역을 통해 장개석과 이승만의 극비 회동 내용을 입수했고, 미국 대사관 직원인 프락치 김우식을 통해 미국 정부의 훈령을 입수하였습니다. 당시 해군제독을 지낸 이용운과 전방 사단장을 역임한 김석원 등을 포섭하였고, 헌병사령부, 사단급, 연대급에까지 침투하였습니다.

특히 그는 임시정부시절의 친분을 이용하여 김구, 김규식 등 반공 우익 인사들이 1948년 4월 평양에서 열린 남북연석회의에 참가하도록 설득했는데, 이 일로 김일성의 높은 치하를 받았습니다.

넷째, 국군 내부에 정보조직선을 그물처럼 펴놓고 국군 와해공작을 벌였습니다.

오제도 검사에게 압수된 그의 비밀문서를 판독한 결과, 성시백은 정계뿐 아니라 국방부·육군본부·해군통제부사령부 등 군 수뇌부는 물론 미 대사관의 한국인 직원까지 연결된 공작요원이 자그마치 112명에 달하는 등 실로 어마어마한 조직력을 확보하고 있었습니다.

육군참모총장 이응준 소장을 물러나게 했던 1949년 5월 춘천지역 주둔 8연대 소속 표무원·강태무 소령의 2개 대대 월북사건과 공군 항공기 월북 사건도 그의 공작 결과였습니다.[140] 또한 6·25 직전 상황을 호도하여, 군 수뇌부 이동과 비상경계령 해제, 농번기 휴가·외출·외박을 실시하는 등, 국군의 방어태세와 작전계획을 오도한 것도, 모두 그의 사전공작과 관련이 있습니다(매일신문 2010년 4월 30일자). 성시백의 군 내부의 조직적인 공작 활동은, 남한이 1950년 6월 25일 북한의 남침준비를 전혀 예측치 못하고 왜 기습을 당했었는지 그 실마리를 제공해 줍니다.

1997년 5월 26일 북한 '로동신문' 2면에는 '민족의 령수를 받들어 용감하게 싸운 통일 혁명 렬사 신념과 절개를 목숨 바쳐 지킨 성시백 동지의 결사적인 투쟁을 두고'라는 제목의 특집보도가 실렸었습니다. 이 기사에서 성시백은, 남북연석회의 직전 김일성의 특사로 김구에게 파견되는 등 김일성으로부터 최고의 신임을 받아 근로인민당 등 5개 정당을 시작으로 10개 정당과 그 산하 14개 단체를 흡

---

140) 「한국진보세력연구」, 130.

수하여 '13개 정당협의회'를 결성한 후 통일전선을 형성하여 투쟁했고, 국회, 국방부, 각 병종사령부, 사단, 연대, 헌병대, 사관학교, 육군정보국, 경찰 등에 조직선을 구축하여, 와해공작과 정보공작을 성공적으로 수행하였다고 밝히고 있습니다.

③ 성시백의 체포와 처형

　서울경찰 및 군 수사기관은 1950년 2월경부터 성시백의 매국적 행동에 관한 정보를 입수하여 「북로당 남반부 정치위원회」를 조사하던 중, 5월 10일 부책임자 김명용(金明用)을 체포하는 동시에, 남한의 조직문건을 위시한 각종 기밀서류를 북에 무전 보고한 암호 문건 일체와 매일 북에 통신연락용으로 사용하던 무전기 2대를 압수하였습니다. 이에 5월 12일 오제도 검사를 총지휘관으로 한 합동수사팀을 구성하였습니다. 오제도 검사는 홍민표(남로당 서울시당: 1949년 9월 전향)의 협조를 얻어, 사흘 뒤인 5월 15일 오전 3시 서울시 종로구 효제동에서 성시백을 체포하였고, 6월 9일 군사재판에서 사형을 받았으며, 6월 27일 새벽 5시 사형이 집행되었습니다. 당시 오제도 검사는 조사 과정에 있던 성시백을 이송하자고 주장했으나, 군 수사기관에서 서둘러 처형했습니다(매일신문 2010년 4월 30일자). 성시백은 마지막에 "종교에 귀의할 의향이 있느냐"라는 목사의 물음에 '종교는 아편'이라는 말을 남긴 채 형상의 이슬로 사라졌습니다. 인민군은 김일성의 특별 지시에 따라 성시백의 시신을 수습하려고 백방으로 노력하였으나 끝내 찾지 못하여, 평양 애국열사릉에는 시신 없는 빈 무덤만 조성되었습니다.[141]

　한편 성시백 간첩 사건에 112명이나 연루되어 있는 것으로 밝혀져, 성시백의 집에서 찾아낸 비밀문서를 통해 국군 2사단 정보참모

---

141) 「한국진보세력연구」, 130.

김 모 소령을 체포하기도 했습니다. 그러나 6·25 발발로 수사는 중도에 끝났고 연루자들도 대부분 재판을 받지 않은 채 탈옥하거나 월북(혹은 입북)해 구체적인 전모가 드러나지 않았습니다.

(7) 이주하(남로당 무장분야 총책)

이주하는 1905년 함남 북청의 화전민(火田民) 출신으로, 원산 사립 광성학교를 졸업하고 3·1운동에 참가했으며, 1925년 일본으로 건너가 잡역부 노릇을 하며 야간으로 와세다전문학교에 다닐 때에 지방 공산청년동맹에 가입하였습니다. 1928년 조두원의 천거로 조선공산당에 입당, 1929년에는 원산시 당 책임자가 되었습니다. 해방 후 원산에서 함남 공산당과 인민위원회를 조직한 이주하는, 조공 본부의 이름으로 서울에 왔고 12월 즈음부터 공식석상에 나타났습니다.[142] 그는 재건파 공산당 결성 때 중추적 역할을 했던 맹렬한 공산주의자였으며, 박헌영의 오른팔로서 박헌영을 만나려면 먼저 이주하를 만나 그의 안내를 받아야 할 정도였습니다.[143] 남로당 최고지도층의 한 사람인 이주하는, 1950년 3월 27일 김삼룡보다 하루 앞서 시내 예지동 모(某) 처에서 서울시 경찰국 사찰진의 빈틈없는 수사망에 걸려들었습니다. 6·25전쟁이 터진 직후인 1950년 6월 28일 김삼룡과 함께 특무대 김창룡에 의해 총살되었습니다.

(8) 김삼룡(남로당 총책)

김삼룡은 1910년 충주군 엄정면 용산리 470번지 빈농의 집에서 태어났습니다. 대학을 나오지 못했으나 일찍부터 노동으로 잔뼈가 굵은 사람으로 노동과 지하조직의 경험이 풍부하여 박헌영의 후계

---
142) 김남식, 「남로당 연구 I」(1984, 돌베개), 52.
143) 「박헌영」, 144-146.

자로 적격이었습니다(박갑동 씨 증언). 일제 시대에는 김대원, 김성수, 김인업 등의 가명으로 투쟁하다가 1941년 경성콤그룹 사건으로 체포되어, 해방 후 전주 형무소에 수감되었다가 출옥했습니다. 그는 남한의 남로당원 60만 명의 지도자였으며, 제주 4·3사건과 14연대 반란을 주도한 자입니다. 김삼룡에 대해 박갑동 씨는 그의 저서에서 "조직의 명수로 알려진 김삼룡은 필요에 의해서는 어떠한 단체이든 하룻밤 사이에 만들어 내는 놀라운 재주를 갖고 있었다"라고 기록하였습니다.[144]

  김삼룡은 이성희라는 가명으로 살았으며, 제 1비서부터 제 4비서까지도 그의 집을 아는 자가 없었고 단지 접선 장소에서 지령문을 전해 주고받을 뿐이었습니다. 김삼룡의 얼굴은 홍민표 단 한 사람만 알았으므로, 훗날 오제도 검사가 300여 명을 잡아들여 홍민표에게 얼굴을 하나하나 확인하게 하였으나, 이때 엉뚱하게 이주하를 잡고 김삼룡은 잡지 못했습니다. 이처럼 조직을 통한 정보 연락이 긴밀하고 정확했던 까닭에, 절대 불가침의 존재로 알려져 왔던 그가 1950년 3월 27일 체포되었습니다. 당시 김삼룡과 이주하가 체포된 사실에 대하여, 1950년 4월 1일자 경향신문은 '남로당계열 총 피검'이라는 제하에 「남로당 총책임자로 있던 박헌영이 월북한 이래 남한에 머물러 있어 그 후임으로 남로당 총책임자로 있던 김삼룡(41)과 무장분야 총책임자 이주하(46)는 운이 다하여 드디어 지난 3월 27일 서울 시내에서 체포되었다. 이로써 남로당은 그 뿌리까지 뽑히게 되었다.」라고 보도하였습니다. 이때 말로만 들어오던 김삼룡, 이주하의 얼굴이 처음으로 신문지상에 공개되었습니다.

  김삼룡이 체포된 경위는 다음과 같습니다.

  1950년 3월 27일 오전 9시 30분, 치안국 소속 경찰관이 출근하는

---
[144] 「박헌영」, 121.

데 쓰레기통 뚜껑이 들렸다가 다시 내려져, 이상히 생각하고 들여다보았는데 이마가 넓고 눈썹이 새까맣고 세련되게 생긴 사람이 그 안에 있어 보통 인물이 아니라고 판단하고 수갑을 채웠습니다.

김삼룡은 경찰서에 잡혀 왔음에도 불구하고 '천하에 내 얼굴을 누가 알겠느냐?'라고 생각하여 얼굴을 꼿꼿이 들고 있었는데, 마침 홍민표가 치안 본부에 갔다가 화장실 옆에서 수갑에 묶여 있는 김삼룡을 보고 깜짝 놀랐습니다. 김삼룡은 홍민표를 껴안고 눈물을 흘리면서 "나는 자네가 전향했다는 보고를 들었을 때 오늘의 나를 예감했었네. 이제 남로당은 끝장이 난 거야"라고 말했습니다.[145]

김삼룡은 1950년 6월 4일 고등군법회의에서 이주하와 함께 사형을 선고받고 서대문 형무소에 수감되었습니다. 그의 가족들과 그 주변 사람들도 하나 둘씩 체포되었습니다. 경향신문 1950년 6월 23일자에는 '이주하 김삼룡 처의 공판, 24일 비서겸 레포[146] 변정희 등도'라는 제하에 "남로당 중앙위원 이주하의 처 이기순(26), 동 김삼룡의 처 이옥숙 그리고 김삼룡의 재정조달책임자 겸 비서 이세복(26), 이주하의 개인 비서겸 레포 변정희(28), 문리대 교수 박두온(49) 등 30명에 대한 제 1회 공판은 이봉규 판사 주심 김동수 검사 입회하에 24일 대법정에서 개정하리라 한다."라는 기사가 실렸습니다.

수감된 지 얼마 되지 않아 6·25 사변이 발발하여 6월 28일 새벽 2시 30분 한강을 건너기 전, 김삼룡과 이주하가 김창룡에게 살려 달라고 애원했으나, 김창룡은 "너희가 수없이 많은 대한민국의 민중들 가슴에 총을 겨누고 목숨을 앗아갔는데 양심도 없구나. 왜 너희들을 살려 줘야 하느냐?"라고 하면서 그들을 권총으로 쏘아 죽였습니다.

---

145) 「박헌영」, 249.
146) '레포-타'의 줄임말로 연락책(정보통신원)이라는 뜻

(9) 박헌영(남로당 최고 총수)

박헌영은 1900년 5월 1일(음력) 충남 예산에서 박현주의 서자로 태어났으며, 어머니 이학규는 주막을 운영했습니다. 그는 경성고등보통학교를 나온 이후 평생을 공산주의 운동에 앞장섰지만, 끝내는 평양에서 자신의 동료이기도 한 김일성과 북한 공산주의자들의 손에 처형을 당하고 말았습니다.

1946년 7월 말 스탈린은 김일성과 박헌영을 모스크바로 불렀습니다. 스탈린은 김일성과 박헌영의 남북한 정세 보고를 들은 후 김일성에게 "소련 군정의 협력을 받아 북한의 소비에트화 정책을 조기 실현시키도록 투쟁하라."라고 지시했고, 박헌영에게는 "어려운 여건 속에서 분투하는 그대의 혁명투쟁을 높이 평가한다."라고 격려했습니다. 스탈린이 이 두 사람에게 던진 두 마디는 소련군 정치 지도자들에게 매우 깊은 의미로 받아들여졌으며, 이들은 스탈린이 김일성을 북한 정권의 지도자로 지명했다는 뜻으로 받아들였습니다.[147]

1948년 9월 1일 수상 선거 때 김일성은 소련의 강력한 지지를 얻어 박헌영을 제치고 동년 9월 10일, 만장일치의 박수로 수상이 되었습니다. 남로당과 북로당이 겉으로는 동격이었지만, 현실적으로는 상하관계가 역전되고 말았습니다. 제 1인자는 김일성이요, 제 2인자는 박헌영이었습니다. 남로당의 박헌영은 부수상 겸 외상이 되었으나 허수아비였고, 남로당에게는 권력이 없는 장관 자리만 주어졌습니다. 김일성은 군과 경찰의 권력을 장악했고, 결국 박헌영과 남로당 제주도 좌익은 이용만 당한 꼴이 되고 말았습니다. 박헌영은 점점 불리하고 곤란한 처지가 되고 말았고, 김일성은 자기보다 투쟁 면에서 나이 면에서 대선배인 박헌영을 휘어잡아 자기 아랫자리로

---

147) 중앙일보특별취재반, 「조선민주주의인민공화국」(중앙일보사, 1992), 329.

끌어내림으로써, 주도권을 잡는 데 성공하였습니다.

그러나 그것으로 끝이 아니었습니다. 6·25동란 이후 김일성은, 전쟁 결과에 대해 자기의 책임을 추궁할 가능성이 있는 사람들을 모두 숙청하여 반란의 싹을 없애버렸습니다. 그래서 그는 휴전 직후 박헌영을 미국의 스파이로 몰아 투옥했고, 박헌영의 심복인 이승엽과 이강국을 비롯한 남로당계 간부들도 모조리 처형하거나 강제수용소로 보내 버렸습니다. 남로당계의 숙청은 1956년에 투옥 중이던 박헌영을 처형함으로써 마무리되었습니다. 6·25전쟁이 끝나자, 남로당과 박헌영은 김일성에게 걸림돌 같은 존재에 불과했기 때문입니다.

「김일성과 박헌영은 1950년 10월 8일 김일성의 집무실에서 유격전의 문제를 놓고 심한 언쟁을 벌인 이후, 10월 혁명 기념일인 11월 7일에 당시 북한지도부가 피신하고 있었던 만포진의 소련대사관에서 이를 기념하는 연회가 있었다. 김일성은 이때 술이 들어가자 박헌영에게 시비를 걸었다. "여보, 박헌영이! 당신이 말한 그 빨치산이 다 어디에 갔는가? 백성들이 다 일어난다고 그랬는데 어디로 갔는가?"라고 비꼬면서 "당신이 스탈린한테 어떻게 보고했는가? 우리가 넘어가면 막 일어난다고 당신 그런 얘기 왜 했는가?"라고 추궁하였다. 이에 박헌영은 맞받아치면서 "아니, 김일성 동지, 어찌해서 낙동강으로 군대를 다 보냈는가? 서울이나 후방에 병력을 하나도 못 두었는가? 후방은 어떻게 하고 군대를 다 내보냈는가? 그러니까 후퇴할 때 다 독안에 든 쥐가 되지 않았는가?" 이 말에 김일성은 더욱 열을 받아, "야, 이 자식아. 이 자식아. 무슨 말인가? 만약에 전쟁이 잘못되면 나뿐 아니라 너도 책임이 있다. 너 무슨 정세 판단을 그렇게 했는가? 어째서 보고를 그렇게 했는가?"라고 하면서 잉크병을 벽에 던져 박살내 버렸다. 이를 옆에서 지켜보던 당시 북한외무부 부상이었던 박길룡은 두 사람의 관계는 '이때 이미 영 틀어졌다'라고 후일 진술하였다.」[148]

---

148) 노병천, 「이것이 한국 전쟁이다」(21세기 군사연구소, 2000), 423.

10월 8일과 11월 7일, 두 차례의 격렬한 논쟁 이후, 박헌영은 2년간 몰락기를 거쳐 결국 김일성에 의해 간첩으로 몰려 처형당합니다.

1953년 3월 하순, 김일성은 박헌영을 체포하였습니다. 김일성은 평양 주재 소련대사에게 박헌영의 범죄혐의에 대해 설명하기를, "해방 직후부터 그 시점까지 박헌영과 그 추종자들이 당내에서 종파를 조직했고, 당 기밀을 미국에 누설했으며, 한국전쟁 패배의 원인을 만들었다."라고 주장했습니다. 체포된 직후 박헌영은 혐의 사실을 완강히 부인했습니다.

1953년 8월 5일-9일, 조선노동당 중앙위원회 제 6차 전원회의의 결정에 따라 박헌영은 당에서 제명되고 재판에 회부되었습니다. 이 때 박헌영과 그 동료들에 관한 결정서 내용은 다음과 같습니다.

"리승엽 등 제국주의 스파이 변절자들의 암해공작과 파괴행위를 비호 조종했으며 당과 국가를 배반한 박헌영을 출당시키고 재판에 회부한다."

1953년 8월 6일, 조선민주주의인민공화국 최고재판소 군사재판부에 의해 이승엽 등 12명에 대한 공판이 진행되었습니다.

이 재판의 정식 명칭은 「조선민주주의인민공화국 정권 전복음모와 반국가적 간첩 테러 및 선전선동 행위에 대한 사건」입니다.

완벽한 연출로 이루어진 재판은 12명 중 10명(이승엽, 조일명, 임화, 박승원, 이강국, 배철, 백형복, 조용복, 맹종호, 설정식)을 사형하고 전 재산을 몰수하며, 살아남은 두 사람 윤순달과 이원조는 각각 징역 15년과 12년, 그리고 두 사람의 재산도 모두 몰수 처분했습니다.

이 가운데 사형을 언도 받은 박승원은 사형 집행 전에 이렇게 절규했습니다. "모든 혁명가는 설사 그 죄과가 엄청날지라도, 부르고 죽을 조국의 이름은 있었다. 그러나 우리에겐 부르고 죽을 그 조국 조차 없다."149)

한편 이때까지만 해도 박헌영에 대한 재판은 진행되지 않았으며, 김일성은 자신이 조작한 박헌영의 죄상에 관한 서류를 그 앞에 내 놓으면서 이것을 빨리 인정하라고 강요하였습니다. 박헌영은 죽어도 그런 일은 없다고 하며 거부하였고, 이러한 고군분투는 2년 반이란 긴 기간에 걸쳐 계속되었습니다. 김일성 일당이 고문을 하고 협박을 하는가 하면, 가족과 같이 여생을 편안히 지내도록 해 주겠다는 회유도 하였지만, 박헌영은 끝까지 굽히지 않았습니다. 그러자 김일성 일당은 박헌영의 방에 며칠 굶긴 사나운 셰퍼드를 풀어 넣었습니다. 전신을 물어 뜯겨 피투성이가 된 그는 차라리 김일성의 총에 맞아 죽는 것을 택하고는 "너희들이 쓴 대로 다 인정하마. 빨리 나를 총살하라"라고 고함을 질렀다고 합니다.150)

1955년 12월 3일, 조선민주주의인민공화국 최고검찰소 검사총장 이송운은 박헌영을 '미 제국주의 고용간첩의 두목', '공화국 전복 기도' 혐의로 기소하였습니다.

1955년 12월 14일, 최고인민회의 상임위원회는 박헌영 재판을 심리할 최고재판소 특별재판 성원을 발표하였습니다. 재판장에는 최용건, 배석판사로는 김익선, 임해, 방학세, 조성모였는데, 조성모를 제외하고 모두가 법률에 문외한들이었습니다.151)

1955년 12월 15일, 오전 10시부터 오후 8시까지 10시간에 걸쳐 비밀재판을 하여 박헌영에게 사형을 선고하고 전 재산 몰수형을 선고

---

149) 안성일, 「혁명에 배반당한 비운의 혁명가들」(선인, 2005), 311-312.
150) 「박헌영」, 277-278.
151) 「혁명에 배반당한 비운의 혁명가들」, 312.

하였습니다. 박헌영 재판의 정식 명칭은 「피소자 박헌영의 조선민주주의인민공화국 정권전복 음모와 반국가적 간첩 테러 및 선전선동 행위에 대한 사건」이었습니다. 사건의 기록만도 전 13권 4천 쪽에 달했습니다. 박헌영의 최후 진술 순간 재판정 분위기는 숙연하다 못해 비장함이 감돌았다고 합니다. 그는 최후 진술에서 "나는 신정부와 신당 조직, 무장폭동음모에 직접 참가한 사실이 없음을 밝힌다. 나는 소위 이 음모사실에 전혀 관여하지 않았지만, 그것이 사실이라면 내 밑에서 활동한 부하들에 대한 책임은 전적으로 나에게 있다고 생각한다. 더 이상 할 말이 없다. 원하는 대로 처리해 주기 바란다."라고 말했다고 합니다.[152]

재판장과 검사의 질문에 대하여 박헌영은 하나도 인정하지 않고 전부 '그렇겠지'라고 대답하였다고 합니다.[153]

이때 증인으로 나온 **권오직**(위조지폐 사건 때 월북, 당시 해방일보사 사장)은 박헌영이 '조선인민의 수령으로 자처해왔다'면서 해주제일인쇄소의 대남 출판물을 악용하여 주로 자기의 공명을 선전하도록 하였다고 말했습니다. 박헌영은 외무상으로 있으면서 소련과 중국을 비롯한 여러 나라 대사들과 외교관들을 멸시하고 반동선전을 한 사실이 있다고 말했습니다. 또 다른 증인 **조일명**은 1946년 초부터 박헌영이 미국 간첩이라는 사실을 알고 있었다고 말했습니다. 1951년 9월 초순에는 중앙당 이승엽의 사무실에서 공화국 전복의 무장폭동을 일으키려는 음모를 토의했는데 이승엽을 총사령으로 하고 참모장 박승원, 군사조직책임 배철, 폭동지휘책임 김응빈, 정치 및 선전선동책임은 임화와 조일명으로 하는 무장폭동 지휘부를 결성했다고 말했습니다. 재판장은 박헌영에게 과거의 심복들이 위와 같

---

152) 「혁명에 배반당한 비운의 혁명가들」, 313.
153) 「박헌영」, 279.

이 자신의 죄과를 증언하는 내용에 대해 논박하거나 혹은 부정확한 점이 있으면 말하라고 그때마다 물었는데, 박헌영은 모두 틀림이 없다고 대답했습니다.[154] 과거의 동지이자 부하들이 재판에서 자신을 매장시키는 신랄한 거짓 증언을 듣는 순간 그의 심정은 온 몸이 비수에 찔린 것보다 더 고통스럽고 참담했을 것입니다.

검사총장 이송운은 '피소자의 범죄사실을 확증하는 일체 증거들을 주도면밀하게 심의'한 결과, '공화국 법령의 공정하고 준엄한 심판'을 제기하는 것이 자기의 의무라고 말하고는, '백 번 죽어도 인민의 원한을 풀 수 없는 저주로운 미제의 간첩인 피소자 박헌영에게 오직 사형을 내릴 것'을 구형했습니다. 재판은 그날 오후 8시에 종료되었습니다. 북한에서는 "미제의 고용간첩 두목인 조국 반역자 박헌영에 대한 공화국 최고재판소 특별재판 진행"(로동신문 1955년 12월 18일자)이라는 제목으로 박헌영의 재판 결과가 신문에 보도되었으며, 남한 신문에도 박헌영이 간첩·파괴·살인 및 폭행죄로 사형을 언도받았다는 사실과 박헌영이 북한 공산정권의 전복을 기도하였다는 혐의를 받았다고 보도되었습니다(동아일보 1955년 12월 20일자).

박헌영이 미 제국주의의 간첩 행위를 했다는 이 어처구니없는 죄목은 박갑동씨가 중앙일보에 연재했던 글을 모아 엮은 책, 「박헌영」 26쪽에는 다음과 같이 소개되어 있습니다.

「朴(박헌영)을 좋아한 효엘리스는 朴이 국내에 잠입 차 상해를 떠난 다음 아버지를 따라 미국에 이주했다. 그러나 그 뒤에도 사랑을 오래오래 간직했던 효엘리스는 1948년 9월 박헌영이 월북, 북한 김일성 내각의

---

154) 「신동아」(2010년 2월호), 정진석의 언론과 현대사 산책, '북으로 간 언론인들의 비참한 말로'

초대 부수상 겸 외상이 됐다는 소식을 전해 듣고 미국에서 체코슬로바키아로 갔다. 그리고는 체코슬로바키아에서 평양에 편지를 보내어 그의 곁에 가겠다고 졸라댔다. 玄엘리스의 고향은 평안남도이었다 한다. 뜻밖에 玄엘리스의 편지를 받은 박헌영은 깜짝 놀랐으나 그가 독립운동가의 딸이었고, 그의 성격을 잘 알기 때문에 평양에 오도록 주선해 주었다. 그때만 해도 박헌영의 세력이 단단한 때이었으니까 거리낄 게 없었다. 그는 玄이 영어에 능통하고 미국 사정에도 정통하다는 이유로, 그가 수상 자리에 있던 외무성 타이피스트로 채용하여 곁에 있도록 해 주었다.

이것이 나중에 박헌영의 간첩혐의의 빌미가 된다. 박헌영은 원래가 미국의 간첩이며 그 때문에 미국 정보부의 연락책인 玄엘리스를 평양에까지 끌어들여 간첩행위를 했다는 또 한 가지 혐의를 추가 받고 처형 받게 된다.」

박헌영에 대한 형 집행은 이승엽 등 12명을 즉시 처리한 것과는 달리 사형판결이 나고 그 이듬해에 이루어졌습니다. 박헌영의 사형 집행이 지연된 것은 일부 양심층의 선처건의와 소련당국의 형 집행 재고분위기를 고려한 것이었습니다.[155]

1956년 4월 23일-29일, 조선노동당 제 3차 대회에서 김일성으로부터 종파분자, 미제간첩으로 비난받았습니다.

1956년 7월 19일, 박헌영은 김일성의 특별지시로 마침내 총살을 당했습니다.

대한민국 신생 정부를 무너뜨리기 위해서 온갖 총파업과 시위 등을 주도했던 박헌영은, 비참하게도 그 시신이 인근 야산의 잡풀 속에 아무렇게나 매장되어 버렸습니다. 무고한 양민을 수없이 학살하고, 끝내는 남에서도 북에서도 버림받은 기아(棄兒)가 되어 56세를 일기로, 이렇게 허무하게 생을 마치고 말았습니다.

---

155) 「혁명에 배반당한 비운의 혁명가들」, 313.

북한은 박헌영 일파의 공판기록을 「미제국주의 고용간첩 박헌영 리승엽 도당의 조선민주주의인민공화국정권 전복음모와 간첩사건 공판문헌」(조선민주주의인민공화국 최고재판소 편, 국립출판사, 1956)이라는 제목으로 발행했습니다. 이렇게 공개적으로 박헌영의 사형 판결을 선전한 것은, 김일성이 남로당을 숙청하면서 대외 선전과 함께 대내적으로는 반대파에게 심리적 공포심을 불러일으키고 조금이라도 동조하는 세력을 완전히 무력화하는 동시에 무자비한 숙청 사실을 정당화하려는 목적이었습니다.

[박헌영 관련 참고도서]
- 임경석, 「이정 박헌영 일대기」 (역사비평사, 2004)
- 박갑동, 「박헌영」 (인간사, 1983)
- 박갑동, 「통곡의 언덕에서」 (서당, 1991)
- 안성일, 「혁명에 배반당한 비운의 혁명가들」 (선인, 2005)
- 이태호, 「압록강변의 겨울-납북 요인들의 삶과 통일의 한」 (다섯수레, 1991)
- 남시욱, 「한국진보세력연구」 (청미디어, 2009)
- 고문승, 「박헌영과 4.3사건」 (신아문화사, 1989)

박헌영은 1949년 3월 스탈린에게 군사 원조를 요청하였고, 1950년 9월 중순 중공군의 한국전 개입에 크게 공헌하여 다 죽어가는 김일성을 살려냈던 자입니다. 그런 박헌영이 김일성의 손에 참혹하게 죽게 된 것입니다. 너무나 억울했던 박헌영은 형장에 끌려 나갔을 때, 이 세상에서 최후로 "역사의 날조자, 혁명의 찬탈자, 민족의 반역자, 인민의 원수 김일성을 타도하라."라고 온 힘을 다해 마지막 말을 외쳤다고 합니다.[156] 위조지폐 사건을 계기로 장례차로 위장, 이북으로 탈출하여 해주에 머물던 박헌영은, 잠시 동안만 이북에 있으려니 했으나 월북한 이후 끝내 고향 충남 예산에 다시 돌아오지 못했습니다.

박헌영은 북한의 제 2인자의 자리에 있다가, 졸지에 반혁명분자로 몰려 거센 비판을 받고 처형되고 만 것입니다. 이렇게 김일성은 계획된 수순에 따라 그의 정적을 하나하나 제거하여 마침내 절대 권력을 거머쥐었습니다.

(10) 최고 지식층을 비롯한 남로당 대다수(약 5만) 숙청

우리나라 해방을 전후로 좌익에 가담한 사람들을 보면, 최고 지식층이 대다수였습니다. 각종 자료에서도 쉽게 찾아볼 수 있지만, 실제 증언을 들어보면 당시에 머리가 좀 있다, 똑똑하다 싶으면 대부분 남로당에 가입했던 것입니다(학자, 시인, 소설가, 무용가, 최고 인기 연예인). 조혁환 예비역 장군(육사 3기)의 증언에 의하면, 육사 3기생 가운데 1-10위권의 성적이 우수한 학생들을 생도대장이 포섭해서 남로당에 가입하도록 유도했다고 합니다. 그 당시 사회적으로 내로라하는 기라성 같은 사람들, 최고 지식층이 대부분 좌익 공산주의에 충성을 하였고, 끝내는 그들이 충성했던 김일성에 의해서 숙청을 당했습니다.

공산당은 최고 지식층을 포섭하여 철저하게 이용하고는, 당과 수령이 절대 권력을 장악하는 데 있어 이용가치가 사라지는 순간 반혁명분자로 낙인찍어 잔인하게 처형하였습니다. 남한 내의 수많은 목숨을 앗아갔던 박헌영을 비롯한 최고 간부급 12명은 김일성에 의해 사형 및 재산 몰수를 당했고, 박헌영을 따르던 남로당원 약 5만여 명은 김일성에 의해서 철저하게 숙청을 당했습니다.[157] 남한 출

---

156) 「박헌영」, 279.
157) 이선교,「6·25한국전쟁 막을 수 있었다(하)」(빛된삶, 2007), 331.

신 40만이 굶거나 얼어 죽었습니다.158)

대표적인 숙청 사례를 살펴보면, 최고지식층이 대부분이었습니다.

① 조선경비대 초대 총사령관 송호성 준장

송호성(宋虎聲, 1889-1959)은 광복군 훈련처장을 거쳐 광복군 지대장을 역임하였습니다. 1946년 12월 대한민국 육군의 전신인 조선경비대 초대 총사령관으로 임명되었다가, 정부수립 후 조선경비대가 대한민국 국군으로 확대개편 되면서 육군 총사령관으로 임명되었습니다. 육군 총사령관 퇴임 후 1949년 3월 호국군 사령관, 1949년 7월 2사단장(태백산지구 전투사령관 겸임), 1950년 2월 참모학교를 수료하고, 1950년 6월 10일 청년방위대 고문단장을 역임하였습니다.

국방부 발행 「한국전쟁사 제 1권」(1967년) 270쪽에는 당시 송호성의 자질에 관하여 언급하고 있습니다.

"송호성은 중국에 있을 당시는 송호(宋虎)라 하였다. 광복군 지대장이라는 마지막 직위를 가지고 해방과 더불어 귀국하여 정세를 관망하여 오다가 통위부장관인 유동열 장군의 권고로 경비사관 2기에 응시하였으나, 초등학교조차 이수하지 못하였고 중국대륙에서 독립군, 중국군, 광복군으로 투쟁한 경력을 가졌을 뿐 시험 답안조차 쓸 수 없어 불합격이 되었다. 그러나 그의 과거의 상관인 유동열159) 통위부장의 특별배려로 1946년 10월 17일 소령으로 임관군번 156번. 제 3연대장을 2개월 하다가 총

---

158) 「박헌영」, 313.
159) 유동열(柳東悅): 평북 박천 출생으로, 상해 임시정부의 참모총장으로 독립군을 양성한 바 있다. 1935년 남경에서 민족혁명당 조직에 참여, 과도정부 통위부장으로 국군 창설에 힘썼으며, 6·25때 납북되어 1950년 10월 18일 사망하였다(「압록강변의 겨울-남북 요인들의 삶과 통일의 한」, 451.).

사령관으로 등용된 것이다. 약 2년간을 재임하면서 경비대를 확장하여 여단으로 편성하였고 정부 수립 후엔 국군으로 개편되어 경비대사령관이 아닌 육군총사령관으로 개명되었다. 여수 순천 사건 시에는 총사령관 자신이 현지에 가서 진두지휘를 하면서 반란군 진압에 노력하였다. 그는 지휘관으로서의 자질은 그의 경력이 보완할 수 있었으나, 현대적 군대를 통솔하기에는 너무나 학식과 군사지식이 없었다. 그가 2년간이나 자리를 지킬 수 있었다는 것은 유동열 통위부장의 비호가 있었기 때문이다."

그는 당시 최고 계급 '준장'으로서, 공산당과 수시로 연락이 닿아 있던 남로당이었습니다. 남로당 군사책 이재복과 군사 레포(연락책) 김영식이 체포되었을 때 그의 정체가 완전히 탄로 났습니다. 이재복을 체포하고 그의 집 천장에서 남로당 문건 다수를 압수한 가운데 사령관 송호성이 남로당으로부터 공작금 70만원을 수령한 영수증이 나타났습니다. 김영식은 "사령관 송호성이 파고다 공원 앞에 있는 한풍옥에서, 육군 중령 최남근이 상경하면 지프차는 그 부근에 있는 송호성 집에 대기시키고 그곳에서 만나고 연락했다."라고 진술했습니다. 송호성은 최남근(마산 15연대장, 남로당 군사부장)과 이렇게 항시 연락을 해왔던 것입니다. 또한 후일 남로당 조직책이었으며 나중에 총책으로 있다가 체포된 이중업으로부터 압수한 문서 중에서 사령관 송이 남로당 상부에 보낸 200만원 요청의 호소문이 발견되었습니다. 송호성은 그 후에도 공산당과 수시로 연락하였다는 것이 판명되었습니다. 송호성이 대전 2사단으로 있을 때도 공산당과 연락이 있었습니다. 남로당원 '강병도'가 체포되었을 때, 강은 "48년 9월부터 대전 2사단장 송과 연락을 가지고 있었으며, 12월경 양성홍 동무가 피검되어 연락이 끊어진 후 양의 부친 양지환 동무를 통하여 연락하려고 하던 도중에 송이 파면되었다."라고 진술하였던 것입니다(경향신문 1956년 2월 5일자).

송호성은 한국전쟁 발발 직후, 남하하지 않고 북한군에 합류하였습니다. 그는 1950년 7월 4일, 북측의 요청에 따라 이승만 정권에 대한 비난과 인민군대와 인민정권을 옹호하는 방송연설에 가장 먼저 출연하여 "나는 인민군대가 인민의 이익을 철저하게 옹호하는 군대라는 것과 인민정권은 조선인민을 위한 정권이라는 것을 똑똑히 알게 되었다"라고 하면서, "국군 장병들과 삼천만 동포들은 나(송호성)를 본받아 인민군과 빨치산으로 넘어와 총부리를 돌려 인민의 원수 미 제국주의와 매국노 이승만 괴뢰도당을 타도하라."라고 주장하였습니다. 그리고 국군 병사들의 투항을 권고했습니다(조선인민보 1950년 7월 5일자).[160] 송호성의 이런 변신을 보고 이범석은 그를 가리켜 '공산군이 내보낸 사람'이라고 증언했습니다.

송호성은 월북한 후 1953년 국군 출신 인민군들의 사령관인 '인민군 해방전사여단' 단장을 역임했고, 또 의거 입북자 군사정치학교의 교장으로 활동하였습니다.[161]

1956년 재북평화통일촉진협의회 상무위원을 지냈습니다. 1954년경 국제간첩혐의 및 반혁명분자로 체포되어 고초를 겪었고, 이에 저항해 여러 차례 단식 투쟁을 했다고 합니다. 1958년부터는 낭림산맥의 오지인 평남 양덕에 유배되어 지내다가 이듬해 1959년 3월 24일 뇌출혈로 사망했습니다.[162]

② 무용가 최승희

최승희씨는 1926년 숙명여고를 나온 불세출의 무용가였습니다.

---

160) 이신철, 「북한민족주의연구(1948-1961 월북납북아들과 통일운동)」 (역사비평사, 2008), 118, 262.
161) 조철, 「죽음의 세월-납북인사들의 생활 실태」 (성봉각, 1963), 285.
162) 주간동아 2005.9.20, 503호, 104-110.

그녀는 무한한 잠재력을 가진 신인으로 무용수로 각광을 받다가 1930, 40년대 일본과 유럽과 미국 뉴욕 등에서 세계적인 무용가로 모든 무대를 휩쓸었습니다. 해방 이후 월북하여 평양 최승희무용연구소 소장을 맡았으나, 1959년 숙청되었습니다.

③ 한글학자 김두봉

김두봉은 1889년 부산 출생, 1908년 보성고보 졸업, 한글연구 선구자인 주시경의 제자요 최고의 한글학자였습니다. 조선 신민당 주석, 북로당 위원장, 조국전선 의장, 최고인민회의 1, 2기 대의원 및 상임위원회 위원장을 역임하였습니다.[163] 1958년 3월, 조선노동당 대표자회의에서 반혁명 종파분자로 제명, 그 후 평남 순안 농장의 노동자로 쫓겨나 중노동을 강요당하며 연명하다가 1960년 지방 협동농장에서 사망한 것으로 알려졌습니다(71세).

④ 소설가 이태준

1904년 철원 출생, 1946년 월북하여 조선중앙당 문화부창작총장을 맡았던 소설가 이태준도 1969년 숙청되었습니다. 그는 속으로는 공산주의 사상을 가지고 있으면서, 겉으로는 못살고 못 먹는 프롤레타리아들의 혼을 담는 순수 예술을 한다고 자처하면서 공산주의 사상을 대중 속에 불어넣었습니다.

⑤ 시인 임화

임화(1908.10.13-1953.8.6)는 서울 출생, 보성고보 졸업, 일본대 수료, 1925년 조선 프롤레타리아 예술동맹(카프) 가입, 조선공산당 재건운동에 참여했던 유명한 카프문학가로, 1947년 월북하였습니다.

---

163) 「압록강변의 겨울-납북 요인들의 삶과 통일의 한」, 447.

흰 피부에 수려한 외모로 '조선의 발렌티노'라고 불렸으며 김유영이 연출한 영화 「혼가」(1929)에서 주연으로 출연했던 다재다능한 인물입니다. 인민군과 빨치산들이 즐겨 부른 노래 '인민항쟁가'의 작사자이기도 합니다. 임화는 헤어졌던 딸을 생각하며 한국 전쟁 중 「너 어느 곳에 있느냐」(1951)라는 시를 썼는데, 이 시를 두고 북조선 당국은 "영웅적 투쟁에 궐기한 우리 후방 인민들을 모욕하고 그들에게 패배주의적 감정과 투항주의사상을 설교하였다."라고 하여 그를 숙청했습니다. 1953년 8월 남로당이 김일성의 손에 숙청될 때 처형되었습니다.[164]

공산주의는 사람 속에 있는 모든 악성(惡性: 모질고 악독함)을 촉발하여 평화와 질서를 한순간에 파괴했고, 인간을 악랄하게 살육하는 것을 식은 죽 먹듯 했고, 온갖 악을 발동시켜 수천수만 인간의 생명을 파리 목숨보다 못하게 짓밟아 버리면서, 짐승보다 잔인한 짓을 서슴지 않았습니다. 공산주의는 재산을 똑같이 분배하고 계급이 없는 이상사회를 만들기 위해, 혁명과 피의 투쟁은 필연적이라고 주장하는 이론입니다. 피의 투쟁으로 부르주아(부자)를 타도하면 프롤레타리아(가난한 자)가 승리하여 완전평등의 사회를 실현한다는 것은, 속임수요 감언이설인 것을 역사가 생생하게 증언하고 있습니다.

"지주의 토지를 무상으로 몰수하고 무상으로 분배하고 세금이 없는 국가를 만들 테니 모든 정권을 인민위원회에 넘기라."

이는 모든 투쟁 때마다 나온 공산주의의 달콤한 선전구호입니다. 게다가 조선민주주의인민공화국 만세까지 부르짖는 남로당의 선전선동이 사람을 속이는 거짓말인 것을, 아직까지도 모르는 사람들이 더러 있습니다.

---

164) 「압록강변의 겨울-남북 요인들의 삶과 통일의 한」, 459.

박갑동은 국가보안법 제정으로 남로당 간부들이 체포되어 사라져 갈 즈음, 지하에서 정태식, 이승엽 등과 함께 당 활동을 이끈 최고책임자였고, 1953년 5만 명의 남로당원들이 김일성에 의해 숙청을 당할 때 일본으로 도망쳐 유일하게 생존한 자입니다. 그가 전향한 후에 쓴 「통곡의 언덕에서」라는 책 서문에 당시 최고 지식층들이 공산주의에 매료되었던 이유가 언급되어 있습니다.

"당시 많은 선배들이 그러했던 것처럼, 나 역시 독립운동을 위한 하나의 수단으로 공산주의 운동에 뛰어들었다. 공산주의 사회 건설만이 일제 하에서 신음하는 민족을 해방시킬 수 있는 길이라고 확신했기 때문에 비록 험난한 가시밭길이더라도 그 길이야말로 민족을 구원할 수 있는 희망이며 또 마땅히 내가 걸어가야 할 길이라고 생각했다. 공산주의만이 민족해방의 길이라고 굳게 믿고 청춘을 바쳐 공산주의 운동에 투신했던 나의 과거는 이제 환상으로 끝나 버리고 북한의 2,500만 동포가 오히려 해방과는 정반대의 이단적인 공산주의 압제에 시달리며 신음하는 현실을 바라보아야 하는 아픔을 마주하고 있을 뿐이다."

공산주의의 만행을 하나하나 들추어 보면, 사람이 얼마나 무섭고 얼마나 잔인해질 수 있는가 하는 사실에 몸서리치게 됩니다. 공산주의는 인간의 악을 극대화 시켜, 끝 모를 살육을 감행하게 만드는 사상입니다. 역사상 공산주의가 들어간 나라마다, 잔인한 숙청, 집단 처형, 생매장, 집단 강제 이주, 경제적 황폐화, 상상을 초월하는 인간에 대한 학대가 자행되었고, 공산주의 세력에 의해 죽임을 당한 사람이 약 1억 명이 넘는다고 합니다. 과거 역사 속에서 명명백백 확인된 사실을 또다시 왜곡하고 미화시켜, 사회에 대한 불만을 이용한 공산주의의 거짓 선동에 또 속는다면 그보다 어리석은 일이 어디 있겠습니까?

공산주의 이론에 현혹된 사람마다 철저하게 이용만 당하다가 처참하게 버림당했던 역사, 또한 온 나라가 공산주의 세력에 의해 피 흘린 동족상잔의 비극을 똑똑히 기억해야 합니다. 최고 지성인이라고 자타가 인정하던 사람들이, 공산주의의 궁극적인 실상을 제대로 알지 못한 상태에서 민족의 독립을 꿈꾸며 공산주의를 추종했습니다. 그러나 참으로 어처구니없는 저들의 비극적 최후는, 공산주의가 짐승보다 더 잔악한 피의 살육을 불러오는, 너무나 거짓되고 극악한 사상이라는 사실을 보여 줍니다. 이러한 비극적 만행이 역사적 사실로 밝혀진 오늘, 이제는 더 이상 속아서도 안 되고 미혹되어도 안 됩니다. 동일한 비극을 똑같이 반복할 수는 없습니다. 우리 모두는 세계 역사 속에서 공산주의에 의해 죽어 간 1억 명의 희생으로 얻게 된 이 무서운 교훈을, 뼈에 새기고 또 새겨서 결코 잊어서는 안 되겠습니다.

10. 남부군 총사령관 이현상과 부사령관 이영회

Lee Hyun-sang and Lee Young-hoe, the commander-in-chief and the deputy commander-in-chief, respectively, of Partisan in South Korea

(1) 빨치산 총사령관 이현상의 최후(1953년 9월 17일)

이현상은 1905년 9월 27일, 충남 금산군 군북면 외부리 122번지, 아버지 이면배와 어머니 김행정의 4남 2녀 중 다섯째로 출생하였습니다. 이면배는 군북면 제일의 부농으로 면장을 지낸 유지였습니다. 이현상은 어린 나이인 1920년 2월 당시 전북 무주의 명문가 최씨의 딸 성녀와 결혼하여 그가 졸업하던 해에 큰 딸(무영)을 낳았고, 이어서 문영, 상진, 아들 극(克)을 낳았습니다. 1925년(20세) 박헌영의 조선공산당 창설에 참여하였고(중앙고보 재학 시절), 1927년 보성전문학교 법과에 입학하였습니다.

전쟁 발발까지 빨치산 양성 학교인 강동정치학원 원장을 지낸 박병률 씨는 "강동학원에서 지리산 빨치산 지도자인 이현상, 제주도 빨치산 지도자인 김달삼 등을 포함해서 빨치산 간부들을 교육시켰다."라고 말했습니다.[165]

이현상은 남로당에서 연락부장, 간부부장 겸 노동부장으로 일했는데, 남한에서의 공산당 활동이 불법화되자 월북하였다가, 1948년 북로당의 결정으로 다시 남한으로 내려와 여수 순천 사건을 주도했습니다.

이현상은 부하들을 이끌고 북한으로 가고자 북상하다가, 전쟁 소식과 함께 다시 남하하라는 명령을 받아, 낙동강 전선에 배치되었습니다. 인천상륙작전으로 상황이 불리해지자 다시 북으로 후퇴하던 중, 이승엽으로부터 당의 지령을 받고 남하하여 지리산으로 들어갔습니다. 이때 빨치산은 '조선인민유격대 독립 4지대'로 불렸습니다. 1951년 북한 당국에 의해 공식적으로 남한 빨치산 조직인 '남조선인민유격대' 혹은 '남부군'으로 명명되었고, 총사령관으로 이현상이

---

165) 고문승, 「제주 사람들의 설움」(신아문화사, 1991), 278.

임명되었습니다.

인천상륙작전의 성공으로 국군이 북상하여 하루가 다르게 잃었던 땅을 모두 되찾게 되자, 1950년 9월 27일 즈음, 마산·창령 전선에 투입되었던 인민군 제 4·제 6·제 7·제 9·제 10사단은 그들의 퇴로가 차단되어 풍비박산하였습니다. 이때 고립된 인민군은 23,000명 넘게 사로잡혔고[166], 나머지 인민군 패잔병 10,000여 명은 지리산으로 들어가 호남·영남 지역의 지방 공비와 합류하여 비정규전 부대를 조직, 후방 지역을 교란시켰습니다. 비정규전 부대의 규모는 38도선 이북 지역인 양구·평강·곡산·양덕 일대에 약 10,000명, 38도선 이남 지역인 오대산·소백산·속리산·덕유산·지리산 일대에 약 15,000명 정도였습니다.[167] 지리산은 '빨치산의 왕국'이라고 불릴 정도로 그 세력과 규모가 대단했으며, 남부군 사령관 이현상은 지방 공비들에게 전설적인 영웅이었습니다.

1953년 7월 27일 휴전 이후 북에서 지령을 받은 방준표[168]는

---

166) 전쟁기념 사업회. 「한국 전쟁사」 제 1권, 298.
167) 「대비정규전사(1945-1950)」, 148-150. <1950년 6월 24일 현재 지리산에 약 100명, 호남 지역에 약 100명, 보현산과 동대산에 약 100명, 오대산에 약 70명, 태백산에 약 100명, 총 500여 명이 남아 있었다.>
168) 방준표(전북도당)는 교사 출신으로 모스크바 유학을 마치고 돌아와 전북도당을 이끌었다. 전북도당은 남부군 못지않게 강한 전투력을 유지하고 있었다. 박영발(전남도당)은 조선노동조합전국평의회(전평, 全評) 간부 출신으로 방준표와 마찬가지로 모스크바 유학을 마치고 돌아온 엘리트였다. 방준표와 박영발도 본래는 남로당 출신이지만 북한군이 호남 일대를 점령했을 때 북로당에 의해 각각 전북도당과 전남도당 위원장으로 선출되면서 북로당과 직접 선이 닿아 있었다(동아일보 매거진 신동아, 통권 611호 470-489쪽). 박영발은 1954년 1월 중순, 뱀사골에서 35연대 수색대에 포위되었을 때 자결했고, 방준표는 1954년 1월 31일, 남덕유산의 아지트에서 박병권 전투사령부 5사단 36연대(연대장 김동혁 대령)에 맞서 끝까지 저항하다가 휴대하고 있던 수류탄으로 자폭하였다.

남부군 빨치산 총사령관 이현상

1953년 8월 26일 「제 5지구당 조직위원회」를 열어 총책 이현상을 탄핵하는 결정서 9호(출당 및 모든 지위 박탈)를 채택하였습니다.

이 결정서는 「반당, 반국가 종파분자인 박헌영, 이승엽 반역 도당의 잔재와 영향을 청소하기 위한 제반 대책」으로 남한 빨치산의 모든 실패를 이현상이 책임지도록 하였습니다.[169] 북한에서는 이미 박헌영 일파에 대한 숙청작업이 진행되고 있었습니다(1953년 8월 6일 박헌영 일파 5만 명 숙청).

제 5지구당이 해체되고 이현상이 평당원으로 강등 당하여 빗점골에 은신하고 있다는 사실은, 이현상의 7인조 호위병 중 두 사람 김은석과 김진영이 9월 6일에 생포됨으로써 알려지게 되었습니다. 그리고 9월 21일, 빨치산 제 5지구당 유격대 부책 문남호(27세, 본명 오복덕)가 장안산 방면에 있던 전북 도당으로 이동 중 생포되었을 때 소지하고 있던 제 5지구당 결정서 9호와 10호에서 다시 한 번 확인되었습니다.[170]

이현상은 1953년 7월 27일 휴전협정이 조인된 지 약 50일이 지난 1953년 9월 17일, 지리산 쌍계사 의신리 빗점골에서 사살되었습니다. 당시 그의 나이 48세였습니다.

이현상의 시체는 김용식 경사가 지휘하는 서남지구 전투경찰 사령부 33명의 수색대에 의해 1953년 9월 18일 오전 11시, 지리산 쌍

---

169) 「혁명에 배반당한 비운의 혁명가들」, 374.
170) 차길진, 「빨치산 토벌대장 차일혁의 수기」 (후아이엠, 2007), 295, 311-312.

계사 의신리 빗점골 합수내 너덜바위에서 죽은 다섯 명의 공비와 함께 발견되었습니다. 사살된 5명의 공비들은 김지회부대 대원이었고, 그 중 3명은 이현상을 수행했던 호위대원이었습니다.[171]

당시 토벌대장이었던 차일혁 총경이 남긴 기록은 이렇습니다.

"그동안 많은 군경들이 이 자에게 희생당했고 지리산 골짜기마다 이 자를 잡기 위해 이 잡듯 샅샅이 뒤졌으나 자기를 포획할 자는 아무도 없다는 듯이 신출귀몰하여 군경을 비웃던 이현상의 시체를 보자 감개무량했다."[172]

이현상의 최후에 대해서는, 당시 공비토벌을 담당했던 서남지구 전투사령부 예하의 경찰 매복조에 의해서 사살됐다는 내용이 공식적으로 발표되었습니다(한겨레신문 1989년 10월 20일자). 그러나 지리산 빨치산 수기 「남부군」(1988년)의 저자 이태(李泰, 본명: 이우태)는, 당시 군과 경찰이 모두 이현상을 사살한 것으로 그 공로를 인정받으려 했기 때문에, 1953년 12월 1일 '군경 합동 관계자회의'를 열고 열띤 토론을 펼쳤는데, 상황이 경찰 쪽에 유리해져 이승만 정부가 경찰의 손을 들어 줬다는 점을 상기시키면서 다음과 같은 증거를 제시하였습니다.

당시 이현상의 시체를 부검한 남원 이동외과 병원의 군의관은 이현상의 목에 집중적으로 8발의 총상이 있는 것을 확인한 바, 이는 근접사격에 의한 것으로 일종의 사후 확인 사살이었거나 목을 떼어내기 위하여 목둘레에 대고 집중사격을 가한 것으로밖에 볼 수 없다고 하였습니다. 이런 사실로 미루어 볼 때 이현상은 교전 중에 사살된 것이 아니라, 평양 김일성의 지시에 따라 그의 반대자였던 방

---

171) 「빨치산 토벌대장 차일혁의 수기」, 310.
172) 「빨치산 토벌대장 차일혁의 수기」, 306.

준표와 박영발의 명령을 받고 앞뒤에서 그를 호송하던 호송원 1명이 뒤에서 이현상을 사살했을 가능성이 크다는 것입니다.[173)]

당시 경찰을 이끌고 토벌에 나섰던 서남지구전투 사령부 차일혁 총경도, 이현상 시체에 대해 "총알이 정확하게 뒤에서 가슴까지 관통한 것으로 보아 상당히 가까운 거리에서 쏜 것 같다."라는 김용식 경사의 보고를 받았습니다.[174)] 이로 보아 이현상은 토벌대가 쏜 총탄에 맞아 숨진 것이 아니라, 김일성의 남로당계 숙청의 일환으로, 김일성에 의해 평당원으로 강등되고 출당조치를 당한 후 죽임을 당했을 가능성이 매우 큰 것입니다.

SBS방송 프로그램 「토요미스테리극장」(1998년 5월 30일, 제 41회)에서 "빨치산 대장 이현상! 그 죽음의 미스테리!"라는 제하에 이현상의 죽음에 대한 증언이 다루어진 적이 있습니다. 김○○이라는 고등학생이 그의 할머니(당시 강원도 삼척 거주)가 겪은 일과 할머니가 들려준 세 번의 꿈 이야기를 편지로 제보한 것이었는데, 그 내용은 이현상이 북에서 김일성이 보낸 자에 의해 억울하게 죽임을 당한 사실을 뒷받침해 주고 있습니다. 할머니는 이현상을 죽이고 북상하던 이북 사람을 강원도 삼척에서 실제로 만났고, 그 이북 사람을 만났던 바로 그날 밤 이현상이 꿈속에 나타나 "당신이 낮에 만났던 이북 놈이 나를 죽였다. 나를 죽인 이북 놈을 본 사람은 당신뿐이다"라고 하면서, "내가 이북 놈에게 억울하게 죽임 당한 것을 세상에 널리 알려 나의 원통함을 풀어 달라."라고 했다는 것입니다. SBS방송에서는 프로그램 말미에, 그것이 그저 꿈에 불과하다고 치부해

---

173) 「혁명에 배반당한 비운의 혁명가들」, 380.
174) 「빨치산 토벌대장 차일혁의 수기」, 305.

버리기에는 역사적 사실과 정확하게 일치하고 있음을 네 가지로 요약했습니다.

첫째, 할머니가 이현상을 죽인 이북 사내를 만난 시기가 1953년 9월인 것이 일치한다. 둘째, 이현상을 한 번도 본 적 없고 아는 바 없는 할머니가 묘사한 이현상의 이미지가 실제 모습과 일치한다. 셋째, 이현상의 죽음과 아무런 이해관계가 없는 손자와 그 할머니의 순수성이 사실임을 뒷받침한다. 넷째, 이현상은 지리산 구례에서 죽었으나, 할머니는 강원도 삼척에서 살고 있었다. 강원도 삼척은 남에서 북으로 갈 때 거쳐야 하는 지점이었기 때문에 사실과 일치한다.

김일성에게 철저하게 이용만 당하다가 결국 그의 손에 죽게 된 이현상이, 이 기막힌 사실을 세상에 꼭 알려 달라고 꿈에까지 나타나 간곡히 하소연한 것은, 그가 죽는 순간에야 야수 같은 공산주의의 잔인하고 악랄한 실상을 깨닫고 대한민국과 온 세상에 폭로한 것입니다. 아마도 그것은, 가난에 찌들고 순박했던 대한민국 백성들이 공산주의에 속고 또 속으면서 현대사에서 겪었던 민족적 상처와 통곡과 비극이 절대로 되풀이되어서는 안 된다는, 후세대를 향한 그의 애끊는 마지막 당부였을 것입니다.

이현상의 시신은 방부 처리되어 서울로 이송되었으며, 같은 고향 출신 친구인 유진산 등 지인들이 찾아와 시신을 확인했습니다. 빨치산의 최후를 보여준다는 명목으로 창경궁과 도로변에서 바지만 입힌 채 유품과 더불어 전시하기도 했습니다. 이현상의 가족들은 대부분 월북하였고, 한국전쟁 중 고초를 당한 남은 친척들은 이현상을 역적이라며 그의 시신 인수를 거부했습니다. 결국, 숨진 이현상의 시신은 토벌군 측의 차일혁 총경이 섬진강에서 화장하였고, 어느 스

님의 독경과 더불어 한 줌의 재가 되어, 섬진강에 뿌려졌습니다.[175]

박갑동 著 「박헌영」(189-190쪽)에는 당시 이현상이 철저하게 충성했던 공산당과 김일성에 의해 어처구니없이 죽임을 당한 일부 원인이 소개되어 있습니다.

「47년 여름 남로당 중앙위원회 간부부장인 이현상이 소련공산당 최고당학교에 유학하러 가는 도중 평양에 들렀을 때였다. 당시 북로당 중앙간부 부장은 이상조로 그는 평양에 들른 남로당 중앙간부 부장을 환영한 답시고 주연을 베풀었다. 그 자리에는 북로당 중앙선전부장 김창만 등 부장급 간부들이 참석했는데 몇 순배의 술이 돌아 거나하게 취하자 "조선인민의 최고지도자가 누구냐"라는 데 화제가 모아졌다. 그때는 북로당이 결성되어 서울의 남로당과 형식상 동등한 지위는 됐으나, 누구나 '서울중앙당' 즉 남로당이 조선공산당 중앙위원회의 전통을 계승하고 있다고 생각하고 있던 터였다. 그런데 북로당 간부부장인 이상조와 선전부장 김창만이 "평양이 우리나라의 정치적 중앙이며 김일성이 공산당의 최고지도자"라고 억지를 쓰며 이론을 폈다. 이상조와 김창만 두 사람은 김일성이 만주에서 오랫동안 항일유격투쟁을 했느니 하며 김일성이 공산당을 주도해야 한다는 등 긴 말을 늘어놓았다.

이현상이 뒤에 한 말이지만, 그 같은 문제로 더군다나 평양에서 그들과 다투는 것이 조금도 이로울 것 같지 않아 참으려 했으나 두 사람이 어찌나 끈질기게 덤벼드는지 한마디 했다는 것이다.

"너희들이 말하는 그 사람은 조선의 국토와 인민으로부터 떨어져 외국에서 성장했고 외국 공산당에 입당하여 그들의 지시로 외국의 이익을 위해 투쟁한 것밖에 더 있느냐, 그러나 박헌영은 국내에서 투쟁했다. 그것도 그 사람보다 15년이나 일찍이 말이다. 박헌영은 25년에 조선공산당과 조선공산청년동맹을 자기 손으로 만들었고 혹독한 일제탄압에도

---
175) 「빨치산 토벌대장 차일혁의 수기」, 323-324.

국내에서 투쟁해 왔다. 그의 경력이야말로 한 점의 흐린 데도 없는 사람이다. 김일성은 내가 듣기로는 본명이 김성주라고 하는데, 언제부터 왜 김일성이 됐는가 명백하지도 않고 그의 투쟁경력도 확실한 것을 알리지 않아 불투명한 데가 많다. 어떻게 박헌영을 제쳐놓고 해방 후 외국에서 갑자기 나타난 경력 불명의 자를 최고지도자로 인정하겠는가?"

이현상은 그 자리에서 공산주의자로서는 처음으로 김일성에 대한 비판과 결정적으로 그를 인정할 수 없다는 반론을 폈다는 것이다. 그러자 이상조, 김창만은 크게 화를 내며 "김일성만이 소련 및 중국공산당의 절대적인 지지를 받고 있으며 현실적으로 북쪽을 지배하고 있다. 누구의 힘이 더 강한가"라고 소리치며 벌려놓은 술상을 치며 이현상에게 달려들었다 한다.」

이현상이 사살된 이후 지리산의 빨치산은 완전히 와해의 길로 접어들었습니다. 빨치산들은 지리산과 덕유산 등을 떠돌며 산짐승 같은 생활을 하다가 총에 맞아 죽고, 병으로 죽고, 얼어 죽고, 굶어 죽어 갔습니다. 매년 겨울을 보내고 나면 그 숫자가 급격히 줄어들었습니다.

이현상이 빨치산 총사령관으로서 약 5년간 지리산 유격전투를 주름잡으며 온갖 고난과 풍상을 이겨냈음에도, 그가 믿고 충성했던 김일성에게 죽임을 당하였다면, 그 말로가 너무도 억울하고 비참한 꼴이 아닐 수 없습니다. 대한민국에 커다란 인적, 물적 피해를 끼치며 고통을 주었던 그가, 끝내는 북으로부터 배신당해 원통하고도 비극적인 죽음을 맞이한 것입니다. 북한은 이 모든 사실을 숨긴 채 평양의 애국열사릉 묘비에는 「리현상 동지-남조선 혁명가, 1905년 9월 27일생, 1953년 9월 17일 전사」라고 기록하고 있습니다.

이현상은 죽을 때 줄이 선 미제 군복 바지에 농구화를 신은 깨끗한 차림으로, 외양으로 보아 고급간부인 것이 분명했습니다. 군복

안에는 일기와 한시(漢詩)가 적힌 수첩과 가래(호두 비슷한 가래나무의 열매)가 있었고, 호주머니에서는 염주가 나왔습니다. 그리고 허리춤 깊숙이 소련제 소형권총이 들어 있었습니다. 그 권총은 매우 작아서 호신용으로나 쓸 수 있는 것이었습니다. 보급을 전혀 받지 못했던 빨치산들에게 특수 소련제 권총은 실탄을 구할 수가 없어서 무기로는 전혀 가치가 없었습니다.

다음은 이현상 시신의 호주머니에서 나온 한시입니다.[176]
智異風雲堂鴻動 지리산에 풍운이 일어 기러기떼 흩어지니
伏劍千里南走越 남쪽으로 천 리 길 검을 품고 달려왔네
一念何時非祖國 오직 한 뜻, 한시도 조국을 잊은 적 없고
胸有萬甲心有血 가슴에는 철의 각오, 마음속엔 끓는 피 있네

이 한시의 내용을 볼 때, 이현상은 자신이 믿고 따랐던 공산주의 이념을 죽을 때까지 고수하였음을 알 수 있습니다. 해방 이후 무엇 하나 제대로 정착된 것 없는 이데올로기의 혼란기에, 여수 순천 사건으로 1948년 11월 지리산에 들어간 후 약 5년 동안, 이현상은 빨치산의 두목으로서 공산주의 이념에 따라 목숨을 바쳤습니다. 그것이 조국을 향해 뜨거운 열정을 쏟아 애국하는 길인 줄 알았던 것입니다. 그 결과가 이토록 참혹한 동족상잔의 비극을 일으켰는데도 말입니다. "오직 한 뜻, 한시도 조국을 잊은 적 없고" 지리산에서 5년간 그 고생을 하고, 그가 충성하던 김일성의 손에 허망하게 죽어 가면서도, 그의 가슴에는 여전히 조국을 향한 뜨거운 열정이 있었다는 사실에 실로 가슴 저미는 안타까움이 느껴집니다.

비록 저 빨치산 두목이 생각한 애국애족과 이상이 우리와 다르지만, 오늘날 발전한 나라와 민족 앞에 우리의 애국애족의 마음이 그

---

176) 안재성, 「이현상 평전」 (실천문학사, 2010), 5.

의 절반도 안 된다면, 이것은 양심적으로 매우 부끄러운 일입니다.

이현상의 비참한 최후를 보면서, 우리는 자유민주주의 국가인 대한민국의 국민으로서, 이 참혹한 동족상잔을 일으킨 불씨가 공산주의 사상이라는 것을 간과해서는 안 될 것입니다. 이 땅의 소중한 젊은이들이 공산주의에 속아 빨치산이 되었고, 동족상잔의 비극을 불러일으킨 주역이 되어, 끝내는 지리산 골짜기에서 허망하게 죽어갔다는 사실 또한 결코 잊어서는 안 됩니다. 공산주의자들에 의한 동족상잔의 비극이 다시 되풀이 되지 않도록, 반드시 이 비극의 역사를 산 교훈으로 뼛속 깊이 새겨야 할 것입니다.

(2) 부사령관 이영회의 최후(1953년 11월 27일) (경남 의령 경찰서 습격 사건, 1953년 11월 23일)

남부군 사령관 이현상이 죽은 뒤, 다른 지도자들의 운명도 시시각각 좁혀 오는 토벌대의 포위망을 벗어나지 못하고 추풍낙엽처럼 하나 둘씩 떨어지며 비참한 최후를 마쳤습니다. 경남 도당을 지휘했던 부사령관 이영회의 부대도 이현상이 죽은 지 두 달 열흘 만에 후속 토벌대에 의해 전멸했습니다.

이영회는 여수 14연대의 상사 출신으로 14연대 반란의 핵심적 인물이었습니다. 이영회는 1949년 김지회가 죽은 후 반란군을 흡수하여 부대를 조직하였습니다. 그는 제 2병단 시절 연대장을 지냈고 57사단장으로 경남 도당 유격대를 진두지휘했으며, 이현상에 대해 남다른 충성심을 보인 인물로 알려져 있습니다.

1951년 5월 덕유산 '송치골 회의'를 통해 흩어져 있던 빨치산들을 통합하여 '남부군'이라는 대규모 부대로 개편할 때, 이영회는 부사령관을 맡을 정도로 핵심 인물이었습니다(총사령관: 이현상). 당시 이영회 부대는 지리산 공비들 중에서 최강의 정예부대로 유명했다고 합니다.

1953년 11월 23일, 이영회 부대는 국군으로 가장하여 경남 의령 경찰서를 습격하고자 의령군 화정면 유수리 고개에 도착하였습니다. 이영회 부대는 고개에 대기하면서 정찰대원 세 명을 의령 읍내로 파견했습니다. 그러던 중 때마침 진주에서 의령으로 향하고 있던 육군 GMC 한 대와 거기에 타고 있던 현역 군인 한 명을 납치했습니다. 이어서 의령에서 진주로 향하던 민간인 트럭 한 대와 타고 있던 육군헌병 한 명을 납치하는 데 성공했습니다. 오후 4시 30분경, 이영회 부대는 탈취한 두 대의 트럭에 나누어 타고, 현역 군인과 헌병을 각각 태워 의령읍으로 들어갔습니다.

당시 의령 경찰서에는 30명의 본서 직원이 있었으나 그날이 '의령시의 날'인 관계로 20여 명의 직원들이 시내에 있었고, 본 서에는 서장 이하 10명만이 근무하고 있었습니다. 오후 5시 5분, 빨치산들이 분승한 두 대의 트럭이 의령 경찰서 정문에 도착했습니다. 빨치산들은 입초 경찰관에게 "서장 있느냐?"라는 질문과 동시에 일제히 사격을 가했습니다. 경찰서 안에서 근무하고 있던 경찰관들은 빨치산들의 불시 습격에 조직적으로 대항하지 못하고 뿔뿔이 흩어져 버렸습니다. 의령 경찰서장은 서장실에서 빨치산에 의해 사살되었습니다.

경찰서를 순식간에 점령한 이영회 부대는 유치장에 수감 중인 피의자들(병역기피자 6명)을 석방한 뒤에 경찰서를 방화해 버렸습니다. 이어 시내 관공서 등 중요 건물과 창고와 민가에 불을 지르고, 약탈을 하는 등 두 시간 가까이 만행을 저지른 뒤에 오후 7시경에 이미 탈취한 한 대의 트럭을 타고 용덕 방면으로 도주했습니다. 오후 7시 30분경 이영회 부대는 다시 용덕 지서를 습격, 방화한 후 계속 도주했습니다. 그러나 '진트재'에서 자동차 고장으로 하차할 수밖에 없게 되자, 타고 온 트럭을 방화한 후에 도보로 정곡 방면으로 이동했습니다.

밤 11시 30분경, 빨치산들은 정곡지서를 습격했습니다. 지서 직원들은 이에 응전했으나 중과부적으로 부득이 후퇴하고 말았습니다. 빨치산들은 지서와 면사무소, 금융조합 그리고 주차 중인 트럭 한 대를 방화하고 한 대를 탈취했습니다. 이영회 부대는 다시 트럭을 타고 다음 날 자정 30분경에 유곡면 송산리를 통과하여 새벽 1시 30분경에는 정곡 부락에 도착했습니다. 이영회 부대는 정곡 부락에서 취식 후에 새벽 4시 40분경에 정곡면 백계리를 경유, 사굴 방면으로 도주하였습니다.

의령서 습격으로 인한 피해 상황은 경찰 전사 5명, 민간인 피살 1명, 중경상 3명, 납치 9명(경찰관 2명, 군인 2명, 민간인 5명 전원생환) 등을 비롯하여 경찰서, 군청 등 건물 48동 소실이었습니다.

의령 사굴산 방면으로 도주한 이영회 부대는 지리산으로 입산하던 중 11월 27일, 산청군 신등면 사정리 북방 4km 지점에서 서남지구 전투경찰대 5연대에 파견됐던 2연대 수색조의 매복에 걸려, 극렬한 전투 끝에 이영회가 죽고 방상종이 생포됐습니다. 당시 이영회는 25세의 꽃다운 나이였습니다. 경찰 5연대와 2연대 수색조는, 이영회가 의령 경찰서장을 죽이고 빼앗아 차고 있던 오메가 손목시계를 증거물로 확보했습니다.

이영회의 시체를 직접 지게에 싣고 갔던 박성종 씨의 증언에 의하면, 죽은 이영회는 붉은 색이 도는 가죽모자(귀싸개 부착)를 쓰고 있었고, 검은색 가죽잠바와 당꼬바지에 번쩍번쩍 빛이 나는 검은 장화를 신고 있었으며 탄띠에는 비어 있는 권총집과 대검을 부착하고 있었다고 합니다.

이영회는 19세 때 국방경비대에 들어가 광주 4연대에서 야포를 담당하다가 여수 14연대로 전속된 후 반란 사건을 맞아 중대를 이끌고 반란에 가담하였습니다. 그는 지리산에 입산한 후 '유격전의 귀신'이라고 불릴 만큼 실전에 능한 자였습니다. 이영회에게는 옥순이라는 이름의 산중 애인이 있었는데, 누군가 그것을 비판하자 "내 나이 스물에 입산해서 풍찬노숙, 사람답게 살아 본 적이 하루도 없다. 앞으로도 나는 이렇게 살다 죽을 것이 뻔하다. 내게도 이 세상에 태어나 서로 사랑한 한 사람의 여인쯤 있어도 좋지 않을까?"라고 변명했다고 합니다. 이영회의 죽음과 함께 지리산 주변, 아니 남한 전역의 빨치산 부대는 자취를 감추게 됩니다. 이어서 닥쳐온 겨울, 빨치산은 거의 소멸되어 갔습니다.[177]

(3) 허망하게 죽어 간 빨치산 간부들

6·25전쟁 이후 빨치산들은, 이남에서 가장 따뜻하고 은신처가 많은 지리산을 은거지로 삼아 세력을 규합하고, 군경과 민간인들에게 많은 재산 피해와 인명 피해를 주었습니다. 1953년까지 6년 동안 1만 회가 넘는 교전을 벌였고, 죽은 사람만 해도 2만여 명이 넘는, 세계사에서도 보기 드문 게릴라전이었습니다. 빨치산 중에는 여러 걸출한 인물이 있었는데, 이현상, 남도부(본명 하준수), 이영회, 김지회, 홍순석, 방준표, 박종하, 박영발, 노영호, 김삼홍(본명 김병인) 같은 지도자들입니다. 한때 호남과 지리산 지구를 들썩거리게 만들었

---

177) 이태, 「남부군 하권」, (두레출판사, 1988), 248-249.

던 빨치산 간부들은 빠짐없이 생포되거나 사살되어 전멸하였습니다.

- 노영호(1953년 11월 27일)

이현상 후 빨치산 대장을 맡았던 이영회가 죽고, 그 뒤로 빨치산 대장을 맡은 엘리트 출신 **노영호**(서울 공대 건축과)는 1954년 지리산 홍계리 산자락에서 사살되었습니다.

- 박찬봉(1954년 1월 중순)

제 5지구당 유격 지도부장을 지낸 **박찬봉**은 제 5지구당 해체 후 경남 북부 소지구당 위원장을 맡아 기백산에 은신해 있었는데, 경찰 수색대에 습격당해 사살되었습니다.

- 박영발(1954년 1월 중순)

전남 도당 위원장으로 방준표와 나란히 이현상 숙청에 앞장섰던 **박영발**은, 뱀사골에서 35연대 수색대에 포위되었을 때 자결했습니다.

- 방준표(1954년 1월 31일)

제 5지구당 해체 이후 서남지구 빨치산들을 총지휘했던 전북 도당 위원장 **방준표**가, 남덕유산의 아지트에서 박병권 전투사령부 5사단 36연대(연대장 김동혁 대령)에 맞서 끝까지 저항하다가 휴대하고 있던 수류탄으로 자폭하였습니다.

- 조병하(1954년 2월 6일)

경남 도당 위원장을 맡았던 **조병하**가 지리산에서 5사단 수색대에 생포됐습니다. 그는 끝까지 전향을 거부해 1954년 5월 17일 남원의 군사법정에서 사형을 언도받고 형장의 이슬로 사라졌습니다(당시 52세).

- 김선우(1954년 2월 27일)

오랫동안 전남 도당 유격대를 지휘했던 **김선우**는 광양 백운산 아지트를 습격받자 수류탄으로 자결했습니다.

- 김삼홍(1954년 여름)

경남 도당 부위원장 **김삼홍**(일본 와세다대학 출신)은 제 5지구당 해체 후 지하 잠입을 위해 하산하여(1953년 11월) 부산으로 숨어들었다가 1954년 1월 14일 검거됐습니다. 지방법원에서 사형을 선고받았으나 고등법원에서 무기징역으로 감형되어 계속 복역하다가, 1988년에 풀려나 1989년 2월 요로암으로 생을 마감했습니다(당시 73세).

- 김희준·지동선·이용순·이재봉 - 1954년 겨울

경남 도당(지리산 지구)은 **최후의 7인**(김희준·이은조·이홍이·지동선·이용순·이재봉·정순덕)만이 남아, 계속 쫓기는 생활을 했습니다. 그해에 정순덕과 함께 단 둘뿐인 여 빨치산이었던 이용순이 전향하고(1954년 겨울), 이재봉이 토벌대에 사살되었고(1954년 11월 10일), 김희준과 지동선도 이재봉에 이어 차례대로 토벌대에 사살되었습니다.

- 남도부(본명 하준수, 1954년 생포)

영남과 강원도 일대에서 잔비들을 규합해 보급 투쟁으로 양민을 괴롭히던 **남도부**가 1954년 생포됨으로써, 남한 전역의 빨치산 지도자들은 그 맥이 완전히 끊겼습니다.

물론 그 이후에도 지리산과 덕유산 등을 떠돌며 산짐승 같은 생활을 영위하던 공비들이 완전히 사라진 것은 아니었습니다. 1955년 4월 1일 현재 남한 전역에는 59명의 공비들이 활동하고 있었고, 1956년 12월 31일에도 43명이 산간을 떠도는 것으로 파악됐습니다. 이들은 세력이 너무도 약화하여 더 이상 치안을 위협하는 빨치산이 아니라, 밤에 살금살금 내려와 민가에서 먹을 것을 빼앗아 가는 살쾡

이 같은 생활로 연명해 갈 뿐이었습니다.

경남 도당(지리산 지구) 가운데 끈질기게 남아 있던 최후의 3인 중 이은조는 함양군 유림면 엄천강변 송대골 복숭아 과수원 뒤에서 함양 경찰서 사찰과 소속 임채호 순경과 두 명의 의용 경찰이 쏜 총에 맞아 48세에 사살되었습니다(1961년 겨울).

(4) 마지막 빨치산 최후 2인, 정순덕(여)과 이홍이(남)

마지막 빨치산 정순덕이 체포된 것은 1963년 11월 12일 새벽 산청군 삼장면 내원리 내원사 계곡에서였습니다. 경찰이 정순덕의 정보원이었던 먼 친척을 회유하여 치밀한 작전을 세운 끝에 이루어진 것입니다. 정순덕은 잠복 중이던 김영구, 박기수에게 우측 대퇴부에 총을 맞고 체포되었습니다. 정순덕은 이홍이와 남녀 2인조로 움직였던 마지막 빨치산이었습니다. 이날 이홍이는 사살되었고 정순덕은 체포되었습니다.

 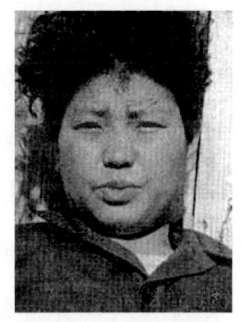

지리산 마지막 빨치산 정순덕(女)의 체포

이홍이는 경남 산청군 삼장면 홍계리 북촌 마을 출신으로, 가난한 집에서 태어나 남로당에 가입하면 실컷 공부를 시켜 준다는 감언이설에 속아 가담하였습니다.

정순덕은 아버지 정주삼과 어머니 진도원의 1남 4녀 가운데 둘째 딸로, 1933년 6월 20일(음력) 경남 산청군 삼장면 내원리에서 출생하였습니다. 그녀는 농촌에서 자라난 무식한 아녀자로, 1950년 5월 17세에 경남 산청군 시천면 출신의 18세 성석조와 결혼한 지 6개월 만에 남편을 찾아 산으로 들어간 것을 계기로 13년 동안 산에서 짐승 같은 생활을 한 것입니다. 생포될 때 정순덕의 나이 30세였습니다. 그의 남편은 1952년 1월 지리산 대성리 계곡에서 토벌대에 의해 사살되었습니다.

　남로당은 제주 4·3사건과 여수 순천 사건 등을 계기로 무모한 유격 투쟁을 전개해 나갔습니다. 1948년 12월 국가보안법이 통과되면서 1949년 7월부터는 조직적이고 대규모적인 유격 투쟁을 위해 인민유격대[178]를 편성하였습니다. 남로당은 자신들의 정치적 군사적 기반이 이미 남한에 구축되어 있다는 것을 북한 권력층에 납득시키기 위해 유격 투쟁을 무리하게 추진하였던 것입니다. 그러나 김일성(북로당)은 그것을 전쟁을 위한 보조적인 가치로만 평가했기 때문에, 남로당이 무기와 탄약의 공급을 요청하였을 때도 별다른 조치를 취하지 않았습니다.

　이로 인해 가장 불쌍한 처지에 놓이게 된 것은 바로 남한의 빨치산들이었습니다. 그들은 자신들의 정신적 지주였던 김일성과 박헌영의 정치적 야심을 채우는 일에 이용만 당하고 있다는 사실을 전혀 몰랐습니다. 전쟁이 끝난 이후에도 수년간 그렇게 오랜 세월 지리산에서 산짐승 같은 생활을 견디며 추위와 굶주림으로 허망하게 죽어가면서도, 자신들에게 이미 등을 돌린 정신적 지주들에게 맹목적인 충성만을 외쳤으니, 얼마나 어리석고 불쌍한 자들입니까? 그들은 결국 공산주의에 이용만 당하고 버림받아 모두 비참하게 죽어갔습니다. 마지막 빨치산 정순덕의 체포로 지리산의 빨치산은 모두 사라졌습니다.

---

178)　당시 인민유격대는 각 지구별로 3개 병단을 두었는데, 제 1병단은 오대산지구(유격대장: 하준수), 제 2병단은 지리산 지구(유격대장: 이현상), 제 3병단은 태백산지구(유격대장: 김달삼)였다. 이러한 대남 정치공작은 조선노동당 중앙위원회 부위원장 박헌영과 제 2비서 이승엽(李承燁) 등이 전담하였다.

부록

민족 중흥의 지도자
박정희 대통령

President Park Chung-hee,
the leader of national restoration

박정희 대통령은 우리나라가 오랜 가난을 벗고 자립경제·자주국방·세계 속의 한국으로 도약할 수 있도록 만든, 우리 민족 역사상 그 유례를 찾아볼 수 없는 위대한 업적을 남긴 민족 중흥의 지도자라고 할 수 있습니다. 박정희 소장은 1961년 5·16군사정변을 주도하여 국가재건최고회의 의장이 되고, 1963년 육군대장으로 예편, 제 5대부터 제 9대까지(1963-1979년) 대통령을 역임하였습니다. 1979년 10월 26일 향년 61세로 서거하여, 온 국민의 애도 속에 11월 3일 국장으로 국립묘지에 안장되었습니다.

1. 출생과 성장 배경

박정희 대통령은 우리 현대사에 너무도 깊고 짙은 자취를 남긴 분입니다. 박 대통령은 1917년 경북 선산에서 태어나 일제 식민 통치 하에서 소년기와 청년기를 보냈습니다. 대구사범학교를 졸업하고 문경보통공립학교에서 3년간 교사 생활을 하였습니다.

1940년 만주군관학교 제 2기생으로 입학, 발군의 실력을 보여 1942년 3월, 졸업생 450명 중 1등으로 졸업하여 일본 육군사관학교에 진학했습니다. 1944년에는 일본육사를 3등으로 졸업한 후, 조선인으로서는 유일하게 일본교육총감상을 받았습니다.

1944년 다카기 마사오라는 이름으로 일본 관동군 635부대의 소위가 되었고, 1년 만인 1945년 조국 광복을 맞이했습니다. 그리고 북경으로 가서 광복군 제 3지대에 편입되어 광복군 제 2중대장으로 1946년 5월 8일 어렵게 고국으로 돌아왔습니다. 동생을 누구보다 사랑했던 그의 형 박상희는 "그냥 선생질이나 하고 있었으면 됐을 것인데 제 고집대로 했다가 거지가 되어 돌아오지 않았느냐"라고 하며 면박을 주었다고 합니다.

그 후 1946년 9월 24일, 박정희는 조선경비사관학교 제 2기생으로 입학하였습니다(당시 29세, 입학생 총 263명).

2. 역사의 소용돌이와 군 생활의 시련

박정희가 조선경비사관학교에서 교육을 받고 있던 1946년 10월, 가장 존경했던 셋째 형의 갑작스러운 사망 소식을 듣게 됩니다. 대구10월사건 당시 10월 3일 오전 9시, 선산군의 좌익들이 구미 경찰서에 들어가서 배상철 서장에게 경찰 권한을 넘기라고 난동을 부릴 때, 박정희의 셋째 형 박상희가 경찰의 총에 맞아 죽었던 것입니다. 이때 박정희를 남로당으로 끌어들인 인물이 대구 사람 이재복입니다. 이재복은 일제 시대 평양에서 신학교를 졸업한 후 목사가 되었으면서도, 공산주의 사상에 물들어 남로당 군사부 총책을 맡은 자였습니다. 그는 평소 박상희와 가까이 지내면서 남로당 가입을 권하였고, 박상희는 당시 시대가 어렵고 집안이 너무도 가난했기 때문에 쉽게 가입하게 되었습니다. 대구10월사건 때 박상희가 죽자 이재복은 형 박상희의 장례비용을 모두 대주고 그의 유족들을 물심양면으로 돌보아 주었습니다. 그리고 박정희에게 접근하여 자기와 함께 일하면 형의 원수를 갚을 수 있다고 하면서 남로당 가입을 권하였습니다. 이때 박정희는 이재복에게 따뜻한 인간미를 느껴 큰 감명을 받고 남로당에 가입하여 좌익이 되었고, 이재복은 박정희에게 국군 내의 남로당 세포조직을 총괄하는 군사부장이라는 간부직을 맡겼습니다.

한편 이재복은 대구에 주둔 중이던 제 6연대의 최남근 연대장을 포섭하여 남로당 간부로 만들었는데, 최남근은 박정희의 만주군관학교 선배로서 서로 친숙한 사이였으며, 제 8연대 중대장 시절에는 박정희가 연대장으로 모신 상사였습니다. 이러한 인간관계 때문에 이재복, 최남근, 박정희 등은 가깝게 지낼 수밖에 없었고, 그것이 바로 박정희가 남로당원이 된 배경입니다.

이후 박정희는 1947년 9월 27일 중위를 거치지 않고 대위로 승진하여 제 8연대에서 조선경비사관학교 중대장이 되었습니다. 그 때 황택림 중위가 1중대 2구대장이며, 강창선 대위가 2중대장, 김학림 대위가 2중대 2구대장으로 있으면서 박정희 대위에게 접근해 왔습니다. 그들은 모두 군대 내의 남로당원으로 강창선이 두목이었으며, 박정희가 술 좋아하는 것을 알고 그를 포섭하기 위해 매일같이 술자리를 만들었습니다. 그들과 자주 어울리다가 친분 때문에 자연스럽게 그들의 동조자가 되어 버린 것입니다.

※ 2010년 구미시 발행 「민족영웅 박정희 대통령 일대기」에서 발췌하였음을 밝혀 둡니다.

박정희는 1948년 8월 1일자로 소령으로 진급했습니다. 그해 8월 15일 대한민국 정부가 수립되고, 3개월쯤 지났을 때 여수 순천 사건이 터지자, 이를 계기로 군부 내 남로당 세력에 대한 일대 검거가 시작되었는데, 1948년 11월 11일 박정희도 체포되어 서대문 형무소에 수감되었습니다. 특무대의 김창룡은 이재복의 비서 겸 군사연락책 김영식을 붙잡아 군내 좌익세포 명단을 통째로 입수하였는데, 그 명단 속에 박정희 소령의 이름이 포함되어 있었던 것입니다. 박정희는 특무대 김창룡의 조사를 받으면서 모진 고문과 매를 맞았습니다.

이후 사형 선고를 받고, 1949년 1월 강제 예편을 당하고 이승만 대통령의 특사로 석방되었습니다. 이때 박정희는 200여 명의 남로당 명단을 제시하는 조건으로 무기징역(1949년 2월), 파면, 급료 몰수형 등을 차례로 받았습니다. 이때 박정희의 사면을 위해 노력한 사람은 그의 조선경비사관학교 2기 동기생이었던 김안일 방첩과장과 백선엽 정보국장이었습니다. 박정희가 남로당에서 중요한 군사 부장 직을 맡은 것은 분명하지만, 맡은 직책만 거창했지 군 내부에서 다른 구성원들을 남로당으로 끌어들이기 위한 포섭 공작을 직접 실행한 적은 없었습니다. 그 점은 육군본부 정보국 산하의 김안일 방첩과장과 김창룡 대위 등의 상세한 조사 작업을 거쳐 확인된 것으로, 그가 남로당에 몸을 담았지만 실제 활동한 사실은 없었던 것입니다.

또한 박정희는 군대 내 남로당 조직을 수사팀에게 알려준 점을 들어 구명될 수 있었습니다. 그는 사형 집행에서는 면제되었으나, 대신 파면 명령이 떨어져 그때부터 현역 군인이 아닌 민간인 신분으로 전투정보과에서 근무했습니다.

그러나 1950년 6·25전쟁 발발 이후 박정희는 그해 9월 14일 복직되어 육군본부 전투정보과장으로 임명되었습니다. 그리고 9월 15일 중령으로 진급하여 육군본부의 수송지휘를 맡았습니다.

3. 철저한 반공 대통령

대한민국 초대대통령 이승만(1, 2, 3대 13년 재임, 1948.8.-1960.4.)은 남북으로 분단되어 이념적으로 가장 혼란한 시기, 경제적으로는 아무 기반도 없는 가난한 나라를 일으키려고 군사·교육·경제 등 각 방면으로 혼신을 다해 나라의 기반을 닦았습니다. 그러나 6·25동란 직후에 초토화된 남한은 또다시 빈 털털이였고, 가장 비참해진 것은 배고픈 국민들이었습니다. 전후 세대들이 기하급수적으로 태어났으나 이들을 먹여 살릴 일자리는 턱없이 부족했습니다. 1960년 우리나라의 1인당 국민소득은 79달러에 불과했고, 국가 경제력이 세계 125개 국가 중 101위로 최빈국 수준이었습니다.

당시 모든 것이 부족했고 아무것도 가진 것이 없던 우리나라가 의존할 수 있는 유일한 국가는 오로지 미국뿐이었습니다. 그러나 1957년부터는 세계 경제에 불황이 닥치고 미국의 원조가 줄어들어 한국 경제에도 위기가 닥쳤습니다. 6·25동족상쟁으로 전 국토가 초토화된 지 불과 10년도 채 되지 않았던 때여서, 나라 곳곳에는 잿더미가 수북하고 길거리에는 구걸하는 상이용사와 어린아이들, 부모 잃은 고아들이 넘쳐났습니다. 자식 잃은 노모와 남편 잃은 미망인의 한 서린 울부짖음도 그칠 날이 없었습니다. 나라 전체가 전쟁으로 두들겨 맞은 상흔(傷痕)으로 신음했고, 온 국민은 여전히 가난에 허덕이며 굶주리는 생활이 계속되었습니다.

이러한 때 이승만 정부는 1960년 3·15 부정선거를 감행하여 이승만이 88.7%, 이기붕이 79%를 득표하여 각각 대통령과 부통령에 당선되었습니다. 이에 분노하여 일어난 학생과 시민의 규탄시위가 마산을 비롯하여 전국에서 일어났습니다. 4월 11일에는 마산 시위 중 실종되었던 중학생 김주열의 시신이 눈에 최루탄이 박힌 채로 마산 앞바다에 떠올랐는데, 이 사건으로 시위는 거센 불길처럼 전국적으로 번져 나갔습니다. 4월 18일에는 고려대학교 학생 3천여 명이 국회의사당 앞에서 연좌시위를 벌였고, 마침내 4월 19일 대규모 시위가 일어났습니다. 대학생과 고등학생을 비롯한 서울시민 10만 여 명이 시위에 참가하였습니다. 그 중 일부가 대통령의 관저인 경무대로 향하자, 이에 당황한 정부는 오후 3시를 기하여 서울 지역에 비상계엄령을 선포하고, 계엄군을 출동시켜 학생시위를 저지하도록 하였습니다. 계엄군의 무력 진압으로 이날 하루 동안 전국에서 186명이 사망하고 6천여 명이 부상당하였습니다. 4월 25일에는 대학교수 300여 명이 '학생들의 피에 보답하라'는 피켓을 들고 서울 시내를 행진하며 대통령의 사퇴를 촉구했습니다. 결국 4월 26일 이승만 대통령은 하야 성명을 발표하고, 29일 하와이로 망명하였습니다.

이승만 대통령의 하야 이후 장면 내각이 온 국민의 기대 속에 출범하였으나 국민들로부터 무능한 정부로 손가락질을 당했고, 사회 불안은 극에 달하였습니다. 4·19때 부상당한 젊은이들과 유가족이 발포책임자에게 내린 판결에 대한 불만을 갖고, 국회 해산을 외치면서 국회의사당에 난입해 의장석을 점거하는 일까지 벌어졌습니다. 또한 군부 내에서도 젊은 장교들이 의견을 모아 문란해진 군의 질서를 바로잡고, 부패를 척결해야 한다고 장면 정부에 건의했습니다. 그러나 이것 역시 거절당하자 군의 불만이 점점 높아갔고, 다시 1960년 9월 10일 육군의 영관급 중견장교 11명을 중심으로 국방부장관을 만나 군의 정화를 건의하고자 했으나 면담조차 거절당했습니다. 이후 장교들은 시내 충무장에 모여 무력혁명도 고려할 수 있다는 데 의견을 모았습니다. 그리고 1961년 4월 7일 저녁, 명동 강상욱 중령의 집에 박정희를 중심으로 전체회의가 열렸습니다. 이때 작전 및 행정 책임을 비롯한 연락책임 등 각자의 역할을 맡았습니다. 처음에 4월 19일로 정한 거사일이 기밀 누설로 5월 16일로 변경되었습니다.

마침내 1961년 5월 16일 새벽 2시, 한강을 넘어 서울로 들어온 박정희가 이끄는 3천여 병력(해병대, 공수단, 제 23사단)은 서울 진입을 저지하려는 헌병들과 총격전을 벌였습니다. 3시간 후 군인들은 중앙청과 방송국을 점령하고 새벽 5시 첫 방송으로 혁명이 시작되었다고 선언하면서 6개 항목의 공약을 발표했는데, 여기에는 박정희의 철저한 반공 의식이 잘 나타나 있습니다.

군사혁명위원회의 6개 항목의 공약은 다음과 같습니다.

> 1. 반공을 국시의 제일의로 삼고 지금까지 형식적이고 구호에만 그친 반공태세를 재정비 강화한다.
> 2. 유엔헌장을 준수하고 국제협약을 충실히 이행할 것이며 미국을 위시한 자유우방국과의 유대를 더욱 공고히 한다.
> 3. 이 나라 사회의 모든 부패와 구악을 일소하고 퇴폐한 국민도의와 민족정기를 바로잡기 위해 청렴한 기품을 진작(振作: 떨쳐 일어남)시킨다.
> 4. 절망과 기아선상에서 허덕이는 민생고를 시급히 해결하고 국가 자주경제 재건에 총력을 경주한다.
> 5. 민족의 숙원인 국토통일을 위해 공산주의와 대결할 수 있는 실력배양에 전력을 집중한다.
> 6. 이와 같은 우리의 과업이 성취되면 참신하고도 양심적인 정치인들에게 언제든지 정권을 이양하고 우리들은 본연의 임무에 복귀할 준비를 갖춘다.

당일 오전 9시에는 군사혁명위원회의 이름으로 전국에 비상계엄령을 선포했습니다. 의장은 육군참모총장 장도영, 부의장은 박정희였습니다. 피신해 있던 장면 국무총리는 5월 18일 국무회의를 열고 내각 총사퇴와 군사혁명위원회에 정권을 이양한다는 결의를 했고, 대통령 윤보선이 이를 재가했습니다. 당시 작전 지휘권을 가지고 있던 유엔군 사령관 맥그루더 장군은 군사혁명 반대 성명을 발표하고 윤보선 대통령에게 혁명군을 진압할 것을 요구하였으나, 당시 내각 책임제하의 윤보선 대통령은 장면 내각이 이미 무기력해졌음을 감지하고 군사쿠데타를 인정할 수밖에 없었습니다. 결국 장면 총리는 내각 총사퇴와 혁명위원회에 정권 이양을 결의하였고, 윤보선 대통령도 혁명에 대한 국민적 지지와 협조를 호소함으로써 혁명이 공식적으로 공인되었습니다. 이후 5월 22일에는 군사혁명위원회를 '국가재건최고회의'로 이름을 바꾸고 박정희를 의장으로 추대했습니다.

　국가재건최고회의 의장이 된 박정희는 제일 먼저 미국방문과 한일회담 재개에 나섰습니다. 미국의 확고한 지지, 일본과의 관계 개선, 이 두 가지가 쿠데타를 정당화시키는 동시에 경제개발계획이 차질 없이 실행에 옮겨질 수 있도록 물적 지원을 확보하는 길이라고 판단했기 때문입니다. 1962년 7월, 국가재건최고회의에서 새 헌법을 만들어 대통령의 권한을 대폭 강화하였는데, 당시 지도력을 인정받아 새롭게 발탁된 사람들은 육사 8기생을 주축으로 하고 있었습니다. 개헌안을 국민투표에 붙여 1962년 12월 17일 통과시켰고, 1963년 2월 28일 민주공화당을 정식으로 창당하여 박정희가 총재가 되었습니다. 1963년 10월 15일 제 5대 대통령 선거가 실시되어 민주공화당의 박정희가 민정당의 윤보선을 15만 표차로 누르고 대통령에 당선되었습니다. 그리고 12월 17일 제 3공화국이 출범했습니다.

4. 조국 근대화의 시발점

(1) 서독파견 광부(신사 광부)와 서독파견 간호사(코리안 엔젤)
　박 대통령은 조국근대화의 기치를 내걸고 1962년 역사적인 '경제개발 5개년 계획'을 추진했으나, 극심한 외자(外資) 부족으로 어려움을 겪었습니다. 5·16군사정변 직후 미국은 박정희를 인정하지 않았기 때문에 그나마 주던 원조도 중단한 상태였습니다. 박 대통령은 미국 존 F. 케네디 대통령을 만나기 위해 태평양을 건너 백악관을 찾아갔다가 빈손으로 돌아와야 했고, 호텔에서 짐을 싸면서 서러움에 복받쳐 한없이 눈물을 쏟기도 했습니다. 당시 가난한 한국에 돈을 빌려줄 나라는 지구상 어디에도 없었습니다. 지푸라기라도 잡고 싶은 심정에, 당시 '라인강의 기적'이라 불릴 만큼 눈부신 경제발전을 이룬 독일(당시 서독)로 달려가, 차관 제공을 간곡히 요청했습니다. 서독 국회에서 연설하는 자리에서 박정희 대통령은 "돈 좀 빌려 주세요. 한국에 돈 좀 빌려 주세요. 여러분들의 나라처럼 한국은 공산주의와 싸우고 있습니다. 한국이 공산주의자들과 대결하여 이기려면 분명 경제를 일으켜야 합니다. 그 돈은 꼭 갚겠습니다. 저는 거짓말할 줄 모릅니다. 우리 대한민국 국민들은 절대로 거짓말을 할 줄 모릅니다. 우리 대한민국 국민들은 절대로 거짓말을 하지 않습니다. 공산주의자들을 이길 수 있도록 돈 좀 빌려 주세요!"를 반복해서 말했습니다. 당시 한국은 자원도 돈도 없는, 세계에서 인도 다음으로 가장 못사는 나라였습니다.

　독일은 대한민국에서 광부와 간호사를 보내줄 것을 약속받고, 1억 4,000만 마르크를 빌려주었습니다. 대한민국에서 뽑혀 온 광부들은 독일의 탄광에서 땀을 비 오듯 흘리면서 힘들어도 눈물을 참아가며 지하의 좁은 갱 속에서 일하였습니다. 지하 1,000m와 3,000m 사이 막장에서 1m씩 파 들어갈 때마다 4-5마르크를 받았습니다. 딱한 사정은 간호사들도 마찬가지였는데, 그들이 처음 맡은 일은 알콜 묻힌 거즈로 딱딱하게 굳은 시체를 닦는 일이었습니다. 그들은 초과 근무를 자청하며 몸이 부서져라 일해서 고국에 송금하였습니다. 이들이 한국으로 송금한 돈은 연간 5,000만 달러로, 한때 한국 GNP의 2%에 이르렀습니다. 이렇게 시작된 독일정부 차관은 우리나라에 대한 공공차관이 중단된 1982년까지 총 5억 9,000만 마르크에 이르렀습니다. 이로써 1960년대 보릿고개를 무사히 넘길 수 있었습니다.

이들이 한국을 떠난 지 약 1년 만인 1964년 12월 10일 오전, 서독 루르 지방 함보른 탄광회사 본관 앞에서 신사복 차림의 500여 명의 광부들과 색동저고리 차림의 50여 명의 간호사들이 좌우로 줄지어 누군가를 기다리고 있었습니다. 그것은 당시 독일을 방문 중인 박정희(朴正熙) 대통령을 만나는 자리였습니다. 박정희 대통령과 육영수 여사가 대형 태극기가 걸린 단상에 올라섰고, 그 순간 함보른 탄광 광부들로 구성된 브라스 밴드가 애국가를 연주하기 시작했습니다. "동해물과 백두산이 마르고 닳도록…" 실내에 차츰 커지던 합창소리는 "무궁화 삼천리 화려강산" 대목부터는 가사는 잘 안 들리고 목멘 소리만 간신히 들릴 뿐이었고, "대한 사람 대한으로 길이 보전하세" 이 마지막 대목에 이르러서는 울음소리가 가사를 대신해 버렸습니다. 저들은 대통령 내외를 보고 친부모를 만난 듯 서로 부둥켜안고 울었습니다. 배곯고 있는 내 나라의 처참한 가난 때문에 돈을 벌기 위해 이역만리에서 노동력을 팔아야 하는 자신들의 처지에 대한 서러움이 북받쳤던 것입니다. 취재 기자들도 카메라를 놓고 주저앉아 통곡했고, 독일인 탄광회사 사장도 눈물을 흘렸습니다. 그렇게 10분 남짓 지난 후, 함보른 탄광회사 테드 호르스트 영업부장이 나와 "한 나라의 국가원수가 이곳을 찾아 준 이 역사적 순간을 영원히 잊을 수 없을 것"이라며 한국인 광부들의 근면과 성실을 칭찬하는 내용의 환영사를 읽었고, 식장의 분위기는 겨우 진정이 되었습니다. 박 대통령은 손수건으로 눈물을 닦고 코를 풀더니 연설을 시작했습니다. "여러분, 만리타향(萬里他鄕)에서 이렇게 상봉하게 되니 감개무량(感慨無量)합니다. 조국을 떠나 이역만리(異域萬里) 남의 나라 땅 밑에서 얼마나 노고가 많으십니까. 서독 정부의 초청으로 여러 나라 사람들이 이곳에 와 일하고 있는데 그중에서도 한국 사람들이 제일 잘하고 있다고 칭찬을 받고 있음을 기쁘게 생각합니다... 여러분, 난 지금 몹시 부끄럽고 가슴이 아픕니다. 대한민국 대통령으로서 무엇을 했나 가슴에 손을 얹고 반성합니다... 나에게 시간을 주십시오. 우리 후손만은 결코 이렇게 타국에 팔려 나오지 않도록 하겠습니다. 반드시...정말 반드시..." 하면서 더 이상 말을 잇지 못하고, 대통령의 신분도 잊은 채 광부들과 간호사들과 함께 소리 내어 울고 말았습니다. 대통령은 떠나는 승용차 안에서까지 "내가 죄인"이라면서 계속 눈물을 훔쳤고, 옆 자리에 앉았던 뤼브케 서독 대통령은 "울지 마세요, 우리가 도와주겠습니다"라고 하며 손수건을 건네주고, 같이 눈물을 흘렸습니다.

광부들 대부분은 지하 1,000m 채탄 작업 중 부러진 드릴이 튀어 오르는 바람에 얼굴, 팔, 다리 등이 상처투성이였다고 합니다. 이날 박 대통령은 눈이 퉁퉁 붓도록 울면서 "우리 국민들이 밥이라도 제대로 먹게 만들겠다. 남의 도움 없이 살 수 있는 나라를 만들겠다"라고 다짐을 했습니다. 「파독광부 30년사」에 따르면, 1963년에서 1979년까지 독일에서 광부 65명, 간호사 44명, 기능공 8명이 사망했는데, 그 중 작업 중에 사망한 광부가 27명, 자살한 광부가 4명, 자살한 간호사가 19명이었습니다.

당시 통역관으로 박 대통령을 수행했던 백영훈(전 국회의원)씨는 그날의 일이 자신에게 매우 충격적인 사건이었음을 고백하면서, "그때 박 대통령이 광부, 간호사들과 함께 흘린 눈물이 조국 근대화의 시발점이었다"라고 회고했습니다. 한편 박 대통령의 독일 방문 첫 날, 본에서 쾰른으로 이동하는 20km 구간의 '아우토반'(Autobahn)을 지나면서 감명 받은 것을 계기로, 우리나라의 첫 고속도로인 서울-부산간 경부고속도로가 개통되기도 했습니다(1970년 7월 7일).

※ 위 내용 중 일부는 김충배 장군이 2003년 육사교장 시절 육사생도들에게 보낸 편지글에서 발췌하였음을 밝혀 둡니다.

(2) 새마을운동과 국가 건설

새마을운동은 우리 스스로의 힘으로 가난을 몰아내고 잘사는 나라를 만들기 위하여 일으킨 범국민운동으로, 박정희 대통령이 1970년 4월 22일 전국 지방장관 회의에서 '마을 가꾸기' 사업을 제창하고 이것을 '새마을 가꾸기 운동'이라 부른 데서 시작되었습니다. 박 대통령은 "민주주의의 발전도, 복지 국가 건설도, 평화 통일 달성도 어느 의미에서는 우리가 얼마나 빨리 이 땅에서 가난을 몰아내고 풍요와 번영을 이룩하느냐에 달려 있다. 중요한 것은, 우리가 남의 힘이 아닌 우리 자신의 힘으로 온 국민이 함께 노력해서 가난을 추방하고 이 땅에 잘사는 나라를 세워야 한다는 것이다. 이것이 바로 근면·자조·협동의 새마을운동이다"라고 그 취지를 밝혔습니다.

박정희 대통령이 친히 작사했다는 "새마을노래"를 보면 "새벽종이 울렸네 새 아침이 밝았네 너도나도 일어나 새마을을 가꾸세 살기 좋은 내 마을 우리 힘으로 만드세!"라는 가사가 나옵니다. 새벽잠을 깨워 일터로 농토로 공장으로 나가서 열심히 일하는 것을 전 국민에게 독려하고, 이같이 대대적인 '새마을운동'이 확산되면서 살기 좋은 나라가 세워진 것입니다.

정부는 1970년 5월 6일 새마을운동 추진방안을 수립하고, 그 첫 단계로 농촌환경정비 사업을 시작하여 1개 리 동(里 洞)에 시멘트

335포대를 지원하고 이를 이용해서 농촌 주민 스스로가 환경개선 사업을 펴도록 했는데, 주로 정부 주도로 이루어졌습니다.

새마을운동은 전국 방방곡곡에서 엄청난 성과를 거뒀는데, 특히 가난과 침체의 상징이던 우리 농촌의 모습이 하루가 다르게 새로워지고, 농민들의 생활과 의식도 눈에 띄게 변화되었습니다. 새마을운동이 시작된 지 10년도 안 되는 짧은 세월 안에, 농촌의 낮은 초가지붕과 좁고 비뚤어진 촌길 등 옛 모습은 자취를 감추고, 현대적인 마을과 정리된 논밭, 부락과 부락으로 통하는 확 트인 농로, 공동우물과 공동수도가 농민들 자신의 힘으로 만들어졌으며, 마을마다 전기가 들어갔습니다. 우리 농민들이 땀 흘려 일한 보람으로 농가의 소득과 생산이 획기적으로 증대되어 처음으로 쌀의 자급이 이루어지고, 그 일부는 이웃 나라에 수출까지 할 수 있게 되었습니다. 참으로 남녀노소가 함께 괭이나 호미를 들고 밤낮으로 흙투성이가 되어 일했으며, 엄동설한과 비바람 속에서도 억척스럽게 일하고 또 일하는 피나는 노력을 하였습니다. 그 결과 제 4차 경제개발계획이 시작된 1977년 이후로는 새마을운동이 새로운 단계로 접어들어, 문화적인 농촌을 만드는 대규모 사업이 이루어졌습니다. 또한 당초의 계획보다 훨씬 빨리 100억 달러 수출 목표를 달성하고 쌀의 자급자족을 이룩하는 한편, 건국 후 처음으로 국제수지에서 흑자를 보는 등 연이은 경제발전의 새 이정표를 세워 나갔습니다.

새마을은 단순히 자연 부락이나 행정 단위의 동(洞) 같은 마을이 아니라, 우리 민족의 전통과 현대 문명이 조화를 이루고 있는 생활공동체입니다. 그래서 옛마을이 아니라 새마을인 것이며, 농촌과 도시는 물론 공장과 회사 그리고 학교 등, 사람이 함께 모여 사는 곳이면 어디에서나 구현될 수 있는 하나의 인간적인 공동체라고 할 수 있습니다.

새마을운동은, 기업체 내의 공장 새마을운동도 함께 추진되었습니다. 이것은 우리 겨레가 지켜 온 인화와 협동의 전통을 바탕으로 거대한 조직 생활 속에서 기업인과 종업원이 한 마음 한 뜻으로 일하는 분위기를 마련해 주었을 뿐 아니라 기업의 생산성을 눈에 띄게 향상시켜, 경제의 고도성장과 국력 배양을 가속화하는 원동력이 되었습니다. 또한 도시에서도 새마을운동과 새마음운동이 일어났는데, 이 또한 가정과 직장과 이웃에서 손쉬운 일부터 함께 실천하는 가운데, 건전하고 인정 있고, 인간이 인간답게 살 수 있는 풍요한 산업사회를 세우는 원동력이 되었습니다.

오늘 대한민국이 세계열강들과 어깨를 나란히 할 정도로 이룬 급속한 경제발전은, '한강의 기적'이 아니라, 1970년대 박정희 대통령을 비롯하여 온 국민이 확고한 자주성의 바탕 위에서 함께 울고 함께 땀 흘려 일한 결과입니다. 머리카락을 잘라 가발을 만들어 외국에 내다 팔고, 전국에 쥐잡기 운동을 벌여 쥐털로 일명 '코리안 밍크'를 만들어 팔고, 돈 되는 것이면 무엇이든 다 만들어서 외국에 팔아, 1965년 수출 12억 달러를 달성함으로써 세계를 놀라게 했습니다. 실로 우리나라는 배고픔과 가난, 거듭된 시련을 한데 뭉친 힘으로 모든 역경을 극복해 왔고, 이후 값지고 빛나는 전진을 이루어 올림픽과 월드컵을 개최하는 등, 세계는 지금 우리 한국의 눈 부신 발전에 놀라움을 금치 못하고 부러워하고 있습니다.

그러나 지금 발전한 조국에서 풍요를 누리며 살고 있는 대한민국 국민 중에, 그 당시 밥 먹듯 겪었던 '보릿고개'(준비했던 곡식이 떨어지고 보리가 여물기 전인 4, 5월 식량 사정이 매우 어려웠던 시기)의 설움을 기억하는 사람이 몇이나 있습니까? 불과 50년 전, 대통령 내외

앞에서 한없이 흐느끼며 애국가를 불렀던 파독(派獨) 광부와 간호사들의 설움을 아직까지 기억하고 있는 사람 또한 얼마 되지 않을 것입니다.

참으로 과거의 역사를 잊어버린 오늘의 한국이 무척이나 걱정스럽고 두렵기까지 합니다. 발전하는 역사, 올라가는 역사만 기억하고, 수치스러웠던 역사, 내려갔던 역사는 까맣게 잊어버리는 국민은 잊고 싶은 바로 그 역사를 반드시 되풀이하게 됩니다. 피와 눈물과 땀에 젖은 뼈아픈 역사를 모르면 그 역사 속에서 숨 쉬던 수고와 희생도 기억에서 잊혀지기 마련이고, 거기서 배은(背恩)의 역사가 시작되는 법입니다.

지금 우리가 눈부신 발전을 이룩한 나라에서 입고 쓰고 먹고 누리는 일체의 혜택은 엄밀히 말해 내가 뿌린 씨앗의 열매가 절대 아닙니다. 그것은 전적으로 내가 태어나기도 전에, 이미 피와 눈물과 땀으로 뿌려 두었던 수많은 희생의 결과라는 사실을 결코 잊어서는 안 됩니다. 그러한 희생 터전을 기억하는 자라면, 사리사욕만 채우면서 사치풍조 속에 휩쓸려 허랑방탕한 삶을 살지는 않을 것입니다. 이 나라를 위한 모든 수고와 희생을 기억하고 감사할 때, 나라를 사랑하는 마음이 싹터 올라 오직 애국애족의 일념으로 충성하는 국민으로 거듭나게 될 것이라 확신합니다.

찾아보기

영문 및 숫자

CIC / 82
M1 소총 / 20, 31, 48, 63, 79, 84, 110
4연대 / 20, 23, 35, 75, 84, 106, 154
5연대 / 24, 75
6연대 / 76, 86, 101, 162
12연대 / 84, 107
14연대 / 19, 23, 35, 65, 87, 154, 160, 200, 208
5·10선거 / 18, 177
6·25전쟁 / 70, 106, 134, 164, 185, 214
38선 경비 / 75, 110

ㄱ

간첩 / 124, 154, 172, 195
간호사 / 227, 233
강동정치학원 / 202
강제수용소 / 185
강태무 / 107
게릴라 / 50, 98, 147, 214
경인고속도로 / 230
경제개발 5개년 계획 / 228
고인수 / 46
공비 / 140, 145, 157, 203, 205, 216
공비토벌사 / 149
공산당 / 19, 70, 101, 117, 133, 172, 202
공산주의 / 19, 24, 40, 70, 86, 100, 169, 184, 196, 221, 228
공판 / 108, 133, 186
곽종진 / 86
광부 / 227
괘관산 / 144
괴뢰군 / 109
구례 경찰서 / 58, 94
구례 기습작전 / 138, 164
구례초등학교 / 97
국가보안법 / 100, 103, 112, 124, 169
국가재건최고회의 / 220, 227
국군 / 47, 57, 68, 74, 95, 109, 142, 162, 179, 193
국군 11사단 / 147
국방경비대 / 18, 19, 24, 101, 154, 214
국보법 / 100, 106, 112, 118
국회공작 / 124, 176
국회프락치 / 124, 133, 177
군법회의 / 65, 83, 108, 174, 183
군사혁명위원회 / 226
길공주 / 168
김갑순 / 144
김귀영 / 43
김달삼 / 159, 202
김두봉 / 178
김두전 / 128, 137
김래수 / 33
김백동 / 25, 163
김백일 / 58, 74, 84, 146
김삼룡 / 81, 120, 174, 182
김삼홍 / 214
김성주 / 209
김수임 / 170, 174
김약수 / 128, 133

김왈영 / 33
김은배 / 21
김응록 / 84
김인식 / 103, 111
김일성 / 81, 122, 171, 179, 185, 206
김정덕 / 33
김지회 / 35, 60, 71, 78, 82, 94, 107, 141, 154, 205, 211
김창룡 / 85, 106, 168, 183, 222
김창업 / 45
김형남 / 20
김호익 / 129, 131

ㄴ

남로당 / 18, 25, 36, 43, 71, 86, 101, 106, 120, 135, 160, 173
남부군 / 149, 202, 211
남조선 / 29, 41, 120, 202, 209
내란행위 특별조치법안 / 103
노영호 / 214
노일환 / 126, 134
니혼대학교 / 137

ㄷ

단독선거 / 101
대구6연대 1차 반란 / 87
대구6연대 2차 반란 / 89
대구6연대 3차 반란 / 90
대구10월사건 / 86, 168
대남공작 / 168
대한민국 정부 / 43, 74, 100, 126, 222
덕유산 / 140, 203, 211, 216
독일 / 171, 228

ㄹ

레포 / 129, 183, 194

ㅁ

만주군관학교 / 154, 220
맥그루더 / 226
모시기 작전 / 135
문상길 / 101, 107
문성휘 / 43
미군 / 19, 31, 40, 109, 128
미 군사고문단 / 128
미군 철수 / 129
민애청원 / 37

ㅂ

박갑동 / 121, 174, 189, 198, 208
박기병 / 62, 75, 83
박병률 / 202
박상희 / 220
박성종 / 213
박성환 / 81
박승훈 / 23, 36, 74
박영발 / 206, 214
박원순 / 125, 130
박윤민 / 32
박윤원 / 127, 133
박정희 / 220
박종하 / 214
박진경 / 101, 106, 154
박채영 / 43
박헌영 / 18, 71, 101, 120, 136, 163, 183, 208
반국가단체 / 101, 112
반국가 및 반민족 범죄 / 113, 115

반란군 / 28, 46, 58, 74, 92, 140, 161, 211
반민특위 / 126
반선리 / 144
반선리 전투 / 145, 157
방준표 / 203, 214
백선엽 / 60, 82, 148, 223
백야전사령부 / 148
백운산 / 60, 92, 140, 155, 215
백인기 / 75, 94
법제사법위원회 / 103
베어드 / 172
북로당 / 154, 168, 176, 196, 208
북조선 인민군 / 26, 29, 41
북풍회 / 128, 137
북한 / 30, 81, 109, 133, 149, 174, 202, 209
비밀군사동맹 / 163
비밀 보고문 / 131
빨치산 / 24, 48, 72, 90, 98, 121, 140, 146, 156, 163, 185, 202
빨치산 토벌 작전 / 140, 148

송치골 회의 / 211
송호림 / 58, 97
송호성 / 60, 74, 193
수류탄 / 22, 47, 120, 215
수송부 / 22
순천 경찰서 / 34, 52, 54, 55, 57
순천 파견대장 / 24
스탈린 / 184, 191
시상리 대나무 숲 / 96

ㅇ

암호문서 / 128
압록강변 / 136, 191
애양원 / 66
양계원 / 56
여수 인민위원회 / 36, 44
여수 탈환 / 60
여수항 / 24, 25, 33, 36
여운형 / 168
역사비평 / 124, 130
연락원 / 129
연정 마을 / 158
연판 / 126
영암 / 19, 20, 22, 77
영암군경 충돌사건 / 77
오덕준 / 36, 59
왕재산 간첩 / 116
우체국 / 24, 25, 37, 78
울 밑에 선 봉선화 / 45, 46
원용덕 / 74, 78, 94, 140
월북 사건 / 179
위조지폐 발행사건 / 101
유목윤 / 40
유엔군 / 147

ㅅ

사랑의 원자탄 / 70
사찰 / 131, 173, 217
새마을운동 / 231
서대문 형무소 / 128, 174, 183, 222
서종현 / 46, 48
서형수 / 30, 156, 160
성시백 / 124, 175, 180
소련 / 184, 208
소련군 / 40, 124, 184
소장파 / 124, 133
손양원 / 66, 68, 70
송욱 / 43, 49, 61

육군본부 / 179, 223
육군 총사령부 / 74
육사 3기 / 23, 35, 84, 101, 154, 192
육영수 / 229
윤보선 대통령 / 227
이강국 / 171, 174, 185
이관식 / 21, 22
이동백 / 90
이문원 / 126, 132
이범석 / 38, 100, 102, 103
이삼혁 / 126, 130
이성희 / 182
이승만 / 29, 41, 75, 102, 151, 178, 195, 224
이승엽 / 122, 172, 185, 198, 202
이영회 / 211, 214
이용기 / 40, 43
이재복 / 25, 71, 86, 159, 168, 194, 221
이정택 / 87
이주하 / 91, 121
이중업 / 24, 70, 168, 194
이한림 / 22
이현상 / 39, 121, 162, 174, 202, 210
이홍이 / 216
이희권 / 23, 33, 61
인민공화국 / 37, 43, 52, 108, 114
인민군 / 29, 41, 70, 109, 122, 147, 164, 180, 195
인민당 / 168
인민대회 / 40
인민위원회 / 25, 39, 53, 134, 161, 172, 197
인민유격대 / 202, 218
인민의용군 / 43
인민재판 / 40, 53, 161
인천상륙작전 / 147, 202

임화 / 172, 186, 196

ㅈ

적구 / 133, 177
전용인 / 33
전투사령부 / 60, 84, 94, 140, 158, 215
정낙현 / 24
정순덕 / 216
정일권 / 75, 140, 144
정태식 / 174, 198
제 3공화국 / 227
제주도경비사령부 / 24
제주도 출동거부 병사위원회 / 39
제헌국회 / 102
조경순 / 145, 157
조병모 / 33
조병하 / 215
조선경비사관학교 / 221
조선공산당 / 101, 128, 181, 196, 208
조시형 / 80
좌익 세력 / 18, 40, 58, 81, 103, 126, 161
지리산 / 60, 82, 94, 121, 140, 145, 156, 165, 202, 215
지리산 뱀사골 / 151, 158
지창수 / 18, 25, 35, 71, 155, 163
진언서 / 126, 176

ㅊ

채병덕 / 102, 146
철퇴안 / 126
총파업 / 101
최남근 / 60, 75, 82, 107, 169, 193
최승희 / 195

최정호 / 80, 107
최창언 / 21
친북 좌파세력 / 112

ㅋ

코리안 엔젤 / 227

ㅌ

태백산맥 / 147
토벌군 / 156, 164
토벌부대 / 92, 141
토벌 작전 / 71, 84, 140, 145
특별강습소 / 137
특별공작원 / 121

ㅍ

평화옥 / 127
폭력투쟁 / 101, 120
표무원 / 179
프락치 / 25, 124, 154, 175

ㅎ

하사복 / 126
하준수 / 214
한운경 / 57
한웅진 / 141, 157
함준호 / 75, 145
헌병사령부 / 178
홍민표 / 120, 180
홍순석 / 19, 34, 71, 92, 107, 142, 160, 214
홍창표 / 159
황윤호 / 128, 134

대한민국 근현대사 시리즈 3
1948년 10월 19일 여수 순천 사건

초 판 1쇄	2011년 11월 5일
110쇄	2025년 10월 27일

저 자	박윤식
발행인	유종훈
발행처	휘선(사단법인 성경보수구속사운동센터)
e-mail	center@huisun.kr
주 소	서울시 구로구 오류로8라길 50 6층
전 화	02-2618-1217
등 록	제25100-2007-000041호
ISBN	979-11-964006-4-4 (04390)(세트)
	979-11-964006-7-5
책 값	5,000원

휘선은 '사단법인 성경보수구속사운동센터'의 브랜드명입니다.

*이 출판물은 저작권법에 의해 보호를 받는 저작물이므로 저작권자의 허락 없이 본 내용의 일부 또는 전체를 무단복제, 전재, 발췌하면 저작권법에 의해 처벌을 받습니다.
저작권 등록번호: 제 C-2012-002595 호

앞 표지그림: 대한민국의 국화(國花) 무궁화를 14개 도에 한 송이씩 그려 삼천리 금수강산을 상징하였다. 무궁화(Rose of sharon)는 피고 또 피어 영원히 지지 않는 꽃, 영원무궁토록 빛나 겨레의 환한 등불이 될 꽃, 성스럽고 선택받은 곳에서만 피어나는 아름다운 꽃이라 이름한다.
　본 서의 표지그림은 대한민국의 밝은 미래와 강인한 생명력이 세세토록 무궁(無窮)하기를 기원하는 마음으로, 독립운동가 한서(翰西) 남궁억 선생(1863-1939년)의 무궁화 수본(繡本)을 재창작한 것이다. 처음 이 수본은 한반도에 당시의 13도를 상징하는 무궁화 13송이와 백두대간을 상징하는 무궁화 가지를 수놓았으며, 독도와 제주도는 무궁화 꽃잎으로 수놓아져 있었다.
　남궁억 선생은 일제 시대에 독립운동가, 언론인, 교육자로서 나라의 독립을 위해 '무궁화운동'에 앞장섰던 분이다. 초지일관 구국을 위해 헌신한 진정한 애국자로, "내가 죽거든 무덤을 만들지 말고 과목 밑에다 묻어서 거름이나 되게 하라."는 위대한 유언을 남기셨다. 1933년 11월 4일 '무궁화와 한국역사사건'으로 체포되어 복역하다가 1935년 병보석으로 출감한 뒤 오래 살지 못하고 1939년 4월 5일 77세에 세상을 떠났다.